Einführung in die Unternehmensethik:
Erste theoretische, normative und praktische Aspekte

Schriften zum Internationalen Management

herausgegeben von
Prof. Dr. Thomas R. Hummel, Fachhochschule Fulda

Band 12

Cindy Friske, Elmar Bartsch, Wilhelm Schmeisser

Einführung in die Unternehmensethik: Erste theoretische, normative und praktische Aspekte

Lehrbuch für Studium und Praxis

Rainer Hampp Verlag   München und Mering 2005

Bibliografische Information Der Deutschen Bibliothek

Die Deutsche Bibliothek verzeichnet diese Publikation in der Deutschen Nationalbibliografie; detaillierte bibliografische Daten sind im Internet über http://dnb.ddb.de abrufbar.

ISBN: 3-87988-943-0
Schriften zum Internationalen Management: ISSN 1612-2690
1. Auflage, 2005

© 2005   Rainer Hampp Verlag   München und Mering
          Meringerzeller Str. 10   D – 86415 Mering

          www.Hampp-Verlag.de

∞   *Dieses Buch ist auf säurefreiem und chlorfrei gebleichtem Papier gedruckt.*

Liebe Leserinnen und Leser!
Wir wollen Ihnen ein gutes Buch liefern. Wenn Sie aus irgendwelchen Gründen nicht zufrieden sind, wenden Sie sich bitte an uns.

Vorwort des Herausgebers

In der Reihe SCHRIFTEN ZUM INTERNATIONALEN MANAGEMENT erscheinen Arbeiten, die im Wesentlichen aus Forschungsprojekten im nationalen und internationalen Kontext entstanden sind. Dies gilt sowohl für Qualifizierungsarbeiten aus dem Hochschulbereich als auch für internationale Kooperationsprojekte. Eine international vergleichende Sichtweise ist dabei die handlungsleitende Charakteristik für diese Schriftenreihe. Die einzelnen Bände der Reihe lösen sich dabei bewusst von einer klassisch-funktionalen Sichtweise des Managements und bieten damit auch eine Plattform für „Grenzthemen" an. Die Schriftenreihe wendet sich damit an Wissenschaftler und Studierende des Internationalen Managements sowie den interessierten Praktiker in Wirtschaft und Verwaltung.

Die Autoren behandeln im vorliegenden Lehrbuch ein aktuelles und kontrovers diskutiertes Thema, welches sich um den Begriff des Corporate Governance Kodex gruppiert. Den Hintergrund der Überlegungen bilden spektakuläre Standortverlagerungen von Unternehmen und damit einhergehende Personalfreisetzungen.
Nach einer Einführung in die theoretischen, normativen und praktischen Aspekte der Unternehmensethik, wird eine konzeptionelle Diskussion um die Unternehmens- und Wirtschaftsethik geführt, die eine erste systematische, methodische und pragmatische Reflexionsbasis legen. Verbunden ist diese Vorgehensweise mit der Zielsetzung der Autoren, eine konzeptionelle Auseinandersetzung von Unternehmensethik als angewandte Ethik zu führen.
Am Beispiel des Mannesmann-Falles werden die Möglichkeiten eines deutschen Corporate Governance Kodex diskutiert, nicht ohne auch globale Möglichkeiten mit Hilfe des Global Kodex zu thematisieren. Ethische und moralische Aspekte in der Diskurs/Dialog Praxis runden den Band ab.
Speziell für die Hochschulpraxis bietet ein an der Fachhochschule für Wirtschaft und Technik (FHTW) Berlin durchgeführtes Blockseminar Anregungen zur Umsetzung und Vermittlung von Ethik im Unternehmensalltag und ermöglicht damit die Einbindung in curriculare Zusammenhänge.
Insgesamt bietet der Band damit eine fundierte „Einführung in die Unternehmensethik", mit einem hohem Nutzwert für kritisch praktische Reflexionen sowie die Sensibilisierung der Studierenden für dieses Thema.

Fulda/Hamburg, im Mai 2005   Der Herausgeber

Inhaltsverzeichnis

Abbildungsverzeichnis

Teil I

Theoretische, normative und praktische Aspekte der Unternehmensethik

(Cindy Friske)

Kapitel 1

Einführung

1.1 Einleitung

In den letzten Jahren werden in der deutschen Wirtschaft zunehmend ethische Aspekte thematisiert und diskutiert. Die Gründe dafür sind vielseitig. Beispielsweise stellt sich die Frage, ob die Unternehmen in der heutigen Zeit ihrer Aufgabe, Güter und Dienstleistungen zum Wohl und Nutzen der Menschen zur Verfügung zu stellen, noch gerecht werden. Die in westlichen Ländern betriebene Wirtschaft hat nicht nur positive Auswirkungen. So werden z.B. natürliche Ressourcen aufgezehrt, Umweltbelastungen und ökologische Schäden nehmen zu und die Verteilung von Gütern wird ungerechter. Fast täglich werden Fälle von offenkundigem Missmanagement und von Skandalen in Wirtschaft und Politik bekannt. Folglich müssen Unternehmen und Führungskräfte zunehmend ihr Tun vor einer ethisch sensibel gewordenen Öffentlichkeit begründen. Früher wurde Managen und Führen unter rein funktional-technischen Gesichtspunkten gehandhabt und die Wirtschaft als ethikfreier Raum aufgefasst. Seit einiger Zeit wird die Frage laut, ob Führungskompetenz nicht auch notwendigerweise ethische Kompetenz einzuschließen hat [Berkel & Herzog, 1997]. Wirtschaftliche Entscheidungsträger müssen sich dessen bewusst werden, dass ethische Reflexion und Begründung in allen unternehmerischen Handlungen mit zu berücksichtigen sind. Durch eine ethische Fundierung werden Entscheidungen zwar nicht leichter gemacht, jedoch aber fester, überzeugter, menschlicher und somit langfristig erfolgreicher.

Wenn Unternehmen Ethik bewusst als Teil der Unternehmenskultur begreifen und ethische Überlegungen ausdrücklich fördern, können viele positive Aspekte erzielt werden. Ein unternehmensweiter Dialog aller Beteiligten über grundlegende Werte und verbindliche Normen dient der Einigung auf einen einvernehmlichen Konsens. Deshalb ist es nötig, das Bewusstsein für ethische Aspekte des Arbeitsalltags zu sensibilisieren. Führungskräften und Mitarbeitern muss ermöglicht werden, bei problematischen Entscheidungen ihre ethischen Bedenken artikulieren zu können. Die Mitarbeiter sind seitens des Unternehmens durch ausgearbeitete Entscheidungsregeln und -verfahren darin zu unterstützen, in ethisch problematischen Situationen moralisch zu handeln. Durch die Verpflichtung aller Beteiligten auf gemeinsame Werte und Maßstäbe, ist die Motivation von äußeren Anreizen unabhängig zu machen. Die Unternehmen haben durch die Thematisierung von Ethik ihren Mitarbeitern zu ermöglichen, in Übereinstimmung mit ihren eigenen Grundüberzeugungen zu handeln und somit erst wirklich produktiv seien zu können.

Bei der Gestaltung von Unternehmensethik stehen der Geschäftsleitung vielfältige Mittel zur Verfügung. Voraussetzung dafür, dass Unternehmungen institutionalisierte Wertschöpfer sein können ist, dass diese geltende Gesetze, Vorschriften und rechtliche Ge- und Verbote beachten. Darüber hinaus wird die Einhaltung gesellschaftlicher Werte und Regeln in der durch Medien kritischer gewordenen Öffentlichkeit immer bedeutender. Diesen Anforderungen kann beispielsweise durch Leitbilder, Kodizes und Selbstverpflichtungen gerecht werden. Das ethische Verhalten von Unternehmen ist allerdings auch von der Gestaltung des Wirtschaftssystems abhängig. Es bedarf einer staatlich gesicherten Rahmenordnung, um bei unternehmerischen Aktivitäten die ökonomische Freiheit der Menschen weitgehend garantieren zu können.

Unternehmerisches Handeln steht oft im Brennpunkt gesellschaftlicher Wert- und Interessenkonflikte. Vor allem große Unternehmen unterliegen, angesichts der vielfältigen wirtschaftlichen Wirkungszusammenhänge ihres Tuns, einer wachsenden öffentlichen Exponiertheit und stehen unter einem großen Erwartungsdruck. Neben der Erfüllung ihrer Grundfunktion, der Erstellung entgeltlicher Marktleistungen für Abnehmer, wird von ihnen das Erbringen vieler weiterer sozioökonomischer Funktionen erwartet. Für die Kapitalgeber der Unternehmen ist beispielsweise eine angemessene Fremdkapitalverzinsung bzw. der Shareholder Value von Bedeutung. Für Mitarbeiter sind Aspekte wie sichere Arbeitsplätze, angemessene Löhne und Sozialleistungen sowie gute immaterielle Arbeitsbedingungen von großer Wichtigkeit. Lieferanten erwarten faire und stabile Liefermöglichkeiten. Für Gemeinden, Staat und Allgemeinheit sind Steueraufkommen, Beiträge zur Infrastruktur, Ausbildung, Forschung, Kultur und Wohltätigkeit bedeutend. Neben Konflikten, die aus den Anforderungen verschiedener Interessengruppen resultieren, kommt es auch bei der Verteilung negativer externer Effekte zu Problemsituationen. Dabei handelt es sich insbesondere um ökologische Kosten (z.B. Schadstoffemission, Lärmbelästigung und Landschaftsbeeinträchtigung durch Produktionsanlagen) und um soziale Kosten, beispielsweise infolge von Arbeitsplatzabbau. Diese Umstände führen dazu, dass privatwirtschaftlich verfasste Unternehmen trotz gesellschaftsrechtlicher Privatautonomie als quasi-öffentliche Institutionen angesehen werden [Ulrich, 1997]. Obwohl ihre Eigentumsbasis privat ist, sind ihre Wirkungszusammenhänge von öffentlicher Relevanz.

Aus vorgenannten Gründen ist eine Unternehmung als eine pluralistische Wertschöpfungsveranstaltung zu verstehen. Ihre Entscheidungen und Aktivitäten betreffen eine Vielzahl von Bezugsgruppen in ihren Lebens- oder Existenzbedingungen. Daher bedarf das Handeln eines Unternehmens der pluralistischen Legitimation aller Beteiligten und Betroffenen. Somit stellt sich neben der Frage, welche Werte geschaffen werden sollen, auch die nach einer gerechten Verteilung der Wertschöpfung auf alle Anspruchsgruppen [Ulrich, 1997].

In einem Dialog mit den einzelnen Betroffenen, den so genannten Stakeholdern, müssen sowohl die öffentliche Vertretbarkeit und Zumutbarkeit von Ansprüchen an die Unternehmung, als auch die Verantwortbarkeit der unternehmerischen Handlungspläne thematisiert werden. Durch einen wohlverstandenen Stakeholder-Dialog können Legitimitätsprämissen aufgestellt werden. Dadurch wird gewährleistet, dass die unternehmenspolitische Zweck- und Zielorientierung allen Betroffenen gegenüber verantwortet und dem Management zugemutet werden kann.

Eine Unternehmensführung sollte von ihren Mitarbeitern keinen strikten Gehorsam, sondern stets nur eine kritische Loyalität fordern. Zwar sind die Mitarbeiter eines Unternehmens arbeitsvertraglich verpflichtet, sich gegenüber dem Arbeitgeber loyal zu verhalten, jedoch findet dieses seine ethische Grenze dort, wo durch unternehmerische Haltungen Grundrechte von Betroffenen verletzt werden [Ulrich, 1997]. Von der Geschäftsleitung muss unmissverständlich erklärt werden, dass opportunistisches Verhalten nicht erwünscht ist und die Mitarbeiter ihre moralischen Bedenken gegenüber bestimmten Vorgängen offen zur Geltung bringen sollen. Kritische Mitarbeiter, die Mut und Zivilcourage beweisen, sind von der Unternehmensleitung vor möglichen Sanktionen durch direkt betroffene Vorgesetzte zu schützen.

Damit unter den Bedingungen hierarchischer Abhängigkeit auch das Recht auf kritische Loyalität lebbar ist, sind spezielle, geschützte Kommunikationskanäle zu institutionalisieren. Den Mitarbeitern, welche sich in einem ethischen Dilemma zwischen moralischer Überzeugung und Rollenerwartungen befinden, wird so die Möglichkeit gegeben, ihre Stimme zu erheben, ohne mit persönlichen Nachteilen rechnen zu müssen [Ulrich, 1997]. Geschützte Kommunikationskanäle können in unterschiedlichen Formen geschaffen werden. Betroffene bekommen so die Möglichkeit, sich mit ihrem Anliegen persönlich an definierte Vertrauenspersonen zu wenden, z.B. an betriebliche Ombudsmänner oder eine vertraulich arbeitende Ethikkommission. Es kann auch eine anonym benutzbare Ethik-Hotline zur Verfügung gestellt werden.

Hat ein betroffener Mitarbeiter alle innerbetrieblichen Möglichkeiten ohne Erfolg ausgeschöpft, so kann er von seinem Recht Gebrauch machen, sich an die kritische Öffentlichkeit zu wenden. Über die Medien hat er die Möglichkeit, von außen fragwürdige Vorgänge in der Organisation zur Sprache zu bringen. Der Entstehung der meisten legitimen Gründe für ein solches „Verpfeifen" des Unternehmens kann durch Wahrung unbeeinträchtigter organisationsbürgerlicher Kommunikationsrechte und Institutionalisierung geeigneter interner Kommunitationskanäle vorgebeugt werden [Ulrich, 1997]. Diese Strategie erweist sich auch im Interesse der Wahrung des guten Rufs des Unternehmens als klug.

Aus ethischen Gesichtspunkten reicht jedoch die Wahrung von Stakeholderrechten und die Schaffung spezieller Kanäle zur Kommunikation allein nicht aus. Es stellt ein organisationspolitisches Ziel dar, umfassende strukturelle und unternehmenskulturelle Voraussetzungen dafür zu entwickeln, dass die Reflexion und Argumentation über ethische Aspekte des unternehmerischen Handelns zum selbstverständlichen, normalen Moment des Denkens, Redens und Tuns aller Beteiligten wird [Ulrich, 1997]. Das gilt für Handlungen sämtlicher Bereiche und auf allen hierarchischen Ebenen.

Genau wie auf der ordnungspolitischen Ebene geht es in struktureller Hinsicht auch innerhalb einer komplex-arbeitsteiligen Organisation darum, konsequent das Prinzip der „organisierten Verantwortlichkeit" umzusetzen [Tuleja, 1987]. Das spezifische Opportunismusproblem, in das Mitarbeiter und Führungskräfte im Falle einer organisierten Unverantwortlichkeit leicht geraten können, soll strukturell eliminiert oder zumindest minimiert werden. Es besteht ein Spannungsfeld zwischen erzielbaren individuellen Vorteilen (z.B. Einkommensvorteile und Karrierechancen) einerseits und als Konsequenz unbestechlicher moralischer Integrität in Kauf zu nehmenden persönlichen Nachteilen andererseits [Ulrich, 1997]. Eine nicht selten anzutreffende Ursache für ethisches Fehlverhalten ist, insbesondere bei ehrgeizigen Führungskräften, die Überforderung ihrer moralischen Stärke bei Opportunismusproblemen [Gellermann, 1986].

Um Probleme dieser Art strukturell zu beseitigen, sind weitreichende organisatorische Maßnahmen nötig. Es müssen ethische Gesichtspunkte in sämtlichen Führungssystemen (z.B. Verhaltensgrundsätze, Führungsrichtlinien, Leistungsanreiz-, Leistungsbeurteilungs-, Honorierungs- und Beförderungssysteme) konsequent eingebunden werden. Die Anreizstrukturen sind so zu gestalten, dass ethisch verantwortungsvolles Handeln belohnt wird. Rücksichtsloses und vor allem an persönlichen Bereicherungs- oder Karrierezielen orientiertes Verhalten hat hingegen anreizlos und demotivierend zu erscheinen. Unklarheiten bezüglich der Rangordnung der Wertmaßstäbe des Handelns müssen vermieden werden. Mitarbeitern und Führungskräften aller Stufen dürfen nur erreichbare Leistungs- und Erfolgsziele vorgegeben werden. Des Weiteren sind die ethischen Prämissen und Rahmenbedingungen zu definieren, innerhalb welcher die gesteckten Ziele erreicht werden sollen [Ulrich, 1997]. Am Besten kann Opportunismusproblemen mit einer

Kombination aus einem allgemeinen Ethikkodex und bereichsspezifischen Richtlinien begegnet werden.

Die erwähnten strukturellen Ethikmaßnahmen sind allein allerdings nicht ausreichend. Es müssen personelle und kulturelle Anstrengungen aufgebracht werden, um eine täglich erlebbare Verantwortungskultur im Selbstverständnis der Organisationsmitglieder zu verankern. Es geht um die Förderung der personellen und unternehmenskulturellen Voraussetzungen moralisch verantwortlichen Handelns aller Beteiligter. Durch ethische Bewusstseinsbildung werden die Mitarbeiter befähigt und sensibilisiert, moralische Aspekte ihres Handels zu erkennen, und dazu ermutigt, ethische Bedenken zur Sprache zu bringen. Dies bezieht sich besonders auf Situationen, die vom Einzelnen verlangen, eine kritische Rollendistanz zu seiner organisatorischen Aufgabe aufzubauen und seine unteilbare Bürgerverantwortung zur Geltung zu bringen [Ulrich, 1997].

Eine organisierte, legitimierte Verantwortungskultur kann nur allmählich wachsen und zur tragfähigen Grundlage der Zusammenarbeit im Unternehmen werden. Sie stellt die Basis dafür dar, dass auch in einer hierarchisch ausgeprägten Organisation argumentative Integrität zur selbstverständlichen Haltung aller Rollenträger werden kann. Für die Geschäftsintegrität im tatsächlichen Handeln auf allen Ebenen sowie im Umgang mit den Stakeholdern ist es vor allem ausschlaggebend, in welchem Ausmaß sich die integre zwischenmenschliche Kommunikation bei den kritisch-loyalen Organisationsmitgliedern als ein alltäglich erfahrbares, wirksames Moment der Unternehmenskultur bewährt [Ulrich, 1997].

Eine jahrzehntelange Diskussion über eine ethische Betriebs- und Unternehmensführung belegt, dass dieses Thema immer noch aktuell ist. Betriebswirtschaftslehre wird weiter gefasst, als nur eine instrumentelle, funktionale und erfolgsbezogene Unternehmensführungslehre [Neugebauer, 1998]. Die Realität in deutschen Unternehmen zeigt deutlich, dass es weiterhin notwendig ist, bewusst ethische Gesichtspunkte zu thematisieren und in unternehmerische Entscheidungsprozesse einzubeziehen, um die Defizite einer Nützlichkeits- und Erfolgsbezogenheit human, sozial, moralisch, ökologisch und friedensstiftend auszugleichen.

1.2 Aufbau des Buches

Das vorliegende Buch ist in zwei Teile mit insgesamt zehn Kapiteln unterteilt. Nach der Einführung in die Thematik werden im Grundlagenteil die Zusammenhänge zwischen Ethik, Moral, Werten, Normen und Haltungen aufgezeigt. Das nachfolgende Kapitel thematisiert die konzeptionelle Diskussion um die Unternehmens- und Wirtschaftsethik. Anschließend befasst sich die Ausarbeitung mit den Schaffungs- bzw. Entwicklungsmöglichkeiten ethikfreundlicher Organisationsstrukturen und -kulturen. Das fünfte Kapitel behandelt des Weiteren die praktische Einführung sozialtechnischer Ethikmaßnahmen. Im sechsten Kapitel wird der Deutsche Corporate Governance Kodex vorgestellt und am Beispielfall des Mobilfunkanbieters Mannesmann-Vodafone der Frage nach moralischem Fehlverhalten von Führungskräften nachgegangen. Das siebente Kapitel beschäftigt sich mit dem weltumspannenden Pakt „Global Compact", einer Initiative zur sozial- und umweltverträglichen Gestaltung der Globalisierung. Im Anschluss werden die erzielten Erkenntnisse des ersten Teils zusammengefasst.

Im zweiten Teil werden Ethik und Moral in der Diskurs/Dialog-Praxis thematisiert und es wird ein Beispiel zur Didaktik von Wirtschaftsethik gegeben.

Kapitel 2

Grundlagen

Bevor eine Beschäftigung mit praktischen Gestaltungsmöglichkeiten der Unternehmensethik erfolgen kann, müssen die in diesem Zusammenhang stehenden Grundbegriffe Ethik, Moral, Werte, Normen und Haltungen näher erläutert werden. Neben einem Definitionsvorschlag für den Begriff Unternehmensethik werden verschiedene Begründungsansätze von Ethik vorgestellt. Das Ende des Kapitels befasst sich mit verschiedenen Modellen der Unternehmensethik.

2.1 Ethik und Moral

Häufig werden die Begriffe „Ethik" und „Moral" synonym verwendet. Um Missverständnisse bei der Auseinandersetzung mit der Moral in der Wirtschaft zu vermeiden, ist es notwendig, eine begriffliche Unterscheidung vorzunehmen. Moral beschreibt die in einer Gesellschaft tatsächlich geltenden Werte, Normen und Haltungen. Unter einer Gruppen-, Betriebs-, Verbands- oder gesellschaftlichen Moral ist das moralische Niveau zu verstehen, das in einer Gruppe oder Gesellschaft vorzufinden ist. Die jeweils herrschende Moral bezeichnet das, was in einem bestimmten Kulturkreis als „gut", „schlecht", „richtig" oder „falsch" angesehen wird. Moral bildet den normativen Grundrahmen für individuelles Handeln. Sie beruht auf geschichtlichen Lebens- und Machtprozessen [Berkel & Herzog, 1997].

Der Begriff Moral leitet sich von dem lateinischen Wort „mos" ab und bedeutet Sitte. Als Moral wird die Summe der in einer Gesellschaft tatsächlich geltenden Normen und Regeln verstanden. Moral basiert auf traditionellen Vorstellungen bezüglich der Frage nach gutem oder schlechtem Handeln. Unter moralisch anständigen Handlungen werden grundsätzlich diejenigen verstanden, die den allgemeinen Regeln der Gesellschaft entsprechen. In diesem Sinne ist Moral noch nicht reflektiert. Sie ist von einer rational-analytischen Kriterienlosigkeit gekennzeichnet. Moralische Urteile können als solche nicht näher begründet werden. Sie berufen sich oftmals auf Sätze wie „das macht man doch nicht", „das gehört sich nicht" oder „das haben wir schon immer so gemacht". Moral argumentiert mit dem, was war oder ist. Bei solchen Moralbegründungen handelt es sich noch nicht um reflektierte Argumentationen, sondern um die Beschwörung eines als gesellschaftlichen Konsens vermuteten Anstandes oder einer faktischen Konvention. Moralische Urteile sind deshalb nicht falsch oder unwichtig, sie haben nur einen anderen Begründungszusammenhang als ethische Sätze [Dietzfelbinger, 2002].

Ethik reflektiert theoretisch über die Erfahrungen aus der Praxis und die ausschlaggebenden Werte und Normen, um die Ergebnisse dieser Überlegungen wieder in die praktischen Arbeit einfließen zu lassen. Als wissenschaftliche Disziplin verlangt Ethik neben der kritischen Reflexion von Moral auch argumentative Begründung. Der Begriff Ethik wird vom griechischen „ethika" abgeleitet und bedeutet Sittenlehre. Indem Ethik das Handeln von Menschen reflektiert, versucht sie diese moralisch entscheidungsbefugt zu machen. Sie leistet somit Entscheidungshilfe und verfolgt das Ziel, den Menschen zu helfen, über ihr Leben und die Art und Weise, wie sie es gestalten, nachzudenken. Durch sie sollen Menschen angeregt werden, verantwortlich zu handeln [Dietzfelbinger, 2002].

Ethik fragt nach der Begründung von Werten, Normen und Haltungen. Als Moralphilosophie ist sie eine Lehre, die sich mit der Rechtfertigung von Normen befasst. Ethik bezeichnet die methodisch geleitete Besinnung auf die faktisch geltende Moral. Sie ist das Ergebnis philosophischer Reflexion. Während Moral von den Mitgliedern ein bestimmtes Verhalten fordert, fragt Ethik, worauf diese moralischen Forderungen gründen. Durch das Hinterfragen einer als selbstverständlich betrachteten Moral kann Ethik gegebenenfalls auch verunsichern und irritierend wirken [Berkel & Herzog, 1997]. Das Verhältnis von Ethik und Moral ist dynamisch. Wenn sich die Moral in einer Gesellschaft oder Gruppe ändert, hat dies immer Auswirkungen auf die Ethik.

2.2 Begründungsansätze von Ethik

Ethik untersucht als Teildisziplin der praktischen Philosophie die Frage nach den Maßstäben für gutes und gerechtfertigtes Verhalten. Sie beschäftigt sich mit Moral aus normativer Sicht. Sie wird als Lehre vom richtigen Handeln bezeichnet und kann als kritisches Hinterfragen der herrschenden Moral definiert werden. Ethik befasst sich mit der Frage, wie Menschen richtig entscheiden und handeln sollen [Homann & Blome-Drees, 1992]. Welches Verhalten als gut oder böse, richtig oder falsch angesehen wird, ist davon abhängig, ob formale oder inhaltliche Gesichtspunkte zu Grunde gelegt werden. Nach der materialen Seinsethik sind menschliche Handlungen und ihre Folgen gut und somit begründet, wenn sie bestimmte Inhalte erstreben und verwirklichen. In den Werten liegt die moralische Qualität begründet. Diese verwirklichen sich auf der sachlichen Ebene als Güter und auf der personalen Ebene als Tugenden [Berkel & Herzog, 1997].

Dagegen fordert die formale Sollensethik, dass die Handlungen von Personen oder Institutionen bestimmte Merkmale erfüllen, damit sie als gut oder richtig gelten können. Werte der materialen Seinsethik werden bei der formalen Sollensethik als Normen bezeichnet. Die Normen beanspruchen Geltung, weil sie die formalen Merkmale der Setzung durch eine anerkannte Autorität, wie z.B. Gott, Natur, Vernunft, Gemeinschaft, aufweisen. Durch die Normen werden die Menschen in die Pflicht genommen und aufgefordert, ihrer inneren Gesinnung im Sinne der ursprünglichen Setzung zu folgen [Berkel & Herzog, 1997]. Die normative Ethik kann neben der Unterscheidung, ob sie auf materiale oder formale Normen beruht, auch danach differenziert werden, ob deontologisch oder teleologisch argumentiert wird [Faust, 2003].

2.2.1 Deontologischer Ansatz

In der deontologischen Ethik, auch Gesinnungsethik genannt, wird die Richtigkeit einer Handlung danach bewertet, ob das ihr zugrunde liegende Prinzip gut ist [Höffe, 1981]. Das Wort „deontologisch" leitet sich vom griechischem „to déon" ab und bedeutet das Geschuldete, die Pflicht. Die Gesinnungsethik betrachtet daher nur das Handeln als richtig, das unabhängig von den Folgen aus der rechten Gesinnung, also der Verpflichtung gegenüber Normen und Geboten erfolgt [Berkel & Herzog, 1997]. In der deontologischen Ethik werden zwei Lehrtraditionen unterschieden, die Handlungsdeontologie und die Regeldeontologie [Steinmann & Löhr, 1994]:

- **Handlungsdeontologische Theorien:** Nach Auffassung der Handlungsdeontologie sind ethische Urteile reine Einzelurteile, die besagen, wie in einer bestimmten Situation gehandelt werden soll. Allgemein verpflichtende Regeln sind nur nachrangig von Bedeutung. In jeder konkreten Situation muss von Neuem entschieden werden, was richtig oder pflichtgemäß ist. Ohne allgemeine Regeln als Orientierungshilfe soll das Individuum die richtige Entscheidung treffen. Worauf das Vertrauen auf die individuelle moralische Urteilskraft basiert, bleibt in der Handlungdeontologie weitgehend ungeklärt.

- **Regeldeontologische Theorien:** Regeldeontologische Ansätze vertreten allgemeine Regeln von unterschiedlichem Abstraktionsgehalt. Diese Regeln beanspruchen jedem gegenüber unbedingte Gültigkeit und sind unabhängig von den Folgen, die mit der Einhaltung der Regeln verbunden sind, anzuwenden. Solche Regeln können auf unterschiedliche Weisen formuliert werden, beispielsweise als konkrete Kataloge von Imperativen, wie die zehn Gebote der Bibel. Oftmals werden die Verhaltensregeln als abstrakte Prinzipien angegeben, wie über richtiges Handeln zu einem Urteil gelangt werden kann.

Gesinnungsethisch gesehen hat beispielsweise jede Person die Pflicht, immer die Wahrheit zu sagen, auch wenn Dritte dadurch in eine Gefahrenlage gebracht werden würden. Auf den Bereich des unternehmerischen Handelns

übertragen bedeutet Pflichterfüllung, dass die Befolgung von Verhaltensnormen aufgrund der Einsicht geschieht und ihre generelle Beachtung somit
vernünftig begründet ist, unabhängig von den ökonomischen Konsequenzen
des Einzelfalls [Faust, 2003]. Wenn Pflichten mit Regeln kollidieren, folgen
deontologische Konzepte der „Goldenen Regel", nach dem andere so zu behandeln sind, wie der Handelnde selbst behandelt werden will (Matthäus
22,39).

Die deontologische Ethik ist in konkreten Entscheidungsfällen schwerlich
anzuwenden und formuliert in Extremfällen Prinzipien, die offenkundig ver-
werflich sind. Beispielsweise könnte eine wohlhabende, von Dritten finanziell
unabhängige Person das allgemeine Prinzip befürworten, Notleidenden niemals beizustehen [Birnbacher & Hoerster, 1987]. Die Gesinnungsethik ist
eher statisch und gegenüber der Einbeziehung dynamischer gesellschaftlicher Wertvorstellungen tendenziell immun. Jedoch ist diese Perspektive gerade bei Handlungen von und in Organisationen von essenzieller Bedeutung
[Bauer-Harz, 1995].

2.2.2 Teleologischer Ansatz

In der Verantwortungs- oder teleologischen Ethik wird eine Handlung aufgrund ihrer Folgen und Konsequenzen beurteilt [Faust, 2003]. Das Wort
„teleologisch" wird vom griechischem „to télos" abgeleitet und bedeutet
das Ziel. Die teleologische Ethik ist somit eine vom Ergebnis her definierte
Ethik. In ihrem Sinne wird jene Handlung als gut qualifiziert, die positive
Werte intendiert und realisiert. Verantwortungsethisch handelt derjenige,
der die Folgen seines Tuns mitbedenkt. Die Verantwortungsethik ist eine
Folgenethik [Berkel & Herzog, 1997].

Der entscheidende Unterschied zum deontologischen Konzept besteht darin, dass der teleologischen Ethik stets eine Werttheorie zugrunde liegt. Das
bedeutet, dass eine Vorstellung darüber besteht, welche Konsequenzen für
sich gesehen ein eigenständiger Wert hat [Hoffmann & Rebstock, 1989]. Ihre
für ökonomische Zusammenhänge klassische Ausprägung hat die Verantwortungsethik im Utilitarismus gefunden, wonach eine Handlung dann richtig
sei, wenn sie das Wohlergehen aller Betroffenen fördert [Höffe, 1981].

Beim teleologischen Ansatz wird „gut" mit „nützlich" gleichgesetzt. Das hat zur Folge, dass Nutzen und Leid der von einer Handlung betroffenen Personen gegeneinander aufgerechnet werden. Ferner ist gegen diesen Ansatz einzuwenden, dass er bei Fragen der Gerechtigkeit indifferent ist und es somit als unerheblich betrachtet wird, ob großer Nutzen auf einige Wenige oder kleiner Nutzen auf Viele verteilt wird. Der Vorzug des teleologischen Konzeptes ist in der Eindeutigkeit zu sehen, mit der über die Richtigkeit von Handlungen entschieden werden kann. Da normativ-rationale mit empirischen Elementen verbunden werden, entsteht ein hoher Wirklichkeitsbezug [Höffe, 1981]. Die Orientierung an Konsequenzen ist im Kontext ökonomisch ausgerichteten Handelns von großer Bedeutung. Aus diesem Grund spielen teleologische Konzepte im Rahmen der Unternehmensethik eine wichtige Rolle [Faust, 2003].

Bei ethischen Begründungen von Entscheidungen und Handlungen erscheint es sinnvoll und notwendig, neben den teleologischen auch pflichtorientierte Perspektiven einzubeziehen. Für ein umfassendes Verständnis sowie den Wandel komplexer organisatorischer Zusammenhänge sind teleologische und deontologische Ethikkonzepte wechselseitig heranzuziehen und einander gegenüberzustellen. Die Verantwortung braucht eine Verankerung in einer verlässlichen Gesinnung. Die Gesinnung muss wiederum die Folgen erwägen, die das eigene Handeln hervorruft [Berkel & Herzog, 1997]. Die Abbildung 2.1 visualisiert den Zusammenhang zwischen Sein-, Sollens-, Verantwortungs- und Gesinnungsethik.

2.3 Definition der Unternehmensethik

Ethik befasst sich mit dem Handeln bzw. dem Unterlassen von Handlungen des Menschen. Im Alltag agiert der Mensch in verschiedenen Beziehungsfeldern, in denen die Handlungen von unterschiedlichen Bedingungen abhängig sind. Zum Beispiel kann familiäres, politisches und wirtschaftliches Handeln unterschieden werden. Je nachdem auf welches Beziehungsfeld sich bezogen wird, ist von so genannten Bindestrich-Ethiken zu sprechen. Die Unternehmens-Ethik (hier als „Unternehmensethik" bezeichnet) wird

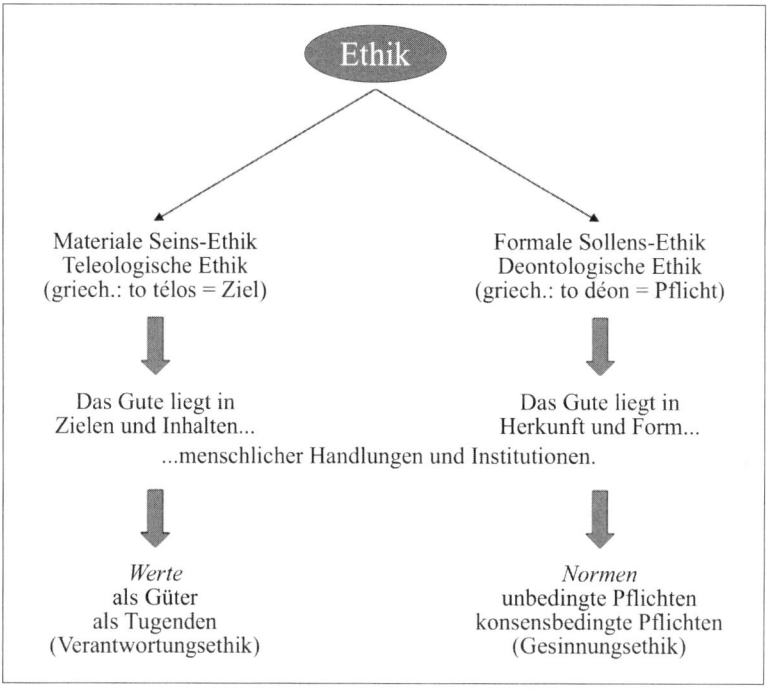

[nach Berkel & Herzog, 1997]

Abbildung 2.1: Ansätze der Ethik

zu den geltungsbereichsbezogenen Bindestrich-Ethiken gezählt, da die Organisation Unternehmung als bestimmter Geltungs- oder Zurechnungsbereich von Ethik festgelegt wird. Demnach ist die Unternehmensethik eine spezifische Ethik für das Handeln und Unterlassen in einer Unternehmung [Dietzfelbinger, 2002].

Die Unternehmensethik beschreibt Aspekte der Betriebswirtschaftslehre, die sich mit Zielen, Werten, Normen und Folgen des betrieblichen Wirtschaftens beschäftigen. Weiterhin werden Aspekte thematisiert, die Vorschläge für ein reflektiertes, sachgerechtes, menschenbezogenes und gesellschaftsverträgliches betriebliches Wirtschaften erarbeiten [Neugebauer, 1998].

Weiterhin befasst sich die Unternehmensethik mit der Frage, welche moralischen Normen und Ideale unter den Bedingungen der modernen Wirtschaft
und Gesellschaft von den Unternehmen selbst für ihr eigenes Dasein zur
Geltung gebracht werden können. Dabei ist die Vereinbarung zwischen ökonomischen und ethischen Zielen anzustreben. Unternehmensethik thematisiert das Verhältnis von Moral und Gewinn in der Geschäftsführung. Sie
versucht die Frage zu klären, wie die moralischen Normen und Ideale unter
den Bedingungen der modernen Wirtschaft und Gesellschaft von der Unternehmung auch nach außen hin geltend gemacht werden können [Homann &
Blome-Drees, 1992].

Die Unternehmensethik beeinflusst ein Unternehmen als Ganzes. Sie ist eng
mit der Führungsethik verbunden, umfasst allerdings mehr als das, was
in einem individuellen Ethos einer Führungskraft oder in der Führungsethik definiert wird. Unternehmensethik schließt die gesamte Unternehmung
als Komplex ein. Eine unternehmensinterne Ethik oder Philosophie muss
für alle an einem Unternehmen beteiligten Personen gelten und von allen Betroffenen gestaltet werden. Sämtliche Bereiche, die die Innen- und
Außenbeziehungen betreffen, sind dem Themengebiet der Unternehmensethik zuzuordnen. Von der Unternehmensethik werden unterschiedliche Ziele verfolgt. Mögliche Ziele können beispielsweise die folgenden sein: Gemeinschaftsbewusstsein, Corporate Identity, Festigung im Berufsalltag, Kollegialität, Kommunikationsunterstützung, Kompetenz, Orientierungshilfe, Sensibilisierung, Stärkung des Verantwortungsgefühls und Unterstützung beim
Nachdenken über die Lebensführung [Dietzfelbinger, 2002]. Nachfolgend
wird auf die Inhalte der Unternehmensethik eingegangen.

2.4 Inhalte der Ethik in Unternehmen

Nicht nur für den menschlichen Alltag ist Ethik bedeutsam, sondern auch für
Organisationen. Aufgrund ihres institutionellen Charakters repräsentieren
sie grundlegende Werte. Die Entscheidungen und Handlungen der Organisationsmitglieder werden auf der sachlichen und der zwischenmenschlichen
Ebene durch Normen verbindlich geregelt. Die Organisation erwartet von

ihren Mitgliedern, die Werte und Normen in ihre Haltungen einfließen zu lassen [Berkel & Herzog, 1997]. Die für Ethik allgemein zutreffenden Inhalte, wie Werte, Normen und Haltungen, sind auch für die Unternehmensethik relevant. Daher bilden sie die Einteilung für die folgenden Überlegungen.

2.4.1 Werte

Werte kennzeichnen im ethischen Sinne Ideen, Normen oder Verhaltensweisen, die einer einzelnen Person, einer Gruppe oder Institution als wichtig und erstrebenswert erscheinen. Es handelt sich hierbei um subjektive Werte. Je verallgemeinerter eine solche Idee, Norm, Vorstellung oder Verhaltensweise ist, desto objektiver wird ein Wert, wie z.B. Gesundheit, Wohlstand und Umweltqualität [Dietzfelbinger, 2002].

Jedes Unternehmen baut auf Werten. Sein gesamtes Streben läuft auf einen Wertschöpfungsprozess hinaus. Werte lenken unseren Blick nach vorn (Vision) und nach innen (Unternehmenskultur). Eine Vision ist eine wertbesetzte Idee oder Vorstellung. Durch die Hoffnung auf eine gesteigerte Lebens- und Unternehmenswirklichkeit vermag die Vision, Menschen in ihren Bann zu ziehen. Darum werden die in der Vision verfolgten Werte von den Menschen angestrebt und verwirklicht. Die Unternehmenskultur baut auf Werten und Normen auf. Werte sind als Präferenzordnungen und Steigerungsperspektiven zu sehen. Das, von dem sich ein Unternehmen eine Steigerung seiner Existenz erhofft, wird vom Unternehmen als wertvoll erkannt und als Wert benannt [Berkel & Herzog, 1997].

Da ein Unternehmen eine sozial organisierte, rechtlich verfasste und politisch wirksame Gemeinschaft mit nur bedingt vorgegebenen Zwecken ist, werden die konkreten Ziele immer wieder von neuem ausgehandelt. Zu den Zielen können die als wünschenswert geltenden Zustände erhoben werden. Was allerdings als erwünscht bezeichnet wird, kann zwischen den unterschiedlichen Akteuren einer Organisation differieren. Zu den wichtigsten Akteuren zählen diejenigen, die zentrale Entscheidungskompetenzen haben, für die Organisation wichtige Ressourcen kontrollieren, zentrale Leistungen für andere erbringen oder durch eine Koalitionsbildung Einfluss auf die vorgenannten drei Punkte nehmen können. Die Anspruchsgruppen, so genannte

Stakeholder, sehen durch die Organisation die für sie wichtigen Werte repräsentiert oder verwirklicht [Berkel & Herzog, 1997]. Dabei kann es sich um interne und externe Stakeholder handeln. Interne Akteure sind beispielsweise Mitarbeiter, Management und Kapitalgeber. Zu den externen Anspruchsgruppen zählen z.b. Kunden, Fremdkapitalgeber, Zulieferer, Wettbewerber, Gewerkschaften, Medien, Kommunen, Staat sowie Menschenrechts- und Umweltschutzgruppen [Noll, 2002].

Eine Organisation gestaltet die Werteverwirklichung bzw. ihren Wertschöpfungsprozess dann optimal, wenn sie die in ihr steckenden Werte erkennt, sie aufeinander bezieht und zu optimieren versucht. Da in einer Unternehmung somit eine Wertsynthese stattfindet, ist sie auch eine moralische Organisation. In diesem Spannungsfeld kann die Unternehmensethik die Werte in ihrer eigentümlichen Dynamik aufzeigen und den Blick auf die Grundwerte richten, welche die Hoffnungen aller Anspruchsgruppen wecken. Auch kann die Unternehmensethik einen Verfahrensweg vorschlagen, wie in einem Unternehmen die Mitarbeiter die verschiedenen Werte klären, ethisch begründen und aufeinander beziehen können. Schließlich vermag die Unternehmensethik zu helfen, die Folgen dieser Prozesse ethisch zu reflektieren [Berkel & Herzog, 1997].

2.4.2 Normen

Damit Werte praktisch gelten, reicht es nicht aus, sie in wohlgesetzten Worten zu beschreiben. Werte müssen auch normiert werden.

Normen sind Handlungsregeln, die den Rahmen dessen beschreiben, was der geltenden Ordnung und somit der Normalität entspricht. Normen haben gewissermaßen eine entlastende Funktion, da sie für Handlungssituationen, Problem- oder Konfliktfälle bereits vorbedachte und vorüberlegte Handlungsalternativen ermöglichen [Dietzfelbinger, 2002].

Unter Normen werden Maßstäbe und Vorschriften verstanden, welche die Einstellungen und das Verhalten von Menschen regeln. Sie können in Form von Ge- oder Verboten vorliegen und zielen auf eine Konkretisierung der

Werte durch Handlungsaufforderungen ab. Werte sind bewusste und unbewusste Orientierungsstandards und Leitvorstellungen, von denen sich Individuen oder Gruppen bei ihrer Handlungswahl leiten lassen. In ihnen drückt
sich die gängige Moral aus. Sie werden durch die Befolgung von Normen verwirklicht [Berkel & Herzog, 1997].

Indem ein Unternehmen bestimmte Verhaltensweisen bindend vorschreibt
oder untersagt, dokumentiert es seinen entschiedenen Willen, Werte zu realisieren. Beispielsweise setzt sich ein Unternehmen die Vorschrift, bei bestimmten Entscheidungen erst Mitarbeiter der Arbeitnehmervertretung zu
konsultieren. Ein Unternehmen kann sich bzw. seinen Mitarbeitern Verbote
aussprechen und so z.B. die Annahme von Schmiergeldern oder die private
Nutzung von betrieblichen Ressourcen untersagen. Auch können bestimmte
Verhaltensweisen als Voraussetzung für höhere Werte ausgewiesen werden.
So müssen z.B vereinbarte Ziele realistisch sein, damit die Mitarbeiter eine
faire Chance haben, sie auf ethisch verträgliche Weise zu erreichen. Normen
spezifizieren die Werte eines Unternehmens und regeln diese verbindlich.
Sie sind als Maßstäbe und Vorschriften zu verstehen. Normen regeln die
Einstellungen und das Verhalten von Menschen und verfolgen das Ziel einer
Konkretisierung der Werte durch Handlungs- bzw. Unterlassungsaufforde-
rungen. Sie werden meist in Form von Pflichten und Rechten in Leitlinien
oder Verhaltenskodizes abgefasst [Berkel & Herzog, 1997].

2.4.3 Haltungen

Während Werte richtungsweisend und zielsetzend sind, Normen und Grundsätze verbindliche und verlässliche Orientierungsmarken sichern, drücken
Haltungen die moralischen Überzeugungen und persönlichen Werte von Individuen aus. In den Haltungen von Personen spiegelt sich die praktische
Bewährung aller ethischen Überlegungen wider. Einstellungen, in denen
Mitarbeiter die Grundwerte eines Unternehmens als persönlich verpflichtende Orientierungen im Arbeitsalltag übernehmen und ausprägen, werden
als Grundhaltungen bezeichnet. Sie personifizieren situations- und zeitbedingt die Unternehmenswerte. Falls sich ein Unternehmen aufgrund von
Umweltveränderungen gezwungen sieht, andere Wertakzente zu setzen, so

hat dies Auswirkungen auf die innere Haltung der Mitarbeiter [Berkel &
Herzog, 1997].

Die von Mitarbeitern erwarteten Grundhaltungen sowie Arbeits- und Führungstugenden sind abhängig vom herrschenden Wirtschaftssystem. In der
wettbewerbsorientierten Marktwirtschaft werden heute insbesondere die folgenden Tugenden gefordert: Verantwortlichkeit, Loyalität, Glaubwürdigkeit,
Kompetenz, Einfühlungsvermögen, Weitblick, Kreativität, Ordnungssinn,
Kompromissfähigkeit und Risikobereitschaft. Eine in gegenwärtigen Ethik-
diskussionen häufig erwähnte und als zentral angesehene Tugend ist die
Verantwortlichkeit. Es können vier verschiedene Auffassungen von Verantwortung unterschieden werden, die daraus resultieren, wie Personen kon-
fliktgeladene Ansprüche zwischen unternehmerischem Erfolg und ethischen
Anforderungen in Einklang zu bringen versuchen [Berkel & Herzog, 1997]:

- **Ökonomisten** betrachten entweder Ethik als zusätzlichen Erfolgsfak-
  tor oder den Markt als ethisch in sich.

- **Konventionalisten** erkennen keinen besonderen Ethikbedarf für die
  Wirtschaft. Da für die handelnden Menschen die Normen und Prinzipi-
  en der Gesellschaft gelten, kommt es allein auf die moralische Qualität
  der Einzelnen an.

- **Idealisten** sehen ein unablösliches Dilemma zwischen Wirtschaft und
  Ethik. Der Einzelne kann dieses nur gesinnungsethisch bewältigen, beispielsweise durch Spenden, um das schlechte Gewissen zu beruhigen
  oder durch heroischen Verzicht auf Karriere.

- **Reformer** suchen ethische Begündungen, die sowohl das unterneh-
  merisch Zumutbare als auch das ethisch Verantwortbare miteinander
  verbinden.

Von den Reformern werden entgegengesetzte aber gleichwohl berechtigte
Werte und Maßstäbe erkannt und anerkannt. Sie suchen nach Lösungen,
welche die komplexen Wertgehalte aufgreifen, bewahren und emporheben.
In der Praxis kann allerdings nur ein geringer Anteil der Menschen zur
Gruppe der Reformer gezählt werden [Ulrich & Thielemann, 1992].

Das nachfolgende Kapitel beschäftigt sich mit unterschiedlichen Modellen der Unternehmensethik.

2.5   Modelle der Unternehmensethik

In der Diskussion um den Rahmen und die Platzierung der Unternehmensethik können mehrere Ansätze unterschieden werden. Wirtschaftsethische Ansätze sehen die Unternehmensethik nur im Rahmen der Wirtschaftsethik. Demnach wird den Unternehmen in Form einer Binnenethik ein eigener Ansatz zum ethischen Verhalten abgesprochen. Im Sinne des wirtschaftsethischen Modells der Unternehmensethik (Abbildung 2.2) braucht eine Unternehmung keine eigene Ethik, da der geschäftliche Alltag bereits vom Gesetzgeber durch Gesetze, Ge- und Verbote geregelt wird. Dieser ordnungspolitische Ansatz setzt voraus, dass die in der Wirtschaft anerkannten Werte von der gesamten Gesellschaft als ethisch legitimiert mitgetragen werden. Eine Unternehmensethik kann sich nicht gegen die in einem gesamten Wirtschaftssystem vorherrschenden Wertvorstellungen entwickeln. Die Unternehmensethik ist in diesem Modell ein Teil der Wirtschaftsethik [Dietzfelbinger, 2002].

Allerdings gibt es auch Bereiche, in die staatliche Regelungsmaßnahmen nicht vordringen können bzw. die von Unternehmen umgangen werden. In solchen Fällen kann sich Unternehmensethik durchaus eigenständig über die in der Wirtschaftsordnung festgelegten Regeln hinaus entwickeln. Dies kann z.B. in Form eines Leitbildes oder einer Selbstverpflichtung geschehen. Nach dem Ebenenmodell der Unternehmensethik (Abbildung 2.3) wird den Unternehmen eine eigenständige Rolle für eine wirtschaftsethische Gesamtansicht zugestanden. Es wird an die jeweilige Verantwortung der Führungskraft, der Unternehmen und des Systems als Ganzes appelliert. Nach dem Unternehmensethiker Georges Enderle werden diese Ebenen in den Mikro-, Meso- und Makrobereich unterteilt. Dabei wird dem Unternehmen als Mesoebene eine gewisse Eigenständigkeit in der ethischen Willensbildung zugestanden [Enderle, 1991].

Unumstritten ist, dass sich Unternehmensethik nicht gegen eine Wirtschafts-

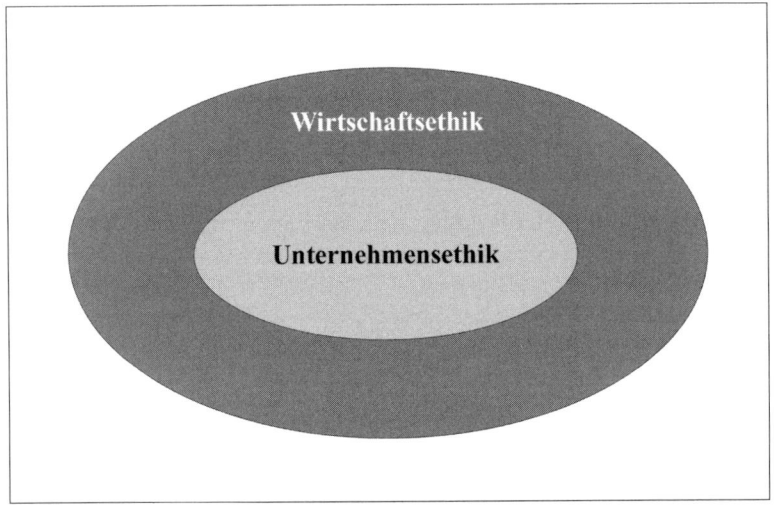

[nach Dietzfelbinger, 2002]

Abbildung 2.2: Wirtschaftsethisches Modell der Unternehmensethik

ethik entwickeln kann. Beispielsweise darf sie in Deutschland nicht fundamental gegen die Grundprinzipien der herrschenden Sozialen Marktwirtschaft verstoßen. Problematisch ist allerdings, dass in vielen Fällen noch keine staatlichen Regelungen vorhanden sind oder sich gerade erst in parlamentarischen Beratungsprozessen befinden. Dies ist häufig im Bereich des Umweltschutzes festzustellen. Teilweise wird Unternehmen die Möglichkeit eingeräumt, sich auf staatliche Regelungen einzustellen, indem diese bewusst erst nach einer Übergangszeit von einigen Jahren verbindlich werden. Die entstandenen Defizite der rahmengebenden Politik können die Unternehmen nur aus eigenem Antrieb beheben. An dieser Stelle ist die Unternehmensethik anzusetzen [Dietzfelbinger, 2002].

Durch Leitbilder oder gelebte Unternehmenskultur kann ein Unternehmen Führungskräfte und Mitarbeiter im Sinne der Sozialen Marktwirtschaft entwickeln. So wird der Sinn und Zweck einer rahmengebenden Wirtschaftsordnung für ein Unternehmen verständlich gemacht. An Stellen, an denen die Rahmenordnung noch nicht greift bzw. bei gesetzlichen Grauzonen, müssen

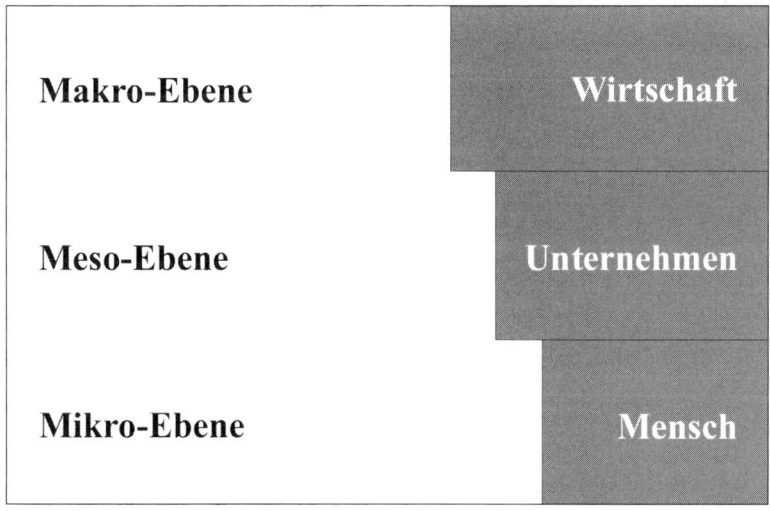

[nach Dietzfelbinger, 2002]

Abbildung 2.3: Ebenenmodell der Unternehmensethik

Unternehmen in gesellschaftsgestaltender Weise Verantwortung übernehmen [Dietzfelbinger, 2002].

Unternehmensethik ist demnach nicht nur auf Führungsethik zu beschränken.
Im Sinne einer weitgreifenden Ethik muss eine gelebte Unternehmenskultur
für das gesamte Unternehmen und die in ihm auf allen Ebenen eingebun-
denen mitarbeitenden Personen gelten. Der Geltungsbereich von Unternehmensethik umfasst somit neben der Mitarbeiter- und Führungsebene auch
die Vorstands- und Aufsichtsratsebene. Die Unternehmensethik ist daher
zwischen Fragen der Lebens- und Führungsgestaltung und Fragen der Wirtschaftsordnung zu positionieren.

Kapitel 3

Unternehmensethik als „angewandte Ethik"

Nachdem die themenbezogenen Grundlagen geklärt wurden, beschäftigt sich dieses Kapitel mit den Anwendungsmöglichkeiten und der Bedeutung ethischer Aspekte in Unternehmen. Es werden unterschiedliche Auffassungen und Konzeptionen zum Thema Unternehmensethik diskutiert. Anschließend wird das Verhältnis zwischen Ethik und dem in Unternehmungen herrschenden Gewinnprinzip beleuchtet.

3.1 Bedeutung der Unternehmensethik im wirtschaftlichen Handlungszusammenhang

Unternehmen werden in der Öffentlichkeit als Gesamtkomplex, als eine Institution betrachtet. Unternehmensethik muss sowohl intern als auch extern angebracht werden. Intern bedeutet, dass die Kultur in einem Unternehmen so zu gestalten ist, dass Mitarbeiter und Vorgesetzte in einem kommunikativen Miteinander arbeiten, ohne dabei notwendige Hierarchien aufzulösen. Unter extern wird in diesem Zusammenhang die vom Unternehmen zu übernehmende gesellschaftliche Verantwortung verstanden. Dazu zählt nicht nur die Bereitstellung von Arbeitsplätzen, die Leistung eines Steuerbeitrags für die Volkswirtschaft und die Förderung der Entwicklung ihrer Mitarbeiter durch Aus- und Weiterbildung. Um gesellschaftlich verantwortlich zu sein, dürfen Unternehmen ihre Mitarbeiter nicht primär als Mittel zum Zweck der Wertsteigerung betrachten, sondern müssen diese in erster Linie als Gestalter und Garantie für das Bestehen des Unternehmens verstehen. Wichtig ist an dieser Stelle auch die gesellschaftliche Rolle des Unternehmens. Über die Erfüllung der gesetzlichen Anforderungen hinaus tragen Unternehmen auch in Bezug auf Umweltfragen und hinsichtlich des Umgangs mit ihrer Macht eine gesellschaftliche Verantwortung [Dietzfelbinger, 2002].

Nachfolgend werden die bei unternehmerischen Handlungen möglichen ethischen Konfliktfelder aufgezeigt und vier Kategorien des unternehmerischen Handelns unterschieden.

3.1.1 Ethische Konfliktfelder im unternehmerischen Handeln

Unternehmen stehen permanent in vielen ethischen Beziehungsfeldern, mit denen Tag für Tag umgegangen werden muss. So treten beispielsweise in den folgenden Handlungsfeldern ethische Fragen auf:

- **Führung und Zusammenarbeit mit Mitarbeitern:** Korruption, Zuwendungen, Einhaltung von Unternehmensleitlinien, Beachtung von Arbeitsschutzbestimmungen, Produktqualitäts- und Kostenbewusstsein, Vereinbarkeit von Familie und Beruf

- **Umgang mit Kunden, Lieferanten und Wettbewerbern:** Korruption, Zuwendungen, Garantie der Qualität der Waren, Preise und Kundendienst, faire Lieferantenauswahl, Beachtung der Umweltgegebenheiten und regionaler Besonderheiten, Beiträge zum allgemeinen Wohl der Kommune

- **Staat und Politik:** Korruption, Zuwendungen, Umgang mit Gesetzen, Vorschriften und Verordnungen

- **Auslandsgeschäfte:** Korruption, Zuwendungen, Investition in Krisengebiete, Auswahl der Produktionsstandorte, Einstellung zur Kinderarbeit, Beachtung der Landesgesetze, Umgang mit politischen Prozessen im jeweiligen Ausland

Unternehmen sind vielen ethischen Forderungen ausgesetzt. Nun stellt sich die Frage, wie konkret die Unternehmensethik gestaltet werden kann. Um ein Unternehmen wirtschaftlich rentabel zu halten, ist es eine notwendige Voraussetzung, das unternehmerische Handeln gewinnorientiert auszurichten. Da das Ziel der Gewinnmaximierung sowohl mit als auch ohne Berücksichtigung ethischer Überlegungen erreicht werden kann, ist es wichtig, diejenigen Methoden der Zielerreichung auszuwählen, die ethischen Kriterien standhalten. Methoden, die in irgendeiner Weise unlauter oder illegal sind bzw. gegen gesellschaftliche Regeln verstoßen, sind entsprechend zu verurteilen. Unmoralisches Verhalten von Unternehmen führt bei öffentlichem Bekanntwerden zu Imageverlusten und daraus resultierend zu ökonomischen Schäden. Eine gute Unternehmensführung sollte ihre ökonomischen Ziele unter Beachtung gesellschaftspolitischer und ethischer Kriterien verfolgen [Dietzfelbinger, 2002].

3.1.2 Kategorien unternehmerischen Handelns

Das unternehmerische Handeln bewegt sich zwischen den Spannungsfeldern Moral und Rentabilität. Es kann in die folgenden vier Kategorien unterteilt werden: Positiver Kompatibilitätsfall, Moralischer Konfliktfall, Ökonomischer Konfliktfall und Negativer Kompatibilitätsfall [Homann & Blome-Drees, 1992]. Den Zusammenhang dieser Kategorien, auf die nachfolgend näher eingegangen wird, visualisiert Abbildung 3.1.

3.1.2.1 Positiver Kompatibilitätsfall

Beim positiven Kompatibilitätsfall weist das unternehmerische Handeln nicht nur eine hohe Rentabilität aus, sondern zugleich eine hohe moralische Akzeptanz. Es besteht kein Dilemma zwischen moralischen Forderungen und ökonomischen Erfordernissen. Moralisches Verhalten fördert den Gewinn bzw. beeinträchtigt ihn nicht. Ethik und Profit sind miteinander vereinbar. Das Unternehmen sollte im Sinne von Wettbewerbsstrategien (siehe Abschnitt 3.3.1) versuchen, durch moralisches Verhalten simultan seine ökonomischen Ziele zu realisieren, also mit Ethik Geschäfte zu machen. Moral erweist sich für alle Beteiligten als vorteilhaft. Dieser Fall wird in der Abbildung 3.1 im Quadranten I dargestellt. Er zeigt die Zielsituation, in welche der ökonomische und moralische Konfliktfall zu transformieren sind [Homann & Blome-Drees, 1992]. Fälle einer positiven Kompatibilität sind keinesfalls nur Theorie. Es gibt eine Vielzahl ökonomischer Handlungsfelder, die sich in solch einer „multiplen Win-Situation" befinden. Beispielsweise führen Aktivitäten in Umweltschutzfragen, Investitionen in alternative Energiegewinnungsmethoden oder auch die Fortbildung der Mitarbeiter hinsichtlich dieses unternehmerischen Engagements meist zu positiven Ergebnissen, sowohl in ökonomischer als auch in ethischer Hinsicht.

3.1.2.2 Moralischer Konfliktfall

Wenn das unternehmerische Handeln zwar eine ökonomisch hohe Rentabilität aufweist, aber moralisch nicht akzeptiert werden kann, befindet sich das Unternehmen in einem moralischem Konfliktfall. Handeln in dieser Kategorie kann für ein Unternehmen zu externen und internen Problemen gegenüber der Öffentlichkeit bzw. mit den Mitarbeitern führen. Die wettbewerbskonforme Verfolgung des Gewinnziels führt aus Sicht der Öffentlichkeit zu illegitimen Verhaltensweisen. Auch legales Handeln, wie z.B. die Produktion von Waffen, wird unter moralischen Gesichtspunkten nicht akzeptiert und führt zu Imageschäden. In diesem Fall sind Ethik und Profit nicht miteinander vereinbar. Das Unternehmen muss um Legitimation werben und Vertrauen sowie Glaubwürdigkeit der Konsumenten gewinnen. Dazu stehen grundsätzlich zwei Strategiealternativen offen [Homann & Blome-Drees, 1992]. Die Wettbewerbsstrategie zieht eine Veränderung des eigenen Verhaltens mit sich. Bei der ordnungspolitischen Strategie geht es um eine gemeinsame Verhaltenskoordination aller Wettbewerber (siehe Abschnitt 3.3.1).

3.1.2.3 Ökonomischer Konfliktfall

Ein ökonomischer Konfliktfall entsteht für ein Unternehmen dort, wo sich Handlungen, die zwar in der Öffentlichkeit gerne gesehen werden, wirtschaftlich nicht rentieren. Die Erfüllung der moralischen Forderungen ist mit wirtschaftlichen Nachteilen verbunden und zahlt sich nicht aus. Beispiele hierfür sind u.a. die Produktion und Einführung von Öko-Autos oder jahrelanges Kultursponsoring, das nicht den gewünschten Marketingerfolg nach sich zieht [Homann & Blome-Drees, 1992].

Moralisches Verhalten im Alleingang führt zu Wettbewerbsnachteilen. Es birgt die Gefahr, dass das Unternehmen sein ökonomisches Ziel verfehlt und langfristig im Wettbewerb untergeht. Ethik und Profit sind nicht miteinander zu vereinbaren. Das Unternehmen kann seiner Verantwortung nur gerecht werden, indem es dafür sorgt, dass die moralischen Normen für alle Wettbewerber gleichermaßen gelten. Das Unternehmen muss auf die Mängel in der Rahmenordnung hinweisen und bei den zuständigen Stellen erforderliche Regelungen anmahnen. Hierzu erweisen sich ordnungspolitische Strategien mit dem Ziel staatlicher Lösungen als dienlich [Homann & Blome-Drees, 1992].

3.1.2.4 Negativer Kompatibilitätsfall

Ein Unternehmen, das auf lange Zeit weder die betriebswirtschaftlichen noch die moralischen Anforderungen erfüllen kann, sollte aus dem Markt ausscheiden und dazu eine Marktaustrittsstrategie wählen. In dieser Situation bieten weder die wettbewerbsorientierte noch die ordnungspolitisch ausgerichtete Strategie Aussicht auf Erfolg [Homann & Blome-Drees, 1992]. Der negative Kompatibilitätsfall ist normalerweise nur ein theoretisches Konstrukt, denn ein Unternehmen hat am Markt kaum längerfristige Überlebenschancen, wenn seine Geschäfte weder ökonomische noch moralische Vorteile bringen.

Zusammenfassend lässt sich sagen, dass ein Unternehmen sein unternehmerisches Handeln so ausrichten sollte, dass eine „multiple Win-Situation" in ökonomischen wie ethischen Fragen erzielt wird und somit ein positiver Kompatibilitätsfall eintritt. Dazu ist es sinnvoll, wettbewerbsorientierte mit ordnungspolitisch ausgerichteten Strategien zu kombinieren, so dass die Rahmenordnung auf politischer Ebene gestaltet wird und gleichzeitig

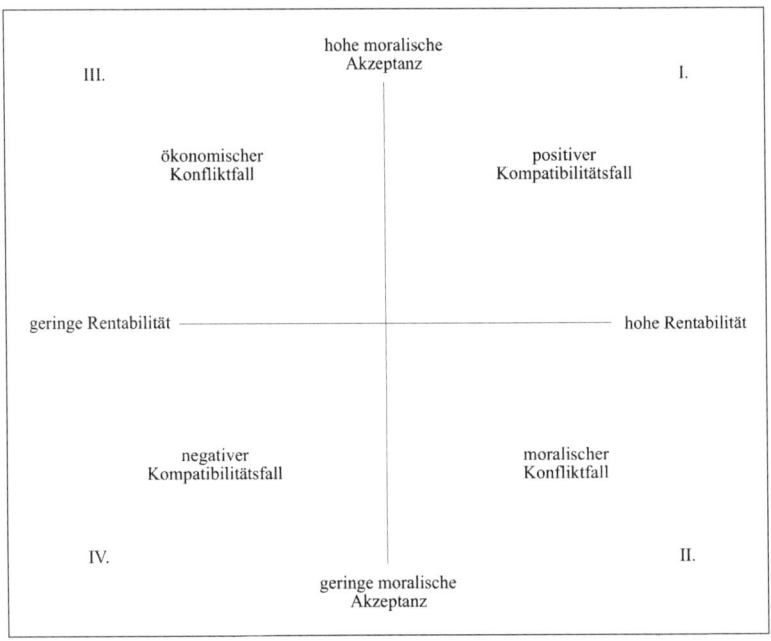

[nach Homann & Blome-Drees, 1992]

Abbildung 3.1: Unternehmerisches Handeln im Spannungsfeld von Moral und Rentabilität

Gewinn und Ethik miteinander vereinbar sind. Da der positive Kompatibilitätsfall in der Praxis nicht immer möglich ist, sollte unter moralischen Gesichtspunkten im Zweifelsfall ein unternehmerisches Handeln im Sinne des ökonomischen Konfliktfalls dem des moralischen Konfliktfalls vorgezogen werden. Abbildung 3.1 fasst die einzelnen Alternativen grafisch zusammen.

3.2   Unternehmensethik - Versuch einer begrifflichen Präzisierung

Beim Versuch einer begrifflichen Präzisierung der Unternehmensethik geht es um die Verknüpfung ihres Zwecks im Legitimationszusammenhang wirtschaftlichen Handelns mit den Grundorientierungen einer Ethik. Unternehmensethik kann daher als eine Lehre von denjenigen idealen Normen bezeichnet werden, die in der Marktwirtschaft herrschen und zu einem guten Gebrauch der unternehmerischen Handlungen anleiten sollen. Die Unternehmensethik ist eine Verfahrenslehre für menschenwürdige Prozesse. Sie soll vor allem in Situationen handlungsleitend sein, in denen die Steuerung der konkreten Unternehmensaktivitäten nach den Regeln des Gewinnprinzips und im Rahmen des geltenden Rechts zu konfliktträchtigen Auswirkungen mit internen und externen Bezugsgruppen der Unternehmung führt. Materiale und prozessuale Normen, die das Unternehmen zur Konfliktregelung im Sinne einer Selbstverpflichtung in Kraft setzt, sollen das Ergebnis eines Verständigungsprozesses sein.

Des Weiteren macht die Unternehmensethik die erfolgreiche Rechtfertigung von Normen vom Nachweis guter Gründe abhängig. Daher kann sie auch als eine Vernunftethik bezeichnet werden, die die Menschen dazu auffordert, die Zwecke des eigenen Handelns begründet selbst zu bestimmen. Deshalb fordert die Unternehmensethik eine argumentative Verständigung zwischen allen Betroffenen im rationalen Dialog. Darüber hinaus besteht die Notwendigkeit einer situationsgerechten Anwendung des Gewinnprinzips im marktwirtschaftlichen Wettbewerb. Jede unternehmerische Entscheidung ist im Einzelfall daraufhin zu befragen, ob sie tatsächlich konsensfähig ist. Ethische Überlegungen sind nicht nur auf der Ordnungsebene, sondern auch auf der Unternehmensebene dem Gewinnprinzip systematisch vorgeordnet. Dies hat zur Folge, dass ein Unternehmen aus ethischen Überlegungen heraus stillgelegt werden muss, wenn die Herstellung bisheriger Produkte nicht mehr vertretbar ist (z.B. Asbestproduktion) und das Management keine alternativen Strategien entwickeln konnte [Steinmann & Löhr, 1994].

Die Unternehmensethik zielt auf die konkrete Entwicklung konsensfähiger Strategien des Unternehmens ab. Es stellt sich die Frage, mit welchen Mitteln Gewinne gemacht werden. Das gewinnorientierte Wirtschaften ist ein ethisch zu verteidigender Wert, da es in einer dezentralisierten Wettbewerbswirtschaft zur effizienten Bedarfsdeckung beiträgt. Auch bezieht sich die Unternehmensethik auf die konkreten Mittel, die für die Strategierealisierung im Management- und Realgüterprozess eingesetzt werden. Die Unternehmensethik ist überall dort als ein kritisches Regulativ gefordert, wo die Effizienzorientierung der Managementaufgaben bei der Strategierealisierung zu Konflikten führt. Das Spektrum an Problembereichen erstreckt sich von der Planung über die Organisation, den Personaleinsatz, die Führung bis zur Kontrolle und umfasst somit sämtliche Funktionen des Managements. Es werden beispielsweise Fragen einer humanen Organisationsgestaltung thematisiert oder solche zur Entwicklung von Führungsgrundsätzen für die Mitarbeiter. In diesem Zusammenhang lassen sich vier Konfliktfelder unterscheiden [Steinmann & Löhr, 1994]:

- Die Unternehmensstrategie kann nach außen hin problematisch geworden sein. (Beispiel: Die Vermarktung von Babynahrung der Firma Nestlé führte wegen mangelnder hygienischer Bedingungen in Entwicklungsländern zu bedenklichen gesundheitlichen Nebenwirkungen.)

- Die Unternehmensstrategie kann nach innen hin problematisch geworden sein. (Beispiel: Die Mitarbeiter haben ethische Bedenken bezüglich der Produktion von Waffen.)

- Die Mittel zur Durchsetzung der Unternehmensstrategie können nach außen hin ethisch problematisch geworden sein. (Beispiel: Die den Außendienstmitarbeitern vorgegebenen Umsatzziele sind nur zu erreichen, wenn zu unverantwortlichen Werbe- und Verkaufsmethoden gegriffen wird.)

- Die Mittel zur Durchsetzung der Unternehmensstrategie können nach innen hin ethisch problematisch geworden sein. (Beispiel: Die praktizierten Anreizsysteme werden von den Mitarbeitern als ungerecht empfunden.)

Ethische Fragestellungen dürfen also nicht nur auf der Ebene einer Zielsetzung, sondern müssen auch hinsichtlich der Mittelwahl zur Strategieumsetzung diskutiert werden. Bei der Unternehmensethik geht es sowohl um die Außenbeziehungen, als auch um die Innenbeziehungen des Unternehmens. Eine nach außen hin konfliktfrei verfolgte Unternehmensstrategie lässt nicht die Schlussfolgerung zu, dass im Unternehmen eine „innere Harmonie" herrscht. Dies gilt ebenso für den umgekehrten Fall [Steinmann & Löhr, 1994].

Des Weiteren ergänzt die Unternehmensethik das Recht um eine kritisch-loyale Selbstverpflichtung. Akte der ethischen Selbstverpflichtung finden ihren materiellen Ausdruck in der Regel in so genannten Verhaltenskodizes, Führungsgrundsätzen oder auch Verbandsrichtlinien. Durch die Einhaltung ethischer Selbstbindungen wird die persönliche Verpflichtung bezüglich der vereinbarten Normen betont. Die Öffentlichkeit übernimmt dabei die Rolle einer Kontrollinstanz. Die Einhaltung verabschiedeter Verhaltenskodizes wird beispielsweise von Bürgerinitiativen kritisch überwacht und Verstöße publiziert. Öffentlichkeitswirksame Bekenntnisse zur moralischen Selbstverpflichtung erzielen insbesondere im Zusammenhang mit Umwelt- und Bestechungsskandalen oftmals eine größere Wirkung als Gesetze [Steinmann & Löhr, 1994].

Durch die begriffliche Präzisierung wird insgesamt deutlich, dass die Unternehmensethik sowohl zu einer situationsgerechten verantwortlichen Anwendung des Gewinnprinzips auffordert, als auch zu einer kritisch-loyalen Ergänzung des Rechts. Somit kann sie als drittes Steuerungsmedium neben den beiden klassischen Steuerungsmechanismen des wirtschaftlichen Handelns, Markt und Recht, gesehen werden. Abbildung 3.2 verdeutlicht das Zusammenwirken von Markt, Recht und Unternehmensethik im Hinblick auf die Orientierung der Unternehmenspolitik. Die Bedeutung der drei Steuerungsgrößen kann sich im Laufe der Zeit in Abhängigkeit von den gesellschaftlichen Konfliktlagen und -feldern ändern. Themen, die derzeit Gegenstand einer Unternehmensethik sind, wie z.B. Umweltschutz, können zukünftig einer rechtlichen Regelung unterzogen werden und umgekehrt [Steinmann & Löhr, 1994].

3.3 Konzeptionelle Diskussion um die Unternehmens- und Wirtschaftsethik

Seit mehreren Jahren findet in der Wissenschaft eine intensive Auseinandersetzung mit dem Sinn von Unternehmensethik als wissenschaftliche Diszi-

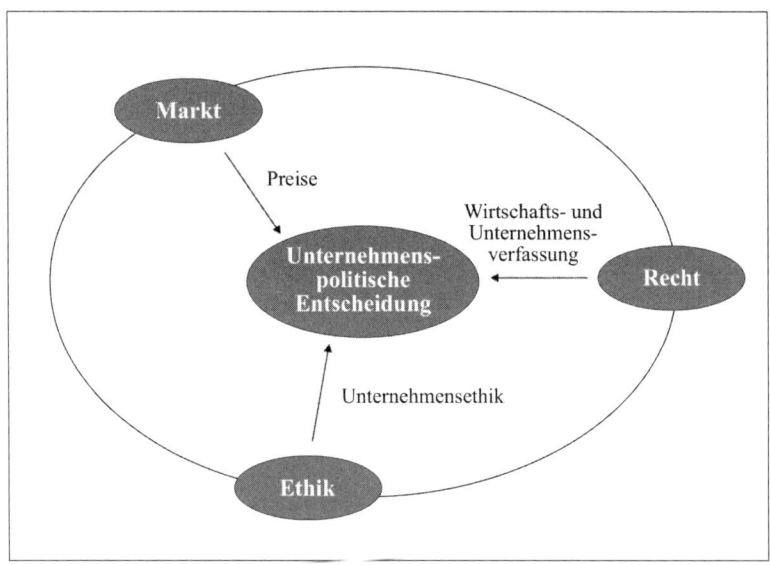

[nach Steinmann & Löhr, 1994]

Abbildung 3.2: Zusammenhang von Markt, Recht und Unternehmensethik als Steuerungsgrößen für unternehmerisches Handeln

plin statt. Es hat sich herausgestellt, dass es nicht „die eine" Unternehmensethik gibt. Statt einer Patentlösung existieren verschiedene, teilweise konkurrierende Ansätze um die richtige Konzeption [Homann & Blome-Drees, 1992].

Die veröffentlichten Beiträge zeichnen sich durch unterschiedliche Niveaus bezüglich Reflexionsgrad und Argumentationstiefe sowie Praxisbezug und Anwendungsnähe aus. Bei den ausgearbeiteten Konzepten findet oftmals keine gleich gewichtige Berücksichtigung von ethischer Theoriendiskussion, konkreten Implementierungsempfehlungen und praktischer Umsetzbarkeit statt. Umfassende, reflektierte Ethikmodelle und integrative, implementierende Bemühungen entwickeln sich nur langsam und beginnen sich gerade erst in der Unternehmensführung durchzusetzen [Neugebauer, 1998].

Unter den Vertretern der Debatten zum Thema Unternehmensethik besteht hinsichtlich der Ausgangslage darüber Konsens, dass die Legitimationsbedingungen unternehmerischen Handelns eine grundlegende Veränderung erfahren haben und infolge dessen eigenständige moralische Anstrengungen auf Unternehmensebene unternommen werden müssen. Da sich die Wirtschaftsdisziplin Unternehmensethik noch in der Entstehungsphase befindet, sind die verschiedenen Konzeptionsansätze größtenteils mit den Namen einzelner Autoren verknüpft [Homann & Blome-Drees, 1992].

Im Folgenden werden drei der bedeutendsten Konzepte zum Thema Unternehmensethik in ihren wesentlichen Aspekten vorgestellt und kritisch betrachtet. Hierbei handelt es sich um die Ansätze von Karl Homann, Horst Steinmann und Peter Ulrich.

3.3.1 Karl Homanns ökonomische Unternehmens- und Wirtschaftsethik

Kernpunkt des Ansatzes von Karl Homann und seinen Mitarbeitern, insbesondere Franz Blome-Drees, stellt die Implementierung moralischer Normen und Ideale unter den Bedingungen einer wettbewerbsorientierten Marktwirtschaft dar [Lammers & Schmitz, 1995]. Homann greift auf den klassischen ökonomischen Ansatz von Adam Smith zurück, nach dem der Wohlstand nicht vom Wohlwollen der Anbieter abhängt, sondern vom wohlverstandenen Eigennutz. Eine leistungsfähige Wirtschaft setzt eine starke Ausprägung von Arbeitsteilung und Spezialisierung voraus, wodurch ein hoher Abstimmungs- und Koordinationsbedarf entsteht. In der modernen Gesellschaft wird die erforderliche Koordination durch gemeinsame Regeln gewährleistet. Homann teilt die Grundstruktur einer Marktwirtschaft in eine Ordnungs- und eine Handlungsebene auf. Die Rahmenordnung gibt den gesetzlichen Rahmen vor, in welchem sich die Akteure mit ihren Handlungen bewegen, um ihre Ziele zu verfolgen. Eine wettbewerbsneutrale Durchsetzung moralischer Normen kann nach Homann dauerhaft nur durch eine Rahmenordnung gewährleistet werden. Somit stellt diese den systematischen Ort der Moral dar [Berkel & Herzog, 1997].

Allerdings können Rahmenbedingungen nie lückenlos sein. Dafür gibt es verschiedene Gründe. Zum einen wurden von der Gesetzgebung einige Fallkonstellationen gar nicht geregelt, zum anderen sind durch technische und soziale Entwicklungen Probleme entstanden, die der Gesetzgeber nicht vorausschauen konnte. Da eine staatliche Überwachung und Kontrolle niemals vollständig sein kann und die Politik oftmals nicht rechtzeitig auf sich abzeichnende negative Entwicklungen reagiert, müssen die lückenhaften Rahmenbedingungen durch eine eigenständige Unternehmensethik ersetzt werden. In Fällen, in denen die Rahmenordnung Lücken oder Fehler aufweist, sind die Unternehmen aufgefordert, eigenständige Legitimationsbemühungen anzustellen. Es bedarf einer moralischen Verantwortungsübernahme seitens der Unternehmen, die über das normale Maß an systemkonformer Gewinnorientierung hinausgeht. Eine Unternehmensethik wird aus den Defiziten einer Rahmenordnung heraus begründet. Um das entstandene Verantwortungsvakuum aufzufüllen, haben die Unternehmen die Aufgabe, die im Normalfall an die Ordnungsebene abgegebene Verantwortung wieder auszuüben. Dies kann durch individuelle oder kollektive Selbstbindung erreicht werden [Homann & Blome-Drees, 1992]. Durch Selbstverpflichtungsmaßnahmen eröffnen sich den Akteuren eines Wirtschaftssystems neue Handlungsspielräume [Lammers & Schmitz, 1995].

Die zunehmenden Forderungen nach einer Unternehmensethik verstärken den auf den Unternehmungen lastenden Legitimationsdruck. Die Öffentlichkeit sieht ein gewinnorientiertes, legales Handeln allein nicht mehr als legitim an. Von Unternehmen wird verlangt, nicht nur ökonomische, sondern auch gesellschaftspolitische und moralische Ziele zu verfolgen. Sie geraten dadurch in eine schwierige Situation, da sie einerseits klären müssen, was die Gesellschaft von ihnen erwartet und sich andererseits für einen gesellschaftlichen Diskurs zu öffnen haben. Die Unternehmungen befinden sich in einem Konflikt zwischen ökonomischen und gesellschaftspolitischen Zielen, also zwischen Gewinnorientierung und Ethik. Um moralische Anliegen zu implementieren stehen ihnen grundsätzlich die folgenden beiden Strategien zur Verfügung [Berkel & Herzog, 1997]:

- **Wettbewerbsstrategie:** Bei der Wettbewerbsstrategie versucht das Unternehmen der moralischen Forderung gerecht zu werden. Dies kann dadurch erfolgen, dass es verstärkt Produkte und Dienstleistungen mit einem höheren ethischen Anspruch entwickelt und am Markt anbietet. Beispiele dafür sind die Herstellung von wiederverwendbaren Gütern und die Einführung umweltschonender Produktionsverfahren. Mit dieser Strategie erhofft sich das Unternehmen Wettbewerbsvorteile und kann im klassischen Wirschaftsprozess verbleiben. Neben der Produktion von moralisch anerkannten Gütern dienen auch öffentlich bekundete moralische Selbstbindungen zur Erreichung der gesellschaftspolitischen Ziele. Dies kann beispielsweise durch offene Informationspolitik gegenüber der Öffentlichkeit oder durch in Leitbildern niedergelegte ethische Verpflichtungen erfolgen. Die Wettbewerbsstrategie beschränkt sich auf das einzelne Unternehmen.

- **Ordnungspolitische Strategie:** Die zweite Strategie will demgegenüber die Defizite der staatlichen Rahmenordnung auf kollektiver Ebene kompensieren. Durch branchen- oder verbandseigene Regelungen (z.B. Branchenkodizes) verpflichten sich die dazugehörigen Unternehmen, bestimmte Standards zu wahren.

Zur Ausgestaltung der einzelnen Strategien ist es nun Aufgabe der Unternehmensethik, den Unternehmen konkrete Handlungsempfehlungen zu geben, mit denen diese die Legitimationsverantwortung wirtschaftlichen Handelns übernehmen können. Homann und Kollegen haben auf diesen Überlegungen basierend einen dreistufigen Entscheidungsprozess entwickelt, der den Unternehmungen die Möglichkeit gibt, sich bewusst moralischen Forderungen zu stellen (Abbildung 3.3).

Es werden drei Schritte vorgeschlagen, die zur unternehmensethischen Entscheidungsfindung führen sollen. Als erstes muss geprüft werden, ob die moralischen Forderungen ethisch gut begründet sind und verallgemeinert werden können. Das ist notwendig, um festzustellen, ob die Ansprüche berechtigt sind. Findet eine moralische Forderung keinen breiten gesellschaftlichen Konsens, ist anzunehmen, dass sich hinter der Anforderung spezielle individuelle oder Gruppeninteressen verbergen. In diesem Fall kann die Forderung begründet zurückgewiesen und der unternehmerische Entscheidungsprozess beendet werden. Wird eine Forderung als berechtigt angesehen, ist in einem zweiten Schritt zu prüfen, ob das moralische Anliegen

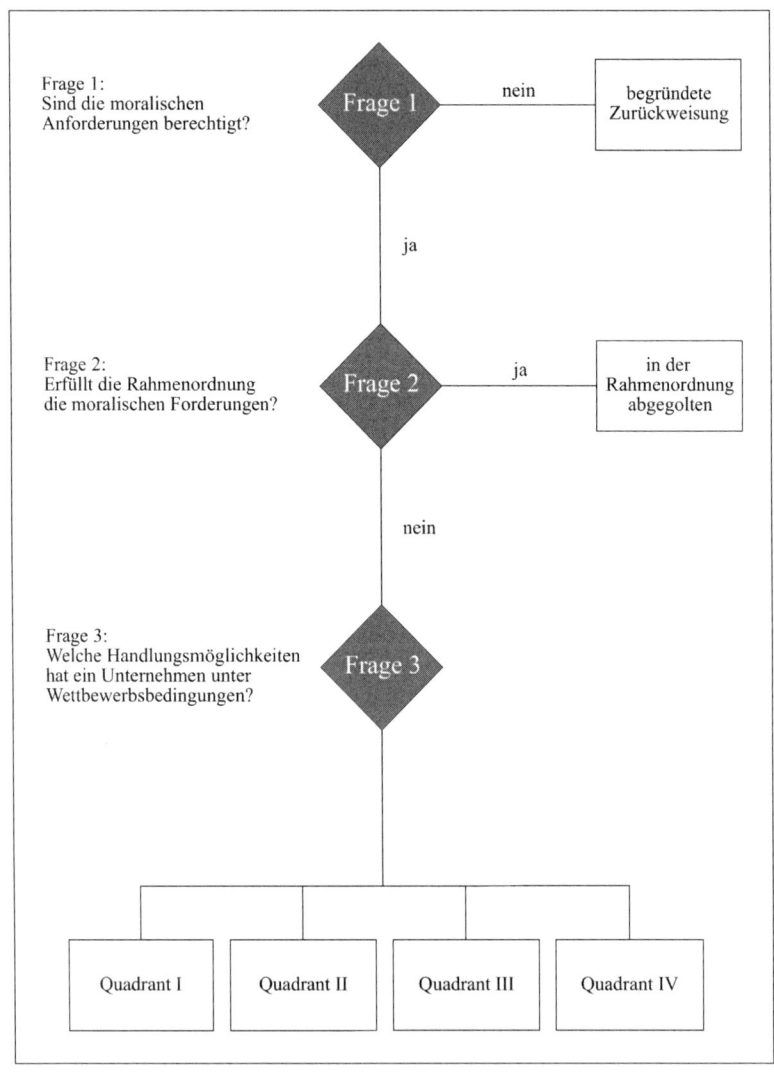

[nach Homann & Blome-Drees, 1992]

Abbildung 3.3: Unternehmensethischer Entscheidungsprozess

Rentabilität moralische Akzeptanz	gering	hoch
hoch	III. ordnungspolitische Strategien	I. Wettbewerbs- strategien
gering	IV. Marktaustritts- strategien	II. Wettbewerbs- und/oder ordnungspolitische Strategien

[nach Homann & Blome-Drees, 1992]

Abbildung 3.4: Unternehmensethische Strategien in der Marktwirtschaft

durch die bestehenden Rahmenbedingungen bereits angemessen berücksichtigt wurde, oder ob gesetzliche Defizite bestehen. Falls verbindliche Spielregeln existieren, ist eine Zurückweisung der Forderung legitim. Wenn die Rahmenordnung Lücken aufweist, fällt die moralische Verantwortung auf das Unternehmen zurück. Dann muss sich dieses in einem dritten Schritt überlegen, wie es der berechtigten Anforderung nachkommt. Dazu haben Homann und Blome-Drees ein Vier-Feld-Schema (Abbildung 3.1) mit den beiden Dimensionen Rentabilität und moralische Akzeptanz sowie den Ausprägungen „hoch" und „gering" konstruiert, mit dessen Hilfe die jeweilige Situation eingeschätzt und bewertet werden kann [Homann & Blome-Drees, 1992].

Den verschiedenen unternehmerischen Handlungsfeldern im Spannungsfeld von Moral und Gewinn werden in der Abbildung 3.4 geeignete Handlungsstrategien zugeordnet. Somit bietet die Unternehmensethik dem Unternehmen situationsbezogene praktische Handlungsempfehlungen an. Generell wird das Unternehmen vor die Aufgabe gestellt, möglichst weit in den Bereich mit hoher moralischer Akzeptanz vorzustoßen, jedoch ohne dabei die legitimen ökonomischen Zielsetzungen zu missachten. Um dieses Ziel zu erreichen, stehen dem Unternehmen je nach Ausgangssituation ganz unterschiedliche Wege offen. Die zur Zielerreichung empfohlenen Strategien wurden bereits im Abschnitt 3.1.2 näher beschrieben.

3.3.2 Horst Steinmanns korrektive Unternehmens- und Wirtschaftsethik

Das von Horst Steinmann und seinem ehemaligen Mitarbeiter Albert Löhr entwickelte Konzept einer korrektiven Unternehmens- und Wirtschaftsethik legt den philosophischen Ansatz des Konstruktivismus zugrunde. In Steinmanns Konzept geht es um die Rekonstruktion von Aufgaben der Steigerung menschlichen Wissens, der dieser zugrunde liegenden Bedingungen und um die methodische Begründung durch Philosophie und Wissenschaft. Das Wissen soll handlungsanleitend genutzt werden und somit in der Praxis eine Beratung zu einer vernünftigen Bewältigung von Konfliktsituationen ermöglichen. Hauptziel des Konstruktivismus ist es, in Geschehnisse einzugreifen und somit das Reden, Handeln und Herstellen zu rekonstruieren und vorzubereiten [Höffe, 1986]

Die konstruktive Ethik beschränkt sich auf die Analyse und Begründung jener Regeln der Beratung, die zu vernünftiger Gemeinsamkeit des Handelns führen. Auf der Grundlage des „Vernunftprinzips" und des „Moralprinzips" werden situations- und kulturinvariante Regeln formuliert, welche die Aufstellung gemeinsam überprüfbarer und annehmbarer Sätze als Handlungsvorschläge zum Zweck vernünftiger Konfliktbewältigung ermöglichen [Höffe, 1986].

In der gesellschaftlichen Praxis sollte nach konstruktivistischer Auffassung die politische und gesetzgeberische Macht danach streben, den sozialen Frieden zu stabilisieren. Das Friedensziel schließt eine Konfliktreduzierung und den Abbau von Spannungen mittels wissenschaftlicher Erkenntnisse ein. Nicht nur zur Stützung der technischen Praxis mit dem Effizienzziel sind Theorien erforderlich, sondern auch zur Stützung der ethisch-politischen Praxis [Lorenzen, 1991].

Der unternehmensethische Ansatz von Horst Steinmann basiert auf der

Idee der kommunikativen Ethik. Sowohl prozessuale (z.b. Ethikkomitees) als auch materielle (z.b. Verhaltenskodizes) Normen sind das Ergebnis dialogischer Verständigung. Durch eine entsprechende Gestaltung der Organisationsstrukturen muss der Dialog aller vom unternehmerischen Handeln Betroffenen möglich gemacht werden. Aus- und Fortbildungsmaßnahmen sollen die Mitglieder einer Organisation zu einer diskursiven Verständigung befähigen. Unternehmensethik wird von Steinmann als situationale Beschränkung des Gewinnprinzips konzeptualisiert. Gewinnstreben ist der Unternehmensethik unterzuordnen. Moralisches Handeln darf nicht nur gewinnorientiert sein. Selbstbindungsmaßnahmen, wie z.b. Verhaltenskodizes, ergänzen das geltende Recht und führen zu einer freiwilligen Beschränkung des Gewinnprinzips. Voraussetzung für moralisches Handeln ist, dass Unternehmen einen Handlungsspielraum zur Verfügung haben, damit nichtgewinnmaximierendes Verhalten keine Existenzgefährdung darstellt [Lammers & Schmitz, 1995].

Das Gewinnprinzip lässt auf der Unternehmensebene drei Handlungsspielräume zu:

- Ethikmaßnahmen helfen der Gewinnerzielung.

- Von mehreren effizienten Gewinnstrategien ist nur eine ethisch vertretbar.

- Die Verfolgung des Gewinnprinzips ist ethisch nicht vertretbar.

Nur in den beiden letzten Fällen können nach dem Gewinnprinzip ausgerichtete Unternehmensaktivitäten zu konfliktträchtigen Auswirkungen mit den internen und externen Bezugsgruppen führen. In solchen Fällen ist Unternehmensethik relevant. Sie zielt auf konsensfähige Strategien des Unternehmens ab [Steinmann & Löhr, 1994].

Steinmanns Auffassung nach fordert Unternehmensethik eine situationsgerechte Anwendung des Gewinnprinzips im marktwirtschaftlichen Wettbewerb. Unternehmensethik bezieht sich nicht nur auf die konkrete Unternehmensstrategie als Sachziel des Unternehmens, sondern auch auf die Mittel, die für die Realisierung der Strategie eingesetzt werden. Des Weiteren ergänzt eine Unternehmensethik das Recht um kritisch-loyale Selbstverpflichtungen [Berkel & Herzog, 1997].

Im Sinne der Unternehmensethik Steinmanns bedarf es nur im Konfliktfall eines Korrektivs durch das Friedensprinzip, wenn also die Folgen einer Handlung zu negativen Effekten führen. Um sozial verträgliche Strategien für ein Unternehmen zu entwickeln, müssen Unternehmen auch intern kommunikativ arbeiten und einseitige Kommunikationsstrukturen zugunsten eines Dialoges aufbrechen [Dietzfelbinger, 2002].

Nach Steinmann soll sich die Unternehmensethik vor allem auf die Folgen der Handlungen von Führungskräften konzentrieren. Die Grundsatzfrage der Unternehmensethik wird darin gesehen, welche Ergebnisse durch unternehmerische Handlungen im gesellschaftlichen Raum erzielt werden können. Mit dem Konzept Steinmanns soll eine friedliche Koordination aller Handlungen innerhalb der Gesellschaft erreicht werden, die langfristig zu einem guten Ergebnis für alle führen. Unternehmen müssen sich nicht nur an die bestehenden Gesetze halten, sondern ihr Handeln nach innen und außen am Friedensgrundsatz ausrichten. Da Steinmann öffentlich und gesellschaftlich konsensfähige Strategien und Handlungen der Unternehmen fordert, zählt sein Konzept ebenso wie das von Peter Ulrich zu den republikanischen Ansätzen [Dietzfelbinger, 2002].

3.3.3 Peter Ulrichs integrative Unternehmens- und Wirtschaftsethik

Peter Ulrich zielt mit seinem Konzept darauf hin, aufbauend auf einem kommunikativen Fundament, die ökonomische Rationalität zur Vernunft zu bringen. Er entwickelt ein neues wirtschaftswissenschaftliches Paradigma, das er als „praktische Sozialökonomie" bezeichnet. Durch die Wiederankopplung der wissenschaftlichen Ökonomie an die Lebenswelt versucht Ulrich zum Zwecke einer Moralisierung die autonome Ökonomik in eine praktische Sozialökonomie zu transformieren [Neugebauer, 1998].

Ulrich lehnt die klassische These ab, nach der die gesamtgesellschaftliche Wohlfahrt durch gewinnmaximierendes Streben gesteigert wird. Er ist der

Ansicht, dass die Frage nach Effizenz neu überdacht werden muss, da in der heutigen Zeit Wirtschaften auch dann als effizient bezeichnet wird, wenn sich für einen Teil der Bevölkerung bzw. der Umwelt negative Folgen ergeben. Aus diesem Grund ist eine Verbindung zwischen der wirtschaftlichen und der sozial-ethischen Denkweise notwendig [Berkel & Herzog, 1997]. Nach Ulrich ist der ökonomische Rationalitätsbegriff auf Unternehmensebene durch die regulative Leitidee des unternehmenspolitischen Dialogs zu erweitern. Auf diese Weise könne eine kollektive Präferenzordnung der Unternehmung entstehen [Lammers & Schmitz, 1995].

Bei einer Unternehmung handelt es sich nach Ulrichs Auffassung um eine quasi-öffentliche, gesellschaftliche Veranstaltung, die vielfältigen kollektiven Zielsetzungen zu dienen hat. Eine Unternehmung befindet sich permanent im Spannungsfeld zwischen verschiedenen unternehmensinternen und -externen Interessengruppen. Die gegensätzlichen Interessen können auf der personalen Ebene durch das Management und auf der institutionalen Ebene durch eine rechtswirksame Unternehmensverfassung ausgeglichen werden. So kann moralisches Konfliktpotenzial antizipiert und von vornherein einer Handhabung im Unternehmen zugänglich gemacht werden [Lammers & Schmitz, 1995].

Peter Ulrich sieht in seinem Konzept die Notwendigkeit einer Verbindung der wirtschaftlichen mit der sozial-ethischen Denkweise, weil alle Bürger die Auswirkungen ökonomischen Handelns mittragen müssen. Daher soll den Bürgern auch ein Mitspracherecht eingeräumt werden. Die rational-ökonomische, nur auf die individuelle Nutzenkalkulation ausgerichtete Vernunft, muss in eine sozial-ethische Vernunft transformiert werden. Das Ergebnis dieser Transformation ist die sozialökonomische Vernunft. Durch sie gelangen die betroffenen Bürger in einer offenen, vernunftgeleiteten Verständigung zu einem Konsens darüber, welche Handlungen, Güter und Institutionen ethisch wertvoll sind und daher geschaffen werden sollen und welche nicht. Diese unbegrenzte kritische Öffentlichkeit aller Bürger stellt die letzte Legitimationsinstanz für alles marktwirtschaftliche Geschehen dar und weist dadurch der Wirtschaft ihren Platz zu. Dazu sind institutionale Kommunikationsformen sowie das Interesse aller Bürger an einer sozialökonomischen Vernunft erforderlich [Berkel & Herzog, 1997].

Ulrich räumt ein, dass ohne eine am Gemeinwohl interessierte, republikanische Gesinnung der Wirtschaftsbürger, keine kritische, zur Praxis kommende Wirtschaftsethik geschaffen werden kann. Aus dieser fundamentalkritischen wirtschaftlichen Position heraus, leitet Ulrich zwei Stufen der Unternehmensethik ab [Ulrich, 1994b]:

- **Geschäftsethik:** Innerhalb der vorgegebenen Rahmenbedingungen wird nach rentablen Wegen ethisch-sinnvollen Wirtschaftens gesucht. Es erfolgt eine innovative geschäftsstrategische Synthese zwischen Ethik und Erfolg.

- **Republikanische Unternehmensethik:** Systematische Zwänge, die in unternehmensethische Dilemmasituationen führen, werden kritisch hinterfragt. In der kritischen Öffentlichkeit wird sich für ethisch begründete ordnungspolitische Reformen der Rahmenbedingungen engagiert. Die Unternehmen tragen eine ordnungspolitische Mitverantwortung.

Die von Peter Ulrich erarbeitete integrative Wirtschafts- und Unternehmensethik stellt eine Institutionenethik der Unternehmung dar, in der die ethischen Anforderungen an die Unternehmung als gesellschaftliche Institution herausgearbeitet werden. Der integrative Grundgedanke besteht in der Vereinigungsforderung der Verantwortbarkeit mit der Zumutbarkeit [Ulrich, 1994a]. Dabei soll die erfolgsrationale Zumutbarkeit auf den folgenden drei Ebenen eingelöst werden:

- Ebene der unternehmerischen Handlungsverantwortung

- Ebene der unternehmenspolitischen Präferenzordnung

- Ebene der ordnungspolitischen Rahmenbedingungen

Ausgehend von diesem Hintergrund formuliert Ulrich für eine angemessene Umsetzung drei Ziel- und Durchführungsvorstellungen, so genannte Postulate [Neugebauer, 1998]:

- **Innovative, geschäftsstrategische Synthese:** Die grundlagenkritische Unternehmensethik soll eine Auswahl derjenigen Unternehmensstrategien sicherstellen, die gleichzeitig erfolgssichernd und gesellschaftsförderlich sind.

- **Dialogische Unternehmenspolitik:** Die kommunikative Unternehmensethik soll bewirken, dass alle von einer unternehmerischen Entscheidung Betroffenen an dieser partizipieren und sie dadurch legitimieren.

- **Ordnungspolitische Mitverantwortung:** Durch die Übernahme einer republikanischen Unternehmensethik ist die unternehmerische Führungsspitze gehalten, ordnungspolitische Reformbemühungen zu fördern und einer organisierten Unverantwortlichkeit entgegenzuwirken.

Das betriebswirtschaftliche Konzept Ulrichs ist als Leitidee kommunikativethischer Lebensführung zu verstehen, welche in der Wirtschaftspraxis zu verwirklichen ist. Sie baut auf die Institutionalisierung des Dialogs auf, die z.B. durch eine offene Unternehmensverfassung und ein konsensorientiertes Management erreicht wird. Die als sozialökonomisch verstandene Betriebswirtschaftslehre manifestiert ihre Praxisrelevanz in der kommunikativdiskursiven Offenheit, dem funktionalen und zugleich kritischen Praxisbezug und der lebenspraktischen, akzeptanzfördernden Vernunft [Neugebauer, 1998].

Peter Ulrich versteht die Betriebswirtschaftslehre als reflektiert, führungsbezogen und kommunikationsorientiert. Er sieht die Aufgabe der Wirtschaftswissenschaft darin, unter dem Einfluss von Marktzwängen, Zielkonflikten und zunehmenden externen Effekten eine Wirtschafts- und Unternehmensführungsweise auf kritisch-grundlagenreflektierter Basis zu begründen. Demnach ist ein ökonomisch-erfolgreiches, sozialförderliches und umweltverantwortliches Wirtschaften möglich [Neugebauer, 1998].

3.3.4 Kritische Betrachtung der Konzepte

Die soeben in ihren wesentlichen Aspekten vorgestellten Unternehmensethikkonzepte von Karl Homann, Horst Steinmann und Peter Ulrich werden nachfolgend kritisch beleuchtet.

3.3.4.1 Konzept von Karl Homann

Der Ansatz von Karl Homann und seinen Mitarbeitern ist sehr ökonomisch ausgerichtet. Es wird der Versuch unternommen, Moral aus der Wirtschaft zu rekonstruieren und Ethik auf die Ökonomie aufzubauen. Das Konzept basiert auf der Annahme, dass allgemeiner Wohlstand nicht vom Wohlwollen der Unternehmer abhängt, sondern vom Wohlwollen des Wettbewerbs. Da ohne einen Bedingungswandel kein Gesinnungswandel stattfinden kann, muss das Handeln von außen beeinflusst werden. Damit wird die so genannte institutionentheoretische Wende in der Wirtschaftsethik vollzogen. Es wird eine ethische Verlagerung auf rahmengebende Institutionen angestrebt, anstatt sich auf individuelles Verhalten auszurichten. Um eine moralische Kompatibilität zu gewähren, werden Begriffe wie Kosten und Nutzen eher weit gefasst. Nach Homann kommt es dem Gesamtnutzen der Wirtschaft und der Gesellschaft zugute, wenn Moral in der Rahmenordnung in Form von Gesetzen, Anreizsystemen und Verordnungen verankert wird. Ethik muss auf Basis der Rahmenordnung (Regeln, Institutionen und Bedingungen eines sozialen Gefüges) als Bedingungsethik (Ordnungsethik, Institutionenethik) formuliert werden. Eine eigenständige Unternehmensethik ist nur in Bereichen möglich, in denen die Reglementierungen durch die Rahmenordnungen nicht greifen [Dietzfelbinger, 2002].

Karl Homann und seine Mitarbeiter entwerfen eine nationale Strategie zur Durchsetzung moralischer Normen und Ideale, die auf globaler Ebene nicht anwendbar ist. Durch die Betonung der Rahmenordnung als systematischem Ort der Moral wird das dynamische Potenzial individueller und kollektiver Selbstbindung von Unternehmen gebremst. Homann und seine Kollegen unterschätzen die Möglichkeit, Moral durch wettbewerbs- oder ordnungsstrategische Maßnahmen zu erreichen. Im Konzept bleibt die Unterscheidung zwischen Rechtsordnung und moralischer Ordnung unklar, sowie die Frage offen, wie der Änderungsprozess einer bestehenden Rahmenordnung abzulaufen hat. Es wird auch nicht deutlich, inwieweit das Konzept die von

Unternehmen selbst entwickelten Ordnungen berücksichtigt [Lammers & Schmitz, 1995].

3.3.4.2 Konzept von Horst Steinmann

Die von Horst Steinmann verstandene Unternehmensethik ist darauf angelegt, wirtschaftliche Nebenwirkungen und gesellschaftliche Folgeprobleme durch eine situationale Beschränkung des Gewinnprinzips in den Griff zu bekommen. Dagegen einzuwenden ist, dass die Unternehmensethik im Sinne des Anwendungsmodells „von oben" eingeführt wird, da so dem betriebswirtschaftlichen Rationalitätsdefizit kompensierend eine Gegenrationalität übergestülpt wird. Hierbei kann von einer ethischen Domestizierung gesprochen werden. Steinmanns Konzept ist keine Unternehmensethik für den Normalfall, sondern eher eine für den Ausnahmefall, da hier der legitime Normalfall das Wirtschaften nach dem Gewinnprinzip darstellt. Es wird statt von strukturellen Problemen von situativen ausgegangen. Somit ist die Unternehmensethik als Konfliktmanagement aufzufassen, mit Verzicht auf eine krisenlösende Grundlagenreflexion und ohne Allgemeingültigkeit [Ulrich, 1991].

Nach Steinmann bedarf es eines Korrektivs durch das Friedensprinzip nur, wenn die Folgen einer Handlung zu negativen externen Effekten führen. Unter teleologischen bzw. verantwortungsethischen Gesichtspunkten betrachtet, lässt dieser Ansatz erkennen, dass der Einbezug externer Bezugsgruppen zu spät erfolgt, da hierfür das Auftreten eines Konflikts bereits vorausgesetzt wird. Der Konfliktfall kann verhindert und somit dem „Friedensziel" näher gekommen werden, wenn schon vor Eintritt der Konfliktsituation die Interessen aller Betroffenen Berücksichtigung finden [Nussbaum, 1995].

In der korrektiven Unternehmensethik Horst Steinmanns wird ein fundamentaler Konstruktionsfehler erkennbar. Zum einen wird dem Gewinnprinzip ethische Korrektheit zugesprochen, zum anderen fordert sie von Unternehmen eine Gewinnenthaltsamkeit. Die Konzeption fördert eine ökonomische Benachteiligung moralisch handelnder Personen. Das Konzept bewirkt, dass Akteure einer Ökonomie ihre moralischen Aktivitäten von der

Konjunkturlage abhängig machen, da ihnen nur in wirtschaftlich guten Zeiten ein Spielraum zum moralischen Handeln zur Verfügung steht [Berkel & Herzog, 1997].

3.3.4.3 Konzept von Peter Ulrich

Peter Ulrich setzt vor dem Hintergrund des Traditionsverlustes und Werteverfalls in fortgeschrittenen Industriegesellschaften auf die Karte der Vernunft. In seinem Konzept unterstellt er den Menschen Vernunftbereitschaft und Mündigkeitsbestrebung. Ulrich glaubt an die Substituierbarkeit einer traditionalen und emotionalen Handlungssteuerung durch die Rationalität. Ulrich bemüht sich somit um einen Übergang von individuellen, subjektiv-normativen Präferenzvorstellungen zu reflektierten, kollektivbezogenen, ökonomischen Vernunftentscheidungen [Neugebauer, 1998].

Ulrich ist darauf bedacht, zwischen der ökonomischen und ethischen Rationalität zu vermitteln. Er sucht nach Anknüpfungspunkten zwischen den handlungsleitenden Prinzipien der Wirtschaft und denen der Ethik und bemüht sich um deren Integration. Mit seiner republikanischen Wirtschafts- und Unternehmensethik versucht er die Diskrepanz zwischen Ideal und Wirklichkeit so gering wie möglich zu halten. Dabei appelliert er an die Vernunft der Wirtschaftsbürger und an die der Unternehmen [Dietzfelbinger, 2002].

Ulrich unterscheidet zwischen einer unternehmens- und einer wirtschaftspolitischen Ebene. Auf der unternehmenspolitischen Ebene sollen durch ein entsprechendes normatives Management Verständigungspotenziale aufgebaut werden. Die wirtschaftspolitische Ebene weitet die Grenzen des normativen Managements aus und schafft lebenspraktisch sinnvolle sowie faire Spielregeln des Marktes [Nussbaum, 1995].

Der wirtschaftsethische Ansatz nach Peter Ulrich zeichnet sich durch die methodische Vermittlung zwischen dem teleologischen Element der ökonomischen Rationalität und dem unverzichtbaren deontologischen Element ethisch-praktischer Vernunft aus. Nach Ulrichs Ansicht kann Wirtschaftsethik keine Sozialtechnologie zur Lösung konkreter Einzelprobleme sein. Die

Aufgabe der Wissenschaft ist nicht das Lösen ethischer Konflikte in der Praxis, sondern das Liefern von Denkmöglichkeiten und Aufdecken von Denkzwängen. Daher ist die sozialökonomische Rationalitätsidee als ein Ansatz zu betrachten, um elementare Leitfragen für den wirtschaftsethischen Diskurs innerhalb der ökonomischen Rationalitätsperspektive zu formulieren [Neugebauer, 1998].

An Ulrichs Konzept ist allerdings die Vorstellung des Ideals einer offenen Unternehmensverfassung zu kritisieren. Im Rahmen rechtlicher Grundmuster über den ordnungspolitischen Weg sollen demnach nur die Rechte derjenigen gesichert werden, die sich bereits betroffen fühlen. Solange jedoch die reale von der idealen Kommunikationsgemeinschaft abweicht, birgt die rechtliche Verankerung von Mitspracherechten jedes sich betroffen Fühlenden die Gefahr in sich, dass Einzelne die Handlungsfähigkeit eines Unternehmens und damit seine Funktion der Wertschöpfung zum Schaden anderer Betroffener herabsetzen können [Nussbaum, 1995].

Die Fähigkeit zur Verallgemeinerung, der Sozialbezug und die Umweltentlastung wirtschaftlichen Handelns bieten wichtige Diskussionspunkte um die Konzeption von Peter Ulrich. In der betrieblichen Praxis besteht die Gefahr einer Aufblähung der Prozesse zur Entscheidungsfindung. Es können Spannungen zwischen der Legitimität und der Effizenz auftreten.

3.3.4.4 Zusammenfassende Darstellung

Zusammenfassend lässt sich zu den drei vorgestellten unternehmensethischen Konzeptionen sagen, dass sie alle auf einer sehr abstrakten Ebene angesiedelt sind und mit idealen Voraussetzungen arbeiten. Homann spricht von einer idealen Rahmenordnung, Steinmann von einem idealen Diskurs und Ulrich vom Ideal der sozialen ökonomischen Vernunft. Steinmann und Ulrich akzeptieren nur den diskursethischen Ansatz der formalen Sollensethik. Homann lässt dagegen offen, woher die Wirtschaftssubjekte ihre moralischen Maßstäbe beziehen. Alle drei Ansätze konzentrieren sich nur auf einen ethischen Begriff, Normen und ihre Begründung. Dadurch wird die Bandbreite ethischer Begründungsansätze nicht abgedeckt. Des Weiteren fehlt der konkrete Bezug zur Lebenswirklichkeit der Menschen in einem Unternehmen [Berkel & Herzog, 1997].

Die vorgestellten unternehmensethischen Grundpositionen unterscheiden sich nicht nur im Inhalt ihrer Aussagen, sondern auch bezüglich ihrer philosophischen Fundierung. Steinmann und Ulrich verstehen ihre Unternehmensethik jeweils als Vernunftethik und bauen ihre Konzepte auf der Diskursethik auf. Beide Ansätze sehen ihren zentralen Punkt in der methodischen Vermittlung zwischen der betriebswirtschaftlichen Sachlogik und den ethisch-moralischen Ansprüchen. Sowohl Steinmann als auch Ulrich bezwecken mit ihren Konzeptionen, dem Management bei der praktischen Umsetzung und im Umgang mit ethischen Konflikten und Herausforderungen Hilfestellung zu geben. Sie setzen auf eine kommunikative Ethik als Verfahren zur Lösung unternehmenspolitischer Konfliktlösungsprozesse. Allerdings weisen ihre Ansätze auch fundamentale Unterschiede auf. Horst Steinmann entwirft gemeinsam mit seinem Kollegen Albert Löhr eine korrektive Unternehmensethik, in der Ethik und Gewinn als Gegensatz auftreten. Ulrich dagegen vereinbart in seiner integrativen Unternehmensethik wirtschaftlichen Erfolg und Ethik miteinander. Steinmann sieht seine Unternehmensethik lediglich als Mittel zur Begrenzung der konfliktrelevanten Auswirkungen des Formalziels der Gewinnerzielung. Ulrich dagegen lehnt die Annahme eines interessenneutralen Formalziels der Unternehmung ab. Er unterstellt die Managementaufgabe der regulativen Idee einer konsensorientierten Unternehmenspolitik, die davon ausgeht, dass die Ziele und Handlungsgrundsätze der Unternehmung einem Konsens aller Anspruchsgruppen entsprechen sollen [Nussbaum, 1995].

Die drei Ansätze bauen nicht aufeinander auf. Sie streben jeweils auf eigene Weise danach, das gemeinschaftsdienliche und gesamtverantwortliche betriebliche Wirtschaften zu fördern. Die sie vertretenden Betriebswirtschaftler haben gemeinsam die Intention, eine menschendienliche, gesellschaftsförderliche und verantwortungsbezogene Art und Weise betrieblichen Wirtschaftens auszuarbeiten. Damit verweigern sie sich einer nur auf marktgegebene Chancenausbeutung gegründeten Wirtschaftsweise, welche allein auf eine unternehmensförderliche Wirkung setzt. Die untersuchten Betriebswirtschaftsmodelle streben eine allgemeinverträgliche und zu verantwortende, legitime Form betrieblichen Wirtschaftens an [Neugebauer, 1998]. Insgesamt betrachtet, weist das Unternehmensethikkonzept von Ulrich deutlich weniger berechtigte Kritikpunkte auf als die Ansätze von Homann und Steinmann [Nussbaum, 1995]. Daher stützen sich die weiteren Ausführungen vor allem auf das Konzept von Peter Ulrich.

3.4 Unternehmensethik - Grundlagenreflexion oder Führungsinstrument

Die vorhergegangenen Überlegungen zeigen, dass es genauso wenig „die" Unternehmensethik gibt, wie „die" universal anerkannte Ethik existiert. Verschiedene Ansätze zur Unternehmensethik sind nicht nur unvermeidbar, sondern auch notwendig, um mehr als nur grundlegende Fragen beantworten zu können.

Auf dem Weg zur Klärung der Frage, ob Unternehmensethik eine Grundlagenreflexion oder ein Führungsinstrument ist, können folgende vier Orientierungslinien aufgezeigt werden [Ulrich, 1991]:

- **Wissenschaftstheoretischer Aspekt:** Als wissenschaftliche Disziplin soll Unternehmensethik in praktischer Weise konzipiert werden. Grundsätzliche Voraussetzung dafür ist eine praktisch-philosophische Konzeption von Ethik als Vernunftethik, die an einer rationalen Argumentation für Lösungen zu ethisch-praktischen Problemen interessiert ist. Die Vernunftethik wendet sich kritisch gegen das vorherrschende Verständnis in der Betriebswirtschaftslehre, wonach dem Reich der wertfreien und objektiven Wissenschaft das wissenschaftlich unzugängliche Reich des ethischen Subjektivismus gegenübersteht.

- **Betriebswirtschaftstheoretischer Aspekt:** Die ethische Dimension des unternehmerischen Wirtschaftens wird als lebenspraktische Herausforderung verstanden. Die Unternehmensethik steht nicht beziehungslos als Spezialdisziplin neben der Betriebswirtschaftslehre, sondern ist die methodische Vermittlung zwischen betriebswirtschaftlicher Sachlogik und ethisch-moralischen Ansprüchen. Diese Vermittlungsaufgabe stellt die konstitutive Problematik der Unternehmensethik dar.

- **Managementpraktischer Aspekt:** Unternehmen sehen als gesellschaftliche Institutionen die praktische Relevanz der Unternehmensethik darin, dem Management gedankliche Hilfe für einen aufgeklärten und zugleich realistischen Umgang mit den ethisch-moralischen Herausforderungen zu bieten. In einer modernen freiheitlich-demokratischen Gesellschaft können die ethischen Entscheidungen von Institutionen nicht mit den privaten Gewissensentscheidungen einzelner Unternehmer verglichen werden. Es kommt vielmehr auf die ethische Qualität der unternehmenspolitischen Konfliktlösungsprozesse an. In dieser Problemsituation ist eine kommunikative Unternehmensethik angebracht.

- **Ordnungspolitischer Aspekt:** Unternehmen unterliegen als Mitglieder eines institutionalisierten Wirtschaftssystems strukturellen Sachzwängen. Damit eine Unternehmensethik nicht den strukturellen Charakter ihrer Problematik verfehlt, darf sie keine rein moralischen Ansprüche erheben. Eine realistische Unternehmensethik muss auf die Klärung der unverzichtbaren institutionellen Voraussetzungen bedacht sein, um vernunftethisch legitime und faire unternehmenspolitische Konfliktlösungsprozesse zu gewährleisten. Diese Prozesse werden durch die Unternehmensverfassung und ihrer Einbettung in die gesamte ordnungspolitische Konzeption konstruiert.

Unternehmensethik, als Vernunftethik des Wirtschaftens von und in Unternehmen verstanden, findet ihre Hauptaufgabe in einem kritischen Praxisbezug. Die Vernunftethik fragt notwendigerweise über die faktische Praxis hinaus nach vernünftigen Handlungsoptionen. Ein kritisches Denken liegt also im Wesen der Vernunftethik, deren Hauptvertreter Peter Ulrich ist. Für die heutige Lebenspraxis erweist sich eine ethisch-praktische Handlungsweise als sinnig und wertvoll. An Stellen, an denen entscheidende Qualitäten des Handelns infolge allzu selektiver Rationalitätskriterien aus der Beurteilung ausgeblendet werden, entsteht lebenspraktische Irrationalität. Indem die grundlagenpraktische Unternehmensethik die normativen Voraussetzungen der selektiven Perspektive von Rationalität und Rationalisierung ethisch-kritisch hinterfragt, erweitert sie die Denkmöglichkeiten betriebswirtschaftlicher Praxis und somit auch das unternehmerische Wertschöpfungspotenzial. Die betriebswirtschaftliche Funktionalität eines kritisch-normativen Praxisbezuges ist auf der Ebene rationaler Unternehmenspolitik zu erkennen. Es erfolgt ein rationaler Umgang mit den Wertansprüchen verschiedener Anspruchsgruppen an die Unternehmung als Wertschöpfungsveranstaltung [Ulrich, 1991].

Die Frage, ob Unternehmensethik nun Grundlagenreflexion oder ein Führungsinstrument ist, kann somit nicht pauschal beantwortet werden.

3.5 Unternehmensethik und Gewinnprinzip

Es gibt in der unternehmensethischen Diskussion viele unterschiedliche Auffassungen über die Möglichkeit, Notwendigkeit und Konzeption von Unternehmensethik. Die Ansätze unterscheiden sich insbesondere hinsichtlich ihrer Auffassung vom Verhältnis zwischen ethischen Ansprüchen an die Unternehmen und dem betriebswirtschaftlichen Gewinnmaximierungsprinzip. Alle Positionen sind von Grund auf normativ geprägt und stellen unternehmensethische Standpunkte dar. Es gibt daher keine einzig richtige oder wahre theoretische Verhältnisbestimmung [Ulrich, 1996].

Im Folgenden werden verschiedene Deutungsmöglichkeiten des Gewinnprinzips und deren Konsequenzen für die Beurteilung der Möglichkeit und Notwendigkeit einer Unternehmensethik vorgestellt. Anschließend erfolgt eine systematische Unterscheidung idealtypisch modellierter Positionen.

3.5.1 Systematische Deutungsvarianten der betriebswirtschaftlichen Gewinnorientierung

Die verschiedenen Unternehmensethikmodelle sind grundlegend geprägt von der jeweiligen Rolle des Gewinnprinzips. Dabei stellt sich zum einen die Frage, ob unter wettbewerbswirtschaftlichen Bedingungen Unternehmensethik

methodischer Status Ebene	empirische These	normatives Postulat
personale Handlungs- orientierung	Motiv: subjektives Gewinnstreben	sittliche Pflicht: kapitalistisches Unternehmerethos
systemischer Funktions- mechanismus	Sachzwang: objektives Gewinnerfordernis	ordnungspolitische Spielregel: "Gewinnprinzip"

[nach Ulrich, 1996]

Abbildung 3.5: Deutungsmöglichkeiten der unternehmerischen Gewinnorientierung

überhaupt möglich, zum anderen, ob sie im Rahmen einer marktwirtschaft-lichen Ordnung eigentlich nötig ist. Die Beantwortung dieser beiden Grund-fragen stellt einen wichtigen konstitutiven Faktor für die Konzeption jedes einzelnen Ansatzes von Unternehmensethik dar.

Die unterschiedlichen Auffassungen einer unternehmerischen Gewinnorien-tierung lassen sich in einer Vier-Feld-Matrix zusammenfassen (Abbildung 3.5). Es kann sich einerseits um eine empirische These bzw. ein normatives Postulat handeln und andererseits um eine personale Handlungsorientie-rung oder einen systematischen Funktionsmechanismus marktwirtschaftli-cher Ordnung. Die vier verschiedenen Deutungsmöglichkeiten des Gewinn-prinzips werden im Folgenden kurz vorgestellt [Ulrich, 1997].

3.5.1.1 Gewinnorientierung als Handlungsmotiv von Unterneh-mern

Die unternehmerische Gewinnorientierung kann als personales Gewinnstre-ben von Unternehmern oder angestellten Führungskräften interpretiert wer-den. Bei diesem Verständnis hängen gültige ethische Forderungen nicht von ihrer sozialen Geltung ab, sondern von ihrer normativen Gültigkeit. Ein situativ nicht legitimes Gewinnstreben einzelner Personen wird als Gegenstand unternehmensethischer Aufklärung und Kritik gesehen. Im praktischen Verhalten einiger Unternehmer ist unmoralisches Handeln oftmals kein ethisches Begründungs-, sondern eher ein Motivationsproblem. Bei moralpsychologischen Motivationslücken ist es sinnvoll, nach pragmatischen Klugheitsargumenten zu suchen. Damit wird Unternehmern aufgezeigt, dass die Einhaltung einer bestimmten Minimalmoral funktional für die längerfristige Sicherung ihrer unternehmerischen Erfolgs- und Gewinnpotenziale sein kann. Solche funktionale Wirtschaftsethik ist im Grunde genommen keine Ethik, da nicht moralische, sondern ökonomische Beweggründe vorgebracht werden [Ulrich, 1996].

3.5.1.2 Gewinnorientierung als moralische Pflicht von Unternehmern

Diese Deutung der unternehmerischen Gewinnorientierung ist als Ausdruck eines konventionellen, berufs- oder rollenspezifischen Moralbewusstseins von Unternehmern zu verstehen. Die Personen identifizieren sich gedanklich mit einem bestimmten Unternehmerethos. Bei diesem Verständnis wird das Streben nach Gewinnmaximierung nicht nur als moralisches Recht, sondern als sittliche Pflicht von Unternehmern gedeutet [Ulrich, 1996].

Die höchste soziale Verantwortung der Unternehmer besteht darin, auf möglichst wirtschaftliche Art Güter und Dienstleistungen anzubieten. Dabei ist es anzustreben, ökonomische Gebote und moralisch richtige Handlungen miteinander zu vereinbaren. Nur wenn produzierende Unternehmer die allgemeinen moralischen und gesetzlichen Regeln missachten, geraten sie in Konfliktsituationen. Innerhalb dieser Regeln ist das unternehmerische Handeln selbst erste sittliche Pflicht [Habermann, 1993].

3.5.1.3 Gewinnorientierung als systembedingter Sachzwang

Die Notwendigkeit der unternehmerischen Gewinnorientierung wird bei diesem Verständnis nicht unmittelbar normativ, sondern durch Rekurs auf die faktische Bedingung der Selbstbehauptung der Unternehmung am Markt begründet. Die Begründung erfolgt also mit dem Sachzwang, der im vorgefundenen System der Wettbewerbswirtschaft gegeben ist. Dieses wird somit als Möglichkeitsbedingung aller Unternehmensethik im Rahmen eines modernen Wirtschaftssystems vorausgesetzt. Der systematische Sachzwang von Unternehmen kann entweder so strikt gedacht sein, dass für andere Wertorientierungen kein Raum mehr bleibt, oder aber es wird davon ausgegangen, dass Handlungsfreiräume für ethisch motivierte unternehmerische Entscheidungen bestehen [Ulrich, 1996].

3.5.1.4 Gewinnorientierung als ordnungspolitische Spielregel

Der Sachzwang der unternehmerischen Selbstbehauptung und der ihr entsprechenden Gewinnorientierung wird als ethisch-politisch bewusst gewollter Zwang, als Spielregel der Marktwirtschaft begriffen. Diese darf aus einzelwirtschaftlicher Sicht als Aufforderung zur Gewinnorientierung aufgefasst werden. In der striktesten Variante wird die ordnungspolitische Spielregel sogar zum normativen Prinzip, also zum vorrangigen unternehmensethischen Handlungskriterium erhoben [Löhr, 1991].

In diesem Sinne lassen sich zwei grundlegende Argumentationsrichtungen bezüglich der Rolle des Gewinnprinzips unterscheiden, einerseits der ökonomische Rahmendeterminismus und andererseits das Gewinnmaximierungsprinzip [Ulrich, 1996]. Auf diese Themen wird unter anderem auch im Abschnitt 3.3 inklusive Unterabschnitte eingegangen [Ulrich, 1996].

3.5.2 Unternehmensethische Ansätze der Durchbrechung des Gewinnprinzips

Die oben dargelegten Auffassungen akzeptieren entweder das unternehmerische Gewinnstreben als nicht zur Disposition stehenden Sachzwang oder versuchen sogar das Streben nach Gewinn als oberste Norm und damit als Inbegriff ethisch verantwortlichen Unternehmertums zu begründen. Die vorgestellten Positionen machen die fehlende Möglichkeit und Notwendigkeit von Unternehmensethik strikt von der normativ konstruierten Bedingung einer unantastbaren unternehmerischen Gewinnorientierung abhängig. Jedoch lassen sich einige teilweise einflussreiche Denkmuster in der unternehmensethischen Diskussion in die bisher entfalteten Systematik von Positionen nicht einordnen. Diese Denkansätze unterscheiden sich von den dargestellten Varianten des Ökonomismus insofern, als dass sie diese Bedingung mehr oder weniger stark durchbrechen. Sie räumen in einem definierten Bereich außerökonomischen, rein ethisch begründeten Gesichtspunkten den Vorrang ein. Sofern das Gewinnprinzip als wirtschaftlich nicht hinreichend zu begründendes normatives Prinzip unternehmerischen Handelns verstanden wird, beginnt an dieser Stelle überhaupt erst Unternehmensethik im eigentlichen Sinne [Ulrich, 1996].

Es lassen sich vier Arten solcher dualistisch konzipierter Ansätze von Unternehmensethik unterscheiden (Abbildung 3.6). Die Ansätze der instrumentalistischen, karitativen und korrektiven Unternehmensethik bleiben dem Gewinnprinzip außerhalb eines in jeweils spezifischer Weise definierten Bereichs ethisch zur Geltung kommender Gesichtspunkte treu. Die vierte Variante, die so genannte integrative Unternehmensethik, unterstellt das unternehmerische Gewinnstreben durchgängig der unternehmensethischen Legitimationspflicht. Daher kann hier auch nicht mehr von einem Gewinnprinzip die Rede sein. Zwischen den vier im folgenden näher beschriebenen Ansätzen erhöht sich der Grad der Anerkennung des Eigenwertes ethischer Gesichtspunkte und damit der Durchbrechung des Gewinnprinzips in der bezeichneten Reihenfolge [Ulrich, 1996].

3.5.2.1 Instrumentalistische Unternehmensethik

Die instrumentalistische Sichtweise, auch funktionalistische genannt, lässt ethische Überlegungen nicht nur zu, sondern fordert sie auch. Es wird kein zwingender Konflikt zwischen moralischen Gesichtspunkten und dem betriebswirtschaftlichen Erfolgs- und Gewinnstreben gesehen. Die instrumentalistische Unternehmensethik versucht das Vermittlungsproblem bezüglich des Gewinnprinzips zu lösen, indem Ethik als ein langfristiges ökonomisches Führungsinstrument gesehen wird. Ethik wird als Investitionsgut mit

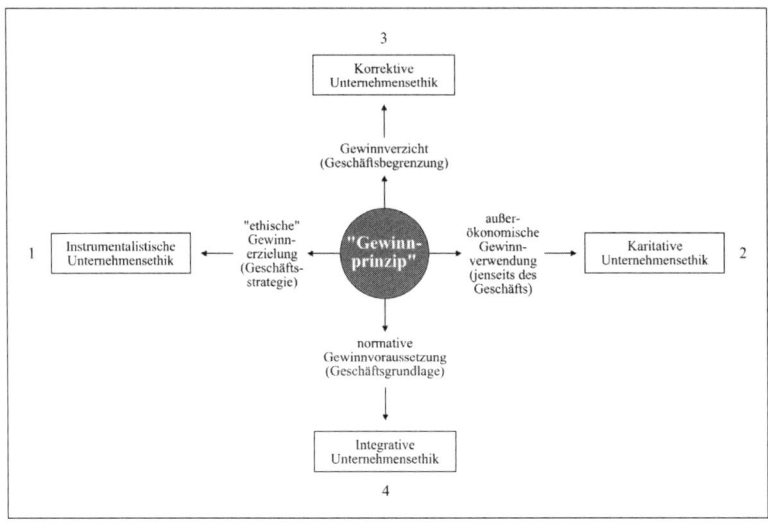

[nach Ulrich, 1996]

Abbildung 3.6: Unternehmensethische Ansätze zur Durchbrechung des Gewinnprinzips

strategischer Erfolgsrelevanz verstanden, welches im Sinne der Inkaufnahme gegenwärtiger Opportunitätskosten längerfristige Gewinnpotenziale sichern kann [Ulrich, 1996].

Bei der instrumentalistischen Unternehmensethik wird die Gewinnerzielung als Ort der Moral betrachtet. Das Konzept vertraut auf die „unsichtbare Hand" des Marktes (nach Adam Smith) und darauf, dass das verfolgte Gewinnprinzip moralisch legitim ist. Die Berücksichtigung moralischer Gesichtspunkte wird als langfristig ökonomisch kluge Vorleistung angesehen. Es besteht eine prinzipielle Harmonie zwischen Gewinn- und Moralprinzip. Unternehmensethik und Langfristökonomie fallen zusammen [Ulrich, 1999].

3.5.2.2 Karitative Unternehmensethik

Beim Konzept der karitativen Unternehmensethik wird als moralischer Ort die Gewinnverwendung verstanden. Dabei werden die ethischen Aspekte der

Erfolgserzielung vollkommen ausgeblendet. In Form von Spendenethik wird ein Teil des erzielten Gewinns für ethisch gute Zwecke verwendet. Jedoch besteht bei dieser Form der Unternehmensethik die Gefahr einer strikt betriebswirtschaftlich orientierten Gewinnmaximierung. Dabei sind weder die Methoden noch das Ziel der Gewinnerzielung ethisch neutral, sondern oftmals sogar moralisch bedenklich [Ulrich, 1999].

Dieses ökonomische Verständnis wird damit gerechtfertigt, dass aus dem Gewinn nachträglich auch außerökonomische Wertansprüche an das Unternehmen bedient werden. Die Unternehmung verwendet die erwirtschafteten Gewinnteile u.a. für kulturelle, soziale und wissenschaftliche Zwecke. Diese brauchen, im Gegensatz zum instrumentalistischen Konzept, nicht unbedingt selbst durch ihre strategische Nützlichkeit begründet sein. Die Unternehmensethik findet somit ihr Motiv in der Wohltätigkeit und nimmt die Form von Spendenethik an [Ulrich, 1996].

Im karitativen Konzept wird folglich das Erreichen möglichst großer finanzieller Überschüsse als Voraussetzung gedeutet, um Gutes im Sinne von wohltätigem Handeln zu tun. Die ethische Qualität der Gewinnstrategie und -methoden bleibt dabei unbeachtet. Wie die gespendeten Gewinnanteile erzielt worden sind, wird völlig ausgeblendet, denn dafür ist in diesem unternehmerischen Denkmuster allein die „unsichtbare Hand" des Marktes zuständig. Somit liegt eine charakteristische Halbierung der unternehmensethischen Problematik vor. Es wird an der Verbindlichkeit des Gewinnmaximierungsprinzips für den Prozess der unternehmerischen Erfolgserzielung festgehalten. Die Möglichkeit und Notwendigkeit des Einbringens ethischer Gesichtspunkte wird erst bei der Erfolgsverwendung anerkannt [Ulrich, 1996].

3.5.2.3 Korrektive Unternehmensethik

Das Konzept korrektiver Unternehmensethik räumt ein, dass Unternehmensethik weder auf Spendenethik noch auf ein langfristiges ökonomisches Denken eingegrenzt werden kann, sondern in Konfliktsituationen die Bereitschaft zur ethisch begründeten Selbstbegrenzung des unternehmerischen Gewinnstrebens impliziert [Ulrich, 1999].

Beim korrektiven Konzept rückt die Geschäftsmoral, also das Verhalten auf den Märkten, ins Blickfeld der Unternehmensethik. Da Ethik bei diesem Ansatz etwas kosten darf, wird hier der Ökonomismus durchbrochen. Unternehmensethik beginnt im Sinne des korrektiven Konzepts erst mit der freiwilligen Selbstbegrenzung des Gewinnstrebens, womit das Gewinnmaximierungsziel aufgegeben wird. Dieser Ansatz findet seinen charakteristischen Niederschlag beispielsweise in Ethikkodizes, die moralische Grenzwerte definieren und das unternehmerische Erfolgsstreben begrenzen [Ulrich, 1996].

Der Gültigkeitsanspruch eines ethisch pauschal legitimen Gewinnprinzips wird unter der Prämisse eines „Normalfalls" eingeschränkt. Im „Ausnahmefall" oder „Einzelfall" sei Unternehmensethik als „situationales Korrektiv" des Gewinnprinzips zu aktivieren. Fraglich bleibt allerdings, ob es überhaupt einen solchen Normalfall gibt, in dem die strategische Rationalität („Gewinnprinzip") und die ethische Vernunft („Moralprinzip") zu völlig übereinstimmenden unternehmerischen Handelsorientierungen führen [Ulrich, 1999]. Die Hauptvertreter und Begründer der korrektiven Unternehmensethik sind Horst Steinmann und Albert Löhr.

3.5.2.4 Integrative Unternehmensethik

Keine der sieben bisher vorgestellten unternehmensethischen Positionen kann zur Begründung und parziellen Überwindung des Gewinnprinzips überzeugen. Angesichts der moralischen Rechte aller Betroffenen müssen Legitimität und Verantwortbarkeit unternehmerischen Handelns konsequent allen ökonomischen Interessen und Zweckorientierungen vorgeordnet werden. Das Gewinnprinzip ist auf der Ebene der Unternehmenspolitik zur Disposition zu stellen. Dies muss auch unter Inkaufnahme von Wettbewerbsnachteilen erfolgen, wenn anderenfalls moralische Rechte oder legitime Ansprüche von Betroffenen verletzt würden [Ulrich, 1996].

An dieser Stelle setzt das von Peter Ulrich vorgeschlagene integrative Konzept der Unternehmensethik an. Anders als der korrektive Ansatz, welcher Ethik als äußere Grenze des normalerweise als ethisch gerechtfertigt vermuteten Gewinnprinzips versteht, zielt der integrative Ansatz darauf ab, das unternehmerische Erfolgsstreben von vornherein auf eine tragfähige Legitimationsbasis zu stellen. Ethik wird als innere normative Grundlage jeder legitimen, verantwortbaren und lebenspraktisch sinnvollen unternehmerischen Erfolgsstrategie konzipiert. Ethik stellt somit den tragenden „Werteboden" einer in sich schon ethisch wertvollen Unternehmenspolitik und Geschäftsstrategie dar. Beim integrativen Konzept werden die normativen Voraussetzungen als konstitutiv für ökonomisch erfolgbringendes und zugleich lebenspraktisch vernünftiges unternehmerisches Handeln begriffen [Ulrich, 1996]. Die integrative Unternehmensethik versteht sich als einen permanenten Prozess der vorbehaltlosen kritischen Reflexion und Gestaltung tragfähiger normativer Bedingungen von wertvollem unternehmerischen Wirtschaften [Ulrich, 1990b].

Beim integrativen Ansatz kommt es neben der üblichen Zweistufigkeit von Ordnungs- und Unternehmensethik darauf an, die Unternehmensethik in sich schon zweistufig zu konzipieren. In der ersten Stufe wird die Integration von Ethik und Erfolg als unternehmerische Herausforderung verstanden. Es werden rentable Wege eines legitimen und sozialökonomisch sinnvollen Wirtschaftens gesucht. Um die Vereinbarung von ethischen und gewinnorientierten Aspekten ordnungspolitisch zu ermöglichen, muss die Unternehmensleitung auf Firmen- und Verbandsebene in der zweiten Stufe ihre ethisch-politische Mitverantwortung erkennen und wahrnehmen. Systematische Sachzwänge, die in unternehmensethische Dilemmasituationen führen, sind kritisch zu hinterfragen [Ulrich, 1996].

Für die ethische Qualität der Rahmenbedingungen stellen Momente einer republikanischen Ethik der gesellschafts- und ordnungspolitischen unternehmerischen Mitverantwortung einen unentbehrlichen systematischen Teil einer unverkürzten Unternehmensethik dar. Gegenstand der ordnungspolitischen Mitverantwortung ist eine institutionelle Beseitigung der organisierten Unverantwortlichkeit des politisch konstruierten Wirtschaftssystems, welche die Unternehmer in unternehmensethischen Dilemmasituationen strukturell gefangen hält [Ulrich, 1996].

In der zweistufigen Konzeption der Unternehmensethik wird zusammenfassend betrachtet eine genaue institutionsethische Positionierung der unter-

nehmerischen Gewinnorientierung möglich. Auf der Ebene der Geschäfts-
sethik (1. Stufe) nimmt das Gewinninteresse nicht den Status eines kategorischen, sondern den eines situativ legitimen Gewinnmaximierungsprinzips ein. Auf Ebene der ordnungspolitischen Mitverantwortung (2. Stufe)
ist das Gewinninteresse im Sinn der Legitimitätsprämisse kategorisch dem
republikanischen Ethos des Vorrangs der Gerechtigkeit der Gesellschaftsord-
nung vor allen betriebswirtschaftlichen Sonderinteressen unterzuordnen. Die
Ordnungs- und Unternehmensethik kann nur zur Praxis kommen, wenn re-
publikanisch gesinnte Wirtschaftsbürger ethische Prinzipien gegenüber wirtschaftlichen Sonderinteressen als vorrangig ansehen. Innerhalb eines ethisch-
politischen Verständigungsprozesses ist im konkreten geschäftsstrategischen
Konfliktfall auf der jeweils angemessenen institutionellen Ebene durch praktischen Diskurs zu klären, ob eher dem Unternehmen selbst oder bestimmten
Betroffenen die Zurückstellung ihrer Ansprüche und Interessen zuzumuten
ist [Ulrich, 1996].

3.6 Verkürzung des unternehmensethischen Praxis-bezuges

Viele Jahre lang drehte sich die unternehmensethische Diskussion hauptsächlich um Fragen der philosophischen Begründung ethischer Prinzipien
sowie um das Problem der grundsätzlichen ökonomischen Möglichkeit, im
Wettbewerb Verantwortungbewusstsein zu zeigen. Erst in der letzten Zeit
unternimmt die Wissenschaft den Versuch, dieses Stadium der Grundlagendebatte trotz weiter bestehender Dissensfelder zu überschreiten. Nun
werden praktische Fragen der Unternehmensethik näher untersucht, mit denen sich die betriebswirtschaftliche Praxis immer eindringlicher konfrontiert
sieht [Steinmann & Löhr, 1995].

Bei der praktischen Umsetzung der Unternehmensethik, die als eine geistes-
wissenschaftliche Reflexionsdisziplin verstanden wird, stellt sich die Frage, von welchem Vorverständnis des Theorie-Praxis-Verhältnisses am sinn-
vollsten ausgegangen werden sollte. Ohne einen reflektierten Umgang mit
diesem Thema besteht die Gefahr, dass an Stelle der Grundlagendebatte

eine vorschnelle Verbetriebswirtschaftlichung der Unternehmensethik tritt. Bei der Öffnung der Betriebswirtschaftslehre für unternehmensethische Aspekte muss berücksichtigt werden, dass gängige Denkmuster, wie beispielsweise die Doktrin des „Gewinnprinzips" als ein ethisch neutrales betriebswirtschaftliches „Formalziel", stark in ökonomistischen Hintergrundüberzeugungen verwurzelt sind [Ulrich, 1999].

Dass dies teilweise einigen Betriebswirtschaftstheoretikern und Wirtschaftspraktikern nicht bewusst ist, zeigt sich an einer nur partiellen unternehmensethischen Öffnung und daran, ob an der ökonomischen Formalzielfriktion implizit oder explizit festgehalten wird. Ausgehend von zwei bilanzmäßigen Seiten der Erfolgsrechnung lassen sich typische Muster einer verkürzten oder halbierten Unternehmensethik charakterisieren, so dass jeweils nur die Seite der Gewinnverwendung oder die der Gewinnerzielung als unternehmensethischer „Ort" der Moral in Betracht gezogen wird. Darauf basierend können das karitative, das instrumentalistische und das korrektive Konzept der Unternehmensethik unterschieden werden [Ulrich, 1999].

Beim korrektiven Ansatz wird eine betriebswirtschaftliche Sachlogik vertreten. Mit ihr wird das Gewinnprinzip, als vermeintlich wertfreies Formalziel allen unternehmerischen Handelns, gegen ethische Gesichtspunkte verschlossen. Die unterschiedliche Beurteilung des Formalziels „Gewinnprinzip" kann als zentrale Differenz zwischen Peter Ulrichs integrativem Ansatz der Unternehmensethik und einem korrektiven Ansatz, wie ihn insbesondere Horst Steinmann und Albert Löhr vertreten, gesehen werden. In der Überwindung der symptomatischen Zwei-Welten-Konzeption von Ethik und ökonomischer Rationalität ist der Kerngedanke einer ökonomismuskritisch ansetzenden Unternehmensethik zu sehen. Es wird davon ausgegangen, dass es in einem Unternehmen keinen ethikfreien Raum gibt, der durch reine Sachentscheidungen gekennzeichnet ist. Daher können praktische Fragen des unternehmerischen Handelns nicht ausschließlich betriebswirtschaftlich und somit wertfrei und interessenneutral betrachtet und beurteilt werden. Spezifisch für die integrative Unternehmensethik ist, die betriebswirtschaftliche Sachlogik auf ethisch legitime Grundlagen zu fundieren. Indem sich die integrative Unternehmensethik um die ethisch-kritische Aufklärung betriebswirtschaftlicher Denkformen bemüht, vollzieht sie am wirksamsten die praktische Umsetzung ethischer Grundsätze [Ulrich, 1999].

Das soeben beschriebene Verständnis von Unternehmensethik fundiert als
ethisch-kritische Grundlagenreflexion die gesamte Betriebswirtschafts- und
Unternehmensführungslehre. Es zielt darauf ab, das konstitutive Moment
von Unternehmensethik als ein Stück moderne Ethik zu verdeutlichen und
unternimmt den Versuch, den Praxisbezug als methodisch disziplinierte Re-
flexionsform im Umgang mit normativen Begründungsfragen zur Geltung zu
bringen. Diese kritische Aufgabe der Unternehmensethik zeigt ihre praktische Bedeutung darin, dass sie unvoreingenommen argumentierend das faktisch vorgefundene Unternehmensethos möglicherweise stört. Dies geschieht,
indem sie die Legitimität und Verantwortbarkeit betriebswirtschaftlichen
Erfolg versprechender Geschäftsstrategien kritisch beurteilt [Ulrich, 1999].

Im Gegensatz zu diesem Verständnis einer praxisrelevanten Unternehmensethik wird von einer „halbierten" Unternehmensethik erwartet, dass sie Methoden und Mittel für die Implementierung des in der Praxis handlungsleitenden Ethos liefert. Diese praxisbezogene Unternehmensethik soll nicht
mehr nach der Begründung der grundlegenden Orientierung des unternehmerischen Handels im Lichte ethisch-kritischer Reflexionen fragen. Sie hat
der Praxis nützliche Dienste anzubieten, ohne die Legitimität und Verantwortbarkeit der in dieser Praxis herrschenden Ziele und Interessen als
solche in Frage zu stellen. Für die „halbierte" Unternehmensethik ist die
Möglichkeitsbedingung charakteristisch, dass sie für die nachhaltige Verwirklichung der gegebenen Unternehmensziele und -strategien funktional
ist. Durch einen rücksichtsvollen Umgang mit in Konflikt geratenen Wertvorstellungen und Interessen der vom unternehmerischen Handeln Betroffenen wird deren Kooperationsbereitschaft und Akzeptanz der Unternehmensstrategie gesichert. Auf diese Weise kann die Verhinderung manifes-
ter Widersprüche und Widerstände erreicht werden. Die Dienste solcher
erfolgsrationalen, instrumentalistischen Unternehmensethik erzielen einen
Marktwert in Höhe der mit ihrer Hilfe vermeidbaren sozialen Reibungskos-
ten [Ulrich, 1999].

Die instrumentalistische Unternehmensethik ist ihrer ethisch-kritischen
Grundfunktion beraubt und kann somit nicht mehr als eine Ethik im ur-

sprünglichen Sinne bezeichnet werden [Lisowsky, 1927]. Seitens der Unternehmensethik ist es wichtig, sich der kategorischen Differenz zwischen einer ethischen und einer funktionalen Perspektive bewusst zu werden. Insbesondere Betriebswirte mit einer stark ausgeprägten funktionalen Betrachtungsweise sollten die Gefahr einer funktionalistischen Verkürzung und Verbiegung von Unternehmensethik berücksichtigen. Um mit den Unterschieden zwischen einem kritischen und funktionalen Praxisbezug redlich umgehen zu können, muss die konstitutive Bedeutung der vorbehaltlos kritischen Reflexion für die Unternehmensethik anerkannt werden. Auch ist die notwendige Spannung zwischen dieser und der gewohnten betriebswirtschaftlichen Sachlogik auszuhalten [Ulrich, 1999].

Des Weiteren sind die Gefahren einer ökonomischen und sozialtechnischen Verkürzung der Unternehmensethik zu beachten. Es droht das Missverständnis von praktischer Unternehmensethik als eine „Sozialtechnik für gute Zwecke". Dabei ist das Praktische an der Unternehmensethik in erster Linie in ihrer ethisch-kritischen Orientierungsfunktion zu sehen. Unternehmensethik wird nicht unmittelbar als eine spendenorientierte Sozialtechnik, sondern durch die diskursive Begründung legitimer unternehmerischer Handlungsorientierungen in die Praxis umgesetzt [Ulrich, 1999].

Das nachfolgende Kapitel befasst sich genauer mit der praktischen Umsetzung von theoretischen Überlegungen bezüglich der Unternehmensethik.

Kapitel 4

Praxis der Unternehmensethik

Die bisherigen Überlegungen waren dem Charakter von Ethik als systematische Begründung entsprechend eher philosophisch-theoretischer Natur. Letztlich muss sich ethische Reflexion und Theorienbildung im Tun bewähren. Ethik ist theoretische Begründung moralischer Praxis. Das folgende Kapitel schlägt eine Brücke zur praktischen Umsetzung. Es beschäftigt sich mit der Frage, mit welchen Mitteln eine Unternehmensführung ethische Inhalte begründen kann und wie es ihr möglich ist, moralische Anliegen einen bewussten Teil des Arbeitsalltages werden zu lassen. Die unterschiedlichen Ansatzpunkte können in die drei Strategien „Sensibilisieren", „Konkretisieren" und „Festigen" gruppiert werden, die annähernd den klassischen Methoden der Einstellungs- und Organisationsveränderung entsprechen [Berkel & Herzog, 1997]. Auf ihnen baut die Gliederung dieses Kapitels auf.

4.1 Sensibilisierung für ethische Konfliktsituationen

Das Einsetzen von ethischen Überlegungen setzt voraus, dass Probleme und Situationen als ethikhaltig wahrgenommen und erkannt werden. Eine Situation ist dann ethisch klärungsbedürftig, wenn ein Problem nur durch Rückgriff auf ethische Grundkategorien (Werte, Normen, Haltungen) gelöst und begründet werden kann. Oftmals geben Konflikte Anstoß zu ethischen Überlegungen. Sie lähmen solange ein ziel- und zukunftsbezogenes Handeln, bis

Entscheidungen getroffen werden. Die betroffenen Personen müssen diese vor ihrem Gewissen verantworten. Institutionen haben dagegen ihre Entscheidungen gegenüber der Öffentlichkeit zu begründen. Dazu bedarf es insbesondere für Unternehmen intensiver ethischer Reflexionen. Denn im Gegensatz zu Personen, die sich von ethischen Fragen in ihrem Gewissen berühren und auch emotional treffen lassen, sind Unternehmen institutionelle Systeme ohne Gefühlsregungen. Moralische Appelle reichen daher nicht aus, sie zu einer besonderen Beschäftigung mit dem Thema Ethik zu bewegen. Wirtschaftliche Institutionen werden am ehesten durch Markteinbußen und Rechtsprozesse sensibilisiert. Wenn das öffentliche Image Schaden leidet oder drastische wirtschaftliche Nachteile zu befürchten sind, revidieren sogar Weltkonzerne, wie die Ereignisse um die Ölbohrinsel „Brent Spar" zeigen, ökonomische Entscheidungen zu Gunsten von ökologischen. Damit Unternehmen vollends ethisch sensibilisiert werden und ihre bisherige ökologische Politik überarbeiten, bedarf es allerdings mehr als nur einer einzigen öffentlichkeitswirksamen Entscheidung. Institutionen wachen oftmals erst dann ethisch auf, wenn Manager in Untersuchungshaft kommen und Staatsanwälte im Betrieb auftauchen, da einzelne Mitarbeiter mit dem Gesetz in Konflikt geraten sind. Unternehmen befassen sich meist erst mit Ethik, wenn sie ihren Zweck oder Auftrag gefährdet sehen und damit ihre Existenz in Frage gestellt wird [Berkel & Herzog, 1997].

Da größtenteils Konflikte Anlass für ethische Überlegungen geben, werden nun einige ethische Problemfelder stichpunktartig aufgeführt [Dahm, 1993]:

- **Führung und Zusammenarbeit:** Mangel an Aufrichtigkeit, Ehrlichkeit, Offenheit und Glaubwürdigkeit; unzulängliche Identifikation mit dem Unternehmen; Missachtung der Mitarbeiter durch Führungskräfte; Ungerechtigkeit gegenüber Mitarbeitern und Kollegen; problematische Kriterien bei Entlassungen

- **Umwelt:** Nachlässigkeit und Desinteresse im Umgang mit schädlichen Stoffen; mangelnde Zivilcourage; unbedenkliches Ausnutzen eigener Spielräume und des West-Ost-Gefälles in den Umweltvorschriften

- **Produkte und Kunden:** Unredliches Ausnutzen der Unkenntnis der

Kunden; Vertrieb von Produkten, die bezüglich ihrer Gesundheitsgefährdung noch nicht hinlänglich getestet wurden

- **Konkurrenten:** Werbung mit unredlichen Methoden; Übernahme von unmoralischem Marketingverhalten ausländischer oder überseeischer Mitbewerber; Anpassung an unlautere Praktiken der Konkurrenz und eigener Einsatz von moralisch verwerflichen Mitteln

- **Kostenbewusstsein:** unverantwortlicher Umgang mit firmeneigenen Werkstoffen, Unterlagen und Maschinen; mangelndes Zusammenhangsverständnis zwischen Kostenersparnis und Erhalt von Arbeitsplätzen

- **Unternehmensleitlinien:** Leitlinien werden nicht ernst genommen; zu große Diskrepanz zwischen dem geschriebenen Wort und dem gelebten Tun

- **Arbeitssicherheit:** unzureichende Arbeitsschutzbedingungen; unausgewogenes Verhältnis zwischen Produktionsmenge und Qualität; Nachlässigkeit und Schlamperei

- **Korruption:** Umgehung des Geldwäsche-Gesetzes; korruptes Verhalten, vor allem bei internationalen Geschäften

- **Familie und Beruf:** Unvereinbarkeit von beruflichen und familiären Verpflichtungen; keine aktive Klärung von unbefriedigenden Situationen; Flucht in Krankheit oder Suchtverhalten

Die Beziehungen des Unternehmens zu wichtigen Anspruchsgruppen, wie Vorgesetzten, Kunden, Konkurrenten, Auftraggebern und Familie, sind ethisch besonders fragwürdig und bedürfen daher einer intensiven Gestaltung. Die Anspruchsgruppen erleben die Probleme als moralisch konfliktgeladen, da es hier kaum bindende Normen gibt bzw. geltende ethische Normen missachtet werden. Wenn Konflikte erst einmal bewusst geworden sind, stehen dem Unternehmen zwei Möglichkeiten offen, die Konflikte zu lösen. Zum einen kann das Unternehmen jedem einzelnen Betroffenen überlassen, wie dieser mit den Problemen umgeht und fertig wird. Zum anderen kann das Unternehmen die Konflikte aufgreifen und in einem Diskurs mit allen Beteiligten nach ethisch begründeten Kriterien und Maßstäben suchen. Die erste Möglichkeit ist zwar weit verbreitet, stellt jedoch keinen ethisch begründeten Ersatz für eine Unternehmensethik dar. In Institutionen ist es für die Bewältigung moralischer Konflikte nicht ausreichend, die Lösung solcher Konflikte dem Gewissen des Einzelnen zu überlassen, da die Entscheidungen in Organisationen die Wertvorstellungen verschiedener Anspruchsgruppen berühren und das Wohl vieler Menschen betreffen. Wenn Unternehmen die Lösung ethischer Konflikte dem Einzelnen überlassen, besteht die Gefahr, dass Opportunismus zur vorherrschenden institutionellen Haltung wird. Opportunistische Einstellungen sind per Definition unethisch. Opportunistisch denkende Personen fühlen sich nur gegenüber ihrer eigenen Person und ihrem Gewissen verantwortlich und akzeptieren keine Instanz außerhalb des eigenen Ichs. Sie lösen moralische Konflikte durch die Macht faktischer Verhältnisse, diese ethisch auf das Sollen zu reflektieren [Berkel & Herzog, 1997].

In Organisationen können Mitarbeiter auf verschiedene Weise leicht zu unethischem oder sogar kriminellem Handeln verführt werden. Dieses tritt in Unternehmen häufig dann auf, wenn Mitarbeiter denken, durch Hinweise oder Verweigerungen doch nichts bewirken zu können und sich bei ihnen ein Gefühl der Resignation einstellt. Es besteht auch dann eine Gefahr für unethisches Verhalten, wenn Mitarbeiter sich zu sehr mit ihrem Vorgesetzten oder dem Unternehmen identifizieren, da ihnen so der nötige Abstand fehlt, um Situationen kritisch einzuschätzen. Durch eine zu starke Unterdrucksetzung von Vorgesetzten, Kollegen oder anderen wichtigen Bezugspersonen können Menschen zu extremen und riskanten Verhaltensweisen verleitet werden. Unethische Aktivitäten von Mitarbeitern kommen meistens nicht durch Sabotage, Auflehnung oder Ungehorsam zustande, sondern durch übereifrige Einwilligung, beflissene Unterordnung, blinden Gehorsam und Furcht vor Entlassung oder Bestrafung. Die Betroffenen befinden sich in einem moralischen Dilemma. Sie müssen entscheiden, was sie mehr fürchten, Selbstvorwürfe und Schuldgefühle oder Nachteile und schmerzliche Sanktionen [Berkel & Herzog, 1997].

Bei Topmanagern ist in erster Linie Überheblichkeit der Grund für kriminelle Handlungen. Sie gieren nach Macht und Erfolg. Dabei werden sie leichtfertig und nachlässig, verlieren ihre eigentlichen Führungsaufgaben aus den Augen und kommen ihren Dienstpflichten nicht mehr gebührend nach. Aufstrebende Manager lassen sich dazu verleitet, die Grenzen zwischen privater und beruflicher Nutzung unternehmensspezifischer Ressourcen zu verwischen. Sie fühlen sich allein ihrem Gewissen gegenüber verantwortlich und verwechseln dabei Gewissen mit Egozentrik. Topmanager neigen dazu, ihren Einfluss zu überschätzen. Da sie davon überzeugt sind, alles und alle unter Kontrolle zu haben, glauben sie, Fehltritte verborgen halten zu können. Oftmals werden nicht diejenigen Mitarbeiter kriminell, die erfolglos sind und um ihre Existenz oder die ihres Unternehmens kämpfen, sondern jene, die schon alles erreicht haben [Berkel & Herzog, 1997].

Mit Hilfe von Sensibilisierungsdialogen verringern sich schrittweise die im Unternehmen herrschenden Unsicherheiten und Unzufriedenheiten. Negative Entwicklungen können durch Unternehmensdialoge frühzeitig erkannt, ergründet und reflektiert werden. Eine differenzierte Reflexion des gesellschaftlichen Unternehmensumfeldes eröffnet sowohl für das Unternehmen als auch für die am Dialog Beteiligten die Möglichkeit zu proaktivem Handeln [Hansen *et al.*, 1999].

Ethische Reflexion erfordert die Sensibilität, dass es nicht allein ausreichend ist, zu handeln, dieses hat auch im moralischen Sinne zu erfolgen. Im Leben sind nicht alle Fragen ethischer Art, aber bestimmte Situationen erfordern besondere Aufmerksamkeit und ein moralisches Aufwachen.

4.2 Konkretisierung ethisch relevanter Inhalte

Durch eine Sensibilisierung für ethisch notwendige Reflexionen wird noch nicht die Frage beantwortet, an welchen Werten und Maßstäben sich ein Unternehmen und deren Mitarbeiter orientieren und ausrichten sollen. Nachdem Defizite aufgedeckt und wahrgenommen wurden, müssen die ethisch relevanten Inhalte bestimmt und konkretisiert werden. Unter „Konkretisieren" ist in diesem Zusammenhang zu verstehen, die für die Unternehmensethik wichtigen ethischen Gehalte (Werte, Normen, Haltungen) auf methodisch gelenkte Weise fassbar zu machen [Berkel & Herzog, 1997].

4.2.1 Werte klären

Werte lenken als zentraler Punkt der Ethik die Aufmerksamkeit der Menschen, dienen dem Handeln als Zweck, dem Sein und Tun als Maßstäbe und binden die innere Stimmung und Verfassung daran, ob sie befolgt oder ignoriert werden. Da dies nicht nur für das individuelle Leben, sondern auch für das Leben in Organisationen gilt, muss die Unternehmensethik zunächst diejenigen Werte ins Bewusstsein heben, die dem gemeinsamen Handeln zugrunde liegen. In einem vierschrittigen Prozess (Werteszenario) erfolgt auf der Führungs- bzw. Unternehmensebene die Werteklärung [Berkel & Herzog, 1997]:

1. **Werte bewusst machen:** Es sind diejenigen Werte zusammenzutragen, die in ihrer Funktion als Perspektive zur Steigerung des Seins und der Qualität einer Organisation für relevant gehalten werden. Diese Werte (z.b. Erfolgsorientierung) sind von jedem Einzelnen oder in Gruppen konkret zu definieren. Das erfolgt einmal als Motto oder Schlagwort (z.b. „Das Beste erreichen!"), dann als Verhalten (z.b. „ziel- und prioritätengerecht vorgehen") und schließlich als Einstellung oder Haltung (z.b. „Ergebnisse erzielen wollen und nicht bloß Aufgaben pflichtbewusst erledigen"). Damit Unterschiede in der Interpretation von Werten deutlich werden, sind sie von der Ebene des Schlagwortes oder Mottos auf die Einstellungs- und Verhaltensebene zu heben.

2. **Werte als Zweck setzen:** Werte können von Menschen weder geschaffen noch abgeschafft werden. Sie sind Ideen und haben ein ideales Sein. Allerdings sind Werte bewusst zu setzten und als maßgebend zu identifizieren. Die Organisation muss diese dann übernehmen und zum Zweck des individuellen und gemeinsamen Wollen verbindlich machen.

3. **Mittel zur Realisierung der Werte bestimmen:** Um Werte realisieren zu können, müssen in der Organisation vorhandene wertförderliche und -hinderliche Faktoren analysiert werden. Die Mittel zur Realisierung dieser sind zeitlich zu sequenzieren. Nach der Definition der Ziele sind diese Mittel abzustimmen und Prioritäten abzustecken.

4. **Werte im Handeln realisieren:** Werte werden nicht erst aufgrund des Tuns realisiert, sondern im Tun selbst. Sie werden indirekt durch Sachverhalte real, die diese Werte in sich tragen. Beispielsweise nimmt der Wert „Glaubwürdigkeit" Wirklichkeit an, indem eine Person sich ehrlich gegenüber anderen verhält, bei Fehlern entschuldigt, an geltenden Maßstäben orientiert und keine leeren Versprechungen macht. Zentrale ethische Werte können nur im Tun zur Geltung gebracht werden.

Durch das Werteszenario wird das Bewusstsein für Werte und ihre Interpretation geschärft. In Diskussionen werden den Gruppenmitgliedern Differenzen und Gründe für Missverständnisse und Spannungen aufgezeigt. Die gemeinsame Werteklärung schafft die in einer Gruppe benötigte Offenheit und Vertrauheit für ethische Reflexionen.

Neben der bisherigen inhaltlichen Beschreibung von einzelnen Werten muss sich im Rahmen der Unternehmensethik auch mit ihrer ausgeglichenen Relation und Balance beschäftigt werden. Nur bei einem solchen Werteausgleich wird der Wirklichkeitsgehalt einer Organisation gesteigert, da Werte keine fixen oder dinglich-statischen Gegebenheiten sind und sich nicht punktgenau benennen lassen. Sie besitzen eine polare Struktur und sind in ihrer Intensität steigerbar. Um sie verstehen und genauer fassen zu können, dürfen sie nicht einzeln, sondern müssen im Zusammenhang mit den jeweiligen positiven und negativen Gegenwerten betrachtet werden. Das lässt sich leicht an dem Beispiel der Werte „Vertrauen" und „Vorsicht" verdeutlichen. Ein gesteigertes Vertrauen führt dazu, dass sich eine Person anderen gegenüber mehr öffnet, diesen persönliche Dinge und intime Erlebnisse anvertraut, sich total auf diese verlässt, sich so vertrauensselig ausliefert und von ihnen abhängig macht. Durch eine Übersteigerung des Wertes „Vertrauen" wird kein Mehrwert, sondern ein so genannter Unwert erlangt. Daher ist es wichtig, sich den gegenüberstehenden und ergänzenden Wert „Vorsicht" bewusst zu machen [Hartmann, 1962]. Eine Intensivierung dieses Wertes führt allerdings zu Misstrauen und Argwohn. Aus diesem Grund ist eine gesunde Balance zwischen polaren Werten anzustreben.

Anders als Ziele sind Werte nicht linear steigerbar, sondern biopolar begrenzt. Daher darf es zu keiner Vermischung der grundsätzlich unterschiedlichen wertbezogenen ethischen und zielbezogenen geschäftlichen Denkweisen kommen. Werte haben einen ethisch legitimen Interpretationsspielraum. Die Existenz von Unwerten lässt es für ein Unternehmen sinnvoll erscheinen, zunächst einmal zu bestimmen, welche Verhaltensweisen nicht erwünscht sind [Berkel & Herzog, 1997]. Unter Heranziehung des Auftrages der Organisation als „regulative Idee" [Ulrich, 1994b] können zwei Werte gegenübergestellt und gegeneinander abgewogen werden, um einen Ausgleich dieser Werte zu erzielen. Ein Unternehmen muss aufgrund der polaren Struktur von Werten die exzessive Steigerung der Erträge begrenzen und hinsichtlich der Belange der Mitarbeiter und der Qualität der Produkte ausbalancieren. Von einem ethisch begründeten Verhalten kann dann gesprochen werden, wenn es aus einer Orientierung heraus erfolgt, die alle Wirklichkeitsfelder einbezieht. Wenn solch ein orientiertes Verhalten bewusst ausgeklammert wird, ist es unethisch. Die institutionelle Werteethik macht die Notwendigkeit sichtbar, alle relevanten Wirklichkeitsbereiche einer Organisation zu integrieren. Dadurch wird sie von vorherein spannungsgeladen [Berkel & Herzog, 1997].

Durch die Ausrichtung auf hohe Werte und Visonen kann ein Unternehmen seine Mitarbeiter am stärksten innerlich mitreißen. Jedes Unternehmen ist auf Werten gebaut und verfügt über ein Raster gemeinsamer Verhaltensvorstellungen. Bei der unternehmensspezifischen Ausfaltung von Wertekatalogen sollte eine Übereinstimmung mit den Grundwerten angestrebt werden. Die ethische Reflexion macht auf die polare Struktur von Werten aufmerksam und hebt die Unterscheidung zwischen wert- und ergebnisbezogenem Denken ins Bewusstsein [Berkel & Herzog, 1997].

4.2.2   Normen begründen

Werte sensibilisieren zwar für die in einer Organisation relevanten und erstrebenswerten ethischen Inhalte, eine reine Wertethik ist jedoch ethisch unzureichend. Häufig sind Werte zu abstrakt und leiten nicht unmittelbar zum Handeln hin. Dazu bedarf es spezifischer Prinzipien, Regeln oder Normen [Berkel & Herzog, 1997].

Zur Begründung handlungsverbindlicher Normen müssen menschenrechtliche Kriterien sowie gegebene wirtschaftliche und unternehmensspezifische Fakten miteinander vereint werden. Normen sind nur dann verbindlich, wenn sie sowohl dem Anspruch des Menschengerechten als auch des Sachgemäßen standhalten. Dieser Urteils- bzw. Normenfindungsprozess umfasst fünf Schritte [Rich, 1985]:

1. **Problemaufweis:** Die Situation und die gegebenen Sachverhalte werden analysiert.

2. **Sichtung bestehender oder postulierter Gestaltungskonzepte:** Es erfolgt eine Analyse sämtlicher Lösungsmöglichkeiten hinsichtlich ihrer Einhaltung von Menschenrechten und ihren Auswirkungen.

3. **Normenkritische Klärung:** Die in den Sachverhalten implizierten Wertstrukturen werden aufgedeckt und kritisch auf ihre Legitimität hinterfragt.

4. **Bestimmung der Richtpunkte:** Für die jeweils vorliegende Situation werden die geltenden Normen abgeleitet.

5. **Kritische Überprüfung:** Die Normen werden hinsichtlich ihrer Praktikabilität kritisch geprüft. Falls eine Norm zu den wirtschaftlichen Grunddaten in Widerspruch steht oder human-, sozial- und umweltunverträgliche Folgen mit sich bringt, ist diese Norm entweder zu modifizieren oder aufzugeben.

Die Diskursethik versucht Normen argumentativ zu begründen. Sie besagt, dass in Unternehmen nur diejenigen Normen als verbindlich erachtet werden, auf die sich zuvor alle Beteiligten einigen konnten. Es findet ein argumentativer, kommunikativer und dialogischer Prozess statt, der die folgenden vier Bedingungen erfüllen muss [Steinmann & Löhr, 1994]:

- Die eigene Meinung und Ansprüche sind unvoreingenommen in Frage zu stellen.

- Auf Appelle an nicht überprüfte Werte und Prinzipien muss verzichtet werden.

- Es dürfen keine Sanktionen für die Zustimmung oder Verweigerung bestehen.

- Es müssen alle guten Gründe vorgetragen werden können, die Zustimmung verheißen.

Wenn diese Form und Inhalt der Argumentation regelnden Kriterien erfüllt werden, kann der Diskurs als ideal und der Konsens als rational gelten. Solche idealen Diskursbedingungen werden allerdings in personeller, räumlicher, sachlicher und zeitlicher Hinsicht eingeschränkt [Berkel & Herzog, 1997]:

- **Personell:** Es lassen sich nicht alle Betroffenen einbeziehen. Einige wollen oder können sich nicht an Dialogregeln halten.

- **Räumlich:** Diskurs ist auf überschaubare Einheiten angelegt. Mit einer räumlichen Distanz wachsen auch kulturelle Unterschiede.

- **Sachlich:** Viele wichtige Themen sind sehr komplex, daher fehlt oftmals ein ausreichender Erfahrungshintergrund.

- **Zeitlich:** Manche Entscheidungen müssen schnell getroffen werden. Diskurse brauchen aber Zeit.

Soll trotz dieser Einschränkungen am Diskurs als normenbegründetes Verfahren festgehalten werden, lassen sich Einschränkungen der idealen Bedingungen nicht vermeiden. Diese können z.B. folgende sein: Vertretung durch Repräsentanten, Zulassung legitimer Autorität, Methoden der Diskursbeendung, Einführung von Reglementen und Konzentration auf ausgewählte Geschäftsfelder [Berkel & Herzog, 1997]. Der Diskursansatz funktioniert allerdings nur, wenn alle Beteiligten bestimmte grundlegende Prinzipien und Normen respektieren. Akzeptierte und einsehbare Normen können nur durch Diskurs fundiert werden, wenn das Prinzip der Partizipation als ethisch verbindlich anerkannt wird. Verbindliche Normen gehen nur aus einem bereits ethisch normierten Diskurs hervor [Rich, 1985].

Da Normenbegründung anspruchsvoll und aufwendig ist, kann sie nur Teil eines umfassenden ethischen Reflexionsprozessses sein, den die Organisation als Ganzes anstellt. Die Ethiker Karl Homann und Franz Blome-Drees schlagen aus ihrem unternehmensethischen Ansatz heraus eine Methode vor, welche Führungskräften ermöglicht, die Rolle ethischer Aspekte bei unternehmensstrategischen Fragen abzuschätzen. Wie im Abschnitt 3.3.1 näher beschrieben, sind in diesem unternehmensethischen Entscheidungsprozess drei Fragen zu beantworten. Sie sollen klären, ob die moralischen Anforderungen berechtigt sind, diese bereits von der Rahmenordnung erfüllt werden und welche Handlungsmöglichkeiten dem Unternehmen zur Verfügung stehen (Abbildung 3.3).

In einem Vier-Feld-Schema (Abbildung 3.4) werden mögliche ethische Unternehmenssituationen dargestellt. Die Unternehmen sind angehalten, die Rahmenordnung auf politischer Ebene so zu gestalten, dass Ethik und Gewinn miteinander vereinbar sind [Homann & Blome-Drees, 1992].

Auf individueller Ebene kann eine ethische Entscheidungsfindung des Betroffenen mit Hilfe eines Sechs-Fragen-Kurztests erfolgen. Die Fragen dienen dazu, sich innerlich klar zu werden, welche ethischen Normen die jeweilige Situation fordert [Pagano, 1987]:

1. Ist die Entscheidung oder Handlung legal?

2. Soll die Entscheidung oder Handlung zu einem allgemein gültigen Prinzip oder Standard werden?

3. Bringt die Entscheidung oder Handlung den größten Nutzen für die größte Anzahl von Personen?

4. Will der Entscheidungsträger, dass ihm das gleiche widerfährt?

5. Kann der Handelnde seine Entscheidung in der Öffentlichkeit vertreten?

6. Würde eine unabhängige Person genauso entscheiden?

Falls die Prüfung zu widersprüchlichen Ergebnissen führt, ist entweder die Konflikt-Vorzugsregel oder die Ziel-Mittel-Analyse anzuwenden. Nach der

Konflikt-Vorzugsregel soll bei mehreren in Konflikt stehenden Pflichten die jeweils höherrangige gewählt werden. Wenn Pflichten mit Werten in Konflikt geraten oder mehrere Werte miteinander, dann ist die Handlung mit dem höheren Wert zu bevorzugen. Bei widersprüchlichen Auswirkungen ist der Handlung Vorrang zu gewähren, die das größte Gut oder geringste Leid hervorruft [Mathison, 1988].

Die Ziel-Mittel-Analyse dient zur Herleitung und Begründung von normativen Forderungen. Ein normativer Anspruch bedarf einer zweistufigen Begründung. Zum einen sind Ziele und Werte anzugeben, die durch eine normative Aussage verwirklicht werden sollen. Zum anderen ist aufzuzeigen, welche Voraussetzungen und Bedingungen erfüllt sein müssen, um die entsprechenden Forderungen zu verwirklichen. Die Ziel-Mittel-Analyse kann zur operationalen Begründung von Zielen und Werten herangezogen werden. Sie dient außerdem der Stützung normativer Aussagen durch empirische Nachweise, sowie der Verankerung einzelner Aufforderungen in allgemein gültige Werte. Des Weiteren nutzt die Analyse der Aufdeckung von Konflikten zwischen Zielen und Mitteln [Blickle, 1994].

Zusammenfassend lässt sich sagen, dass Normen Verhaltensweisen konkretisieren, die von Unternehmen als wünschenswert gehalten werden. Normen dienen als Standards oder Maßstäbe und verleihen so den Werten eine verbindliche Form. Unternehmensinterne Normen können nur in einer Verbindung mit gesinnungsethischen und verantwortungsethischen Vorgehensweisen festgelegt werden. Bestimmte humane, kaufmännische und ökologische Verhaltensprinzipien müssen von vornherein als gültig anerkannt werden, um unethisches oder gar kriminelles Verhalten zu vermeiden. Unternehmen und Führungskräfte haben zu den Gegebenheiten eine klare Stellung zu beziehen. Im Diskurs werden die wichtigsten Konfliktthemen identifiziert und durch die Einbeziehung möglichst vieler Beteiligter eine breite Zustimmung gesichert. Es reicht jedoch nicht aus, Normen als Kodizes oder Verhaltensgrundsätze zu verabschieden. Den Mitarbeitern ist auch die Möglichkeit einzuräumen, diesen Normen zu folgen [Berkel & Herzog, 1997].

4.2.3 Haltungen verorten

Nach der Klärung fundamentaler Werte und der Begründung verbindlicher Normen muss ein Unternehmen seinen Mitarbeitern die erwünschten Tugenden und Grundhaltungen aufzeigen. Die wichtigsten Haltungen müssen konkretisiert und somit im Wertekosmos des Unternehmens verortet werden. Dadurch wird deutlich gemacht, dass Tugenden keine neuen ethischen Forderungen darstellen, sondern eine persönliche moralische Verwirklichung von Werten. Neben den heutzutage geforderten Grundtugenden, wie z.b. Einfühlungsvermögen, Anpassungsfähigkeit, Risikobereitschaft, Kreativität und Weitblick, stellt die Einstellung „Verantwortung" eine Kerntugend dar. Daher soll am Beispiel der Grundeinstellung Verantwortung die Verortung von Haltungen aufgezeigt werden [Berkel & Herzog, 1997].

Unter Verantwortung wird die Fähigkeit verstanden, angesichts unvereinbarer Erwartungen oder sich widersprechender Pflichten den eigenen Entscheidungsspielraum so zu nutzen, dass die Folgen sich ethisch rechtfertigen lassen. Die Tugend Verantwortung bewährt sich vor allem in Konfliktsituationen. Verantwortlichkeit ist eine Voraussetzung für moralisches Handeln. Kennzeichnend für eine verantwortungsvolle Aufgabe ist, dass reine Pflichterfüllung nicht genügt, Ergebnisse nicht vorbestimmt sind und der Handelnde Entscheidungs- und Gestaltungsspielräume hat. Von einer Person, der eine verantwortungsvolle Aufgabe übertragen wurde, wird erwartet, dass sie die ihr anvertrauten Ressourcen zur optimalen Erfüllung der Aufgabenstellung nutzt. Diese können vorher weder inhaltlich noch hinsichtlich eines optimalen Ergebnisses im Voraus eindeutig bestimmt werden. Um die ihr übertragene Aufgabe zu erfüllen, muss die Person viele Gesichtspunkte berücksichtigen, Alternativen gegeneinander abwägen und bestrebt sein, Werte zu mehren oder zumindest Schaden zu vermeiden. Der Betroffene sollte dazu über sowohl kognitive als auch kommunikative und moralische Fähigkeiten verfügen. So ist es wichtig, dass dieser Mensch verschiedene Kompetenzen mitbringt, wie beispielsweise hohe Qualifikation, komplexes Denken, Selbstkontrolle, Selbstverpflichtung, Konfliktbereitschaft, Dialogorientierung, Identifikation mit Grundwerten und die Bereitschaft, im Konfliktfall eigene Interessen zurückzustecken [Kaufmann, 1992].

4.3   Festigung durch Ethikmaßnahmen

Auf das ethische Verhalten in Unternehmen kann verschiedenartig einge-
wirkt werden. Festigen beginnt mit der Auswahl erwünschter Mitarbeiter
und geht über die Formulierung eines Ethikkodexes, der Durchführung von
Ethik-Trainings, dem Aufbau von Anreizsystemen bis hin zur Entwicklung
einer ethikorientierten Unternehmenskultur.

4.3.1   Ethikkodizes

Ethikkodizes, auch als Unternehmensleitsätze bezeichnet, sind ein verbrei-
tetes Instrument, mit dem Unternehmen aus eigener Initiative ihr Wertesystem beschreiben und kodifizieren. Ethikkodizes betonen die gesellschaftliche
Einbindung einer Unternehmung sowie deren Anliegen, den verschiedenen
internen und externen Stakeholdergruppen gerecht zu werden. Verhaltenskodizes von Unternehmen fallen in ihrem Aussehen, Inhalt, Anspruch, Umfang und Detailliertheit sehr unterschiedlich aus. Manche Unternehmen beschränken sich auf wenige Grundprinzipien. Beispielsweise besitzen bei der
Firma Levi Strauss & Co. die folgenden sechs Werte bei Entscheidungen
in Konfliktsituationen höchste Priorität: Ehrlichkeit, Einhaltung von Versprechen, Fairness, Respekt vor anderen, Mitgefühl und Integrität. Andere
Unternehmen hingegen erläutern detailliert und in konkreten Handlungsvor-
gaben ihr Werteverständnis. Oft werden umfassende Regelkataloge erstellt,
aus denen hervorgeht, welches Verhalten von den Mitarbeitern erwünscht
und welches unerwünscht ist [Noll, 2002].

Kodizes und Leitbilder dienen den Mitarbeitern, besonders Neulingen und
Berufsanfängern, zur Orientierung, Motivation und Legitimation [Noll, 2002].

- **Orientierungsfunktion:** Kodizes formulieren Verhaltenserwartungen
  und setzen moralische Mindeststandards. Die Wertebasis des Unternehmens wird transparent gemacht. Verhaltenskodizes erleichtern in mehr-
  deutigen Situationen die Entscheidung. Vor allem in international täti-
  gen Unternehmen sind solche Richtlinien wichtig, da Mitarbeiter aus
  verschiedenen Ländern zu funktionsfähigen Teams zu integrieren sind.

- **Motivationsfunktion:** Leitbilder inspirieren die Mitarbeiter zur Verfolgung gemeinsamer Ziele und verstärken Identität und Profil des Unternehmens. Die Mitarbeiter werden sich dann mit den Zielsetzungen, Strategien und Arbeitsweisen ihres Unternehmens identifizieren, wenn das Leitbild die von ihnen erwarteten Werte repräsentiert.

- **Legitimationsfunktion:** Durch die Entwicklung von Verhaltenskodizes dokumentieren Unternehmen ihre Bereitschaft zur Verantwortungsübernahme gegenüber den Mitarbeitern und der Öffentlichkeit

Allerdings müssen Unternehmensleitsätze und Ethikkodizes auch kritisch betrachtet werden. Meist wirken Leitbilder als Ansammlung von Allgemeinheiten recht flach, banal, unverbindlich und nichtssagend. Oftmals werden sie als Public Relation- oder Marketinginstrumente genutzt. Auch garantieren Kodizes nicht, dass sich alle Betroffenen an sie halten.

Die Abbildung 4.1 stellt ein Praxisbeispiel für einen unternehmensethischen Kodex dar, der nicht nur auf „feste Werte" des Verhaltens setzt, sondern vorrangig auf die strukturelle und kulturelle Verwirklichung der Voraussetzung eines dialogischen Umgangs mit ethischen Fragen im Unternehmen ausgerichtet ist [Ulrich, 1997].

4.3.2 „Ethikfreundliche" Organisationsstrukturen

Bei der Frage, welche organisatorisch-strukturellen Regelungen am ehesten dafür Gewähr bieten, unmoralische Konsequenzen zu vermeiden, können zwei sich ergänzende Ansatzpunkte unterschieden werden: zum einen die Umgestaltung bestehender Strukturen und zum anderen die Einführung neuer Organisationsstrukturen. Falls eine bestehende Struktur umgestaltet werden soll, muss die gesamte Organisation stärker für ethische Problemstellungen sensibilisiert werden. Bürokratisch-hierarchische Organisationsstrukturen lassen sich durch offene, partizipative ersetzen, die eine Reflexion und Kommunikation über ethische Fragen ermöglichen. Dieses harmoniert mit modernen Managementmodellen und entspricht den Grundüberlegungen des Integrity-Ansatzes (siehe Abschnitt 5.1.2). Wichtige Elemente sind dabei [Noll, 2002]:

UNTERNEHMENSETHISCHER CODEX

Präambel

- Die Unternehmenskultur der SOR-Herrenausstatter bedarf der unternehmensethischen Reflexion und normativen Begründung.

- SOR verpflichtet sich, für jede unternehmensethische Norm zu prüfen, ob ein Konsens aller Argumentierenden möglich ist, die als Diskurspartner unabhängig von ihrer gesellschaftlichen und unternehmenshierarchischen Stellung gleichberechtigt sind.

- SOR wählt nur solche unternehmensethischen Normen, die eine Annäherung der realen Kommunikationsverhältnisse unserer erfolgsverpflichteten Unternehmung an die Bedingungen der idealen Kommunikationsgemeinschaft ermöglichen.

1. Beteiligung
Vor Entscheidungen sind die Betroffenen zu hören und an der konsensualen Entscheidungsfindung möglichst zu beteiligen.

*

2. Einfühlen/Vertreten
Die Betroffenen sind von den Entscheidungsträgern advokatorisch zu vertreten, wenn ihre Argumente aufgrund von Zeit- und Handlungsdruck nicht gehört werden können.

*

3. Rollentausch
Konsensorientierte Unternehmensführung verpflichtet zum idealen Rollentausch, zur einfühlenden Parteinahme von Alter und Ego.

*

4. Wahrhaftigkeit
Kommunikation verpflichtet zur Wahrheit und Seinstreue.

*

5. Offenheit
„Etwas sagen" und „sich-etwas-sagen-Lassen" sind Ausdruck der aktiven und passiven Kritikfähigkeit und reziproke Voraussetzung für offene, konsensuale Diskurse.

*

6. Personalität
SOR stellt den Menschen in den Mittelpunkt des unternehmerischen Handelns und verpflichtet sich zur Entwicklung der menschlichen Potentiale durch kreative Arbeit.

*

7. Sozialität
Durch kollegiale Zusammenarbeit wird allen Mitarbeitern das wechselseitige „aufeinander-angewiesen-Sein" bewusst.

*

8. Solidarität
Solidarität bedeutet gegenseitige Unterstützung und Hilfsbereitschaft von Alter und Ego, wenn dieser der Unterstützung bedarf und jener dazu in der Lage ist. Solidarität verpflichtet das Unternehmen zur Verantwortung für die Mitarbeiter und betont die Verantwortung der Mitarbeiter für die Unternehmung.

*

9. Subsidiarität
Zur Entfaltung der menschlichen und unternehmerischen Potentiale wird jedem Mitarbeiter ein grösstmöglicher Verantwortungs- und Entscheidungsspielraum ermöglicht und die notwendige Unterstützung zugesichert.

*

10. Toleranz
Untereinander respektieren wir voneinander abweichende innere Überzeugungen und Wertvorstellungen.

*

11. Fairness
Unser Codex gilt für alle und verpflichtet jeden zur fairen Beachtung.

*

12. Zukunftsverantwortung
Die Macht der Zukunftsvernichtung verpflichtet uns zur Zukunftsverantwortung für unsere eine Welt und ihre zukünftigen Bewohner in Nord, Süd, Ost und West.

[nach Rusche, 1996]

Abbildung 4.1: Unternehmensethischer „Codex" der Firma SØR Rusche GmbH

1. Dezentralisierung von Entscheidungsprozessen zur Förderung von Eigeninitiative und Motivation

2. Förderung von Informations- und Gruppenprozessen zur Verbesserung der Entscheidungsqualität

3. Vorrang der Eigen- vor der Fremdkontrolle zur Stärkung des Vertrauens in zwischenmenschliche Beziehungen

Demgegenüber werden bei der Einführung neuer zusätzlicher Strukturen spezielle Stellen, Abteilungen oder andere organisatorische Maßnahmen installiert. Dabei wird zwischen innerhalb und außerhalb der Unternehmenshierarchie angesiedelten organisatorischen Formen unterschieden. Innerhalb der Hierarchie sind Ethikdirektoren, Ethikbeauftragte, Ombudsmänner und die Ethik-Hotline angesiedelt und außerhalb die Ethikkommission. Auf diese Weise kann ein aktives Ethikmanagement betrieben werden [Noll, 2002]. Die verbreitetsten organisatorischen Formen werden im Folgenden näher dargestellt.

4.3.2.1 Ethikdirektoren

Ethikdirektoren verstehen sich als „letzte Instanz" und sehen ihre Hauptaufgaben vor allem in der Interpretation des Ethikkodexes und der Anwendung des darauf basierenden Anreiz- und Sanktionssystems, aber auch in der Kommunikation der ethischen Ansprüche an die verschiedenen Stakeholdergruppen. Das Ethikmanagement ist auf oberster Führungsebene verankert. Meist besteht das Gremium des Ethikkomitees aus einem internen und einem externen Direktor sowie einem Ethikbeauftragten. Dadurch wird einerseits allen Mitarbeitern deutlich gemacht, dass moralische Fragen von der Unternehmensführung ernst genommen werden, andererseits verfügt diese Instanz über hinreichendes Machtpotenzial, um in besonders schwierigen Situationen verbindliche Entscheidungen zu treffen [Noll, 2002].

4.3.2.2 Ethikbeauftragte

Ethikbeauftragte wirken im Auftrag der Geschäftsführung zur Unterstützung von Ethikdirektoren und Ethikkomitees. Sie sorgen für die Umsetzung des Leitbildes auf allen unternehmerischen Ebenen und sind daher in der Unternehmenshierarchie weit oben angesiedelt. Die Aufgabe von Ethikbeauftragten ist es, ethische Themen und Programme im Unternehmen voranzubringen. Insbesondere befassen sie sich mit [Noll, 2002]:

- der Formulierung eines ethischen Kodexes und der Kontrolle dessen Einhaltung,

- der Aufdeckung ethisch bedenklicher Aktivitäten oder Arbeitsbereiche im Unternehmen,

- der Einbringung ethischer Aspekte in strategische Unternehmensentscheidungen,

- der Förderung ethischen Denkens und ethischer Argumentation auf den verschiedenen Ebenen,

- der Entwicklung und Durchführung von Ethikschulungen und Trainingsprogrammen sowie Kontrollen und Audits,

- der Sensibilisierung der Führungskräfte in einschlägigen Gesprächskreisen und Ethikseminaren,

- der Organisation unternehmensweiter Diskurse über anstehende Veränderungen und Umgestaltungen.

Ethikbeauftragte sind in ihrer Funktion als Ansprechpartner aller Mitarbeiter für sämtliche im Unternehmensalltag anfallenden ethischen Fragestellungen oftmals Beichtvater, Seelsorger, „Firmengewissen", Sozialpädagoge, Detektiv und Anwalt in einer Person [Noll, 2002].

Durch die Einrichtung eines Ethikbeauftragten signalisiert ein Unternehmen, dass ethische Inhalte Teil seiner Gesamtstruktur sind. Somit bekundet es, ethischen Überlegungen einen hohen Stellenwert einzuräumen. Um sich bei den „echten" Entscheidungsträgern Gehör verschaffen zu können, darf der Ethikbeauftragte keine isolierte, exklusive Einrichtung darstellen, da sonst die Gefahr besteht, dass er als „Exot" nicht sonderlich ernst genommen wird. Es ist wichtig, dass die gesamte Organisation lernt, sich auf allen Ebenen mit moralischen Fragen auseinander zu setzen [Berkel & Herzog, 1997].

4.3.2.3 Ombudsmänner

Ombudsmänner haben ähnliche Aufgaben und Funktionen wie Ethikbeauftragte. Jedoch agieren sie nicht im Auftrag der Geschäftsleitung, sondern eher als neutrale Personen im Rahmen einer Vermittlerrolle. Sie sind sowohl für Mitarbeiter als auch für Kunden Anlaufstelle für ethische Fragen. Somit fungieren Ombudsmänner gleichzeitig als Vertrauensleute und als Verbraucherschutzabteilung. Um möglichst frühzeitig Wertekonflikte zu erkennen, wird versucht, den Dialog mit diesen Personengruppen zu fördern [Noll, 2002].

4.3.2.4 Ethik-Hotline

Durch die Einrichtung einer innerbetrieblichen gebührenfreien Telefonnummer sollen Mitarbeiter in moralischen Konfliktsituationen Beratung erhalten. Auf diesem Weg können die Mitarbeiter anonym moralische oder rechtliche Unregelmäßigkeiten zur Anzeige bringen und sich bei moralisch bedenklichen Gegebenheiten professionellen Rat holen. Bei der Ethik-Hotline werden größtenteils Themen rund um die Gebiete Arbeitssorgfalt, Arbeitszeitmissbrauch, Angebot von Bestechungszahlungen oder Fragen der Produktsicherheit angesprochen [Noll, 2002].

4.3.2.5 Ethikkommission

Die Wirksamkeit von ethischen Einrichtungen hängt wesentlich davon ab, wie offen und selbstkritisch ein Unternehmen ist. Für besonders gravierende ethische Probleme ist es sinnvoll, Gremien zu schaffen, die außerhalb der unternehmensinternen Hierarchie angesiedelt sind. Das ist auch der Grundgedanke der Ethikkommission. Als spezielles Gremium entzieht sie sich den etablierten Machtstrukturen. Ihre Lösungsvorschläge stoßen auf hohe Akzeptanz, da die Kommission nicht als verlängerter Arm der Unternehmensführung angesehen wird [Noll, 2002].

Die Ethikkommission überwacht als Treuhänder der betrieblichen Öffentlichkeit seitens der Unternehmensleitung das Einhalten ethischer Standards und berät die Entscheidungsträger als Experte in heiklen Problemsituationen. Bei konkreten Beschwerden legt die Ethikkommission als Richter die Normen aus und präzisiert diese. Zu den Aufgaben einer Ethikkommission gehört auch die Verbreitung und Festigung der ethischen Kodizes im Unternehmen [Steinmann & Löhr, 1994].

Damit eine Ethikkommission ihren Aufgaben gerecht werden kann, müssen bestimmte Bedingungen erfüllt sein. Das Gremium muss äußerlich und innerlich unabhängig und somit weder weisungsgebunden noch einer bestimmten Betriebsideologie verpflichtet sein. Auch ist es wichtig, dass die Kommission vom gesamten Unternehmen unterstützt wird. Sie setzt sich aus einer festen Kerngruppe und je nach Konfliktfall hinzugezogenen Parteien zusammen. Durch die Hinzunahme von externen Personen (z.B. öffentliche Kritiker oder inhaltlich bzw. moderierend begleitende Experten) kann die Qualität und Intensität eines offenen Dialoges noch erhöht und somit einer Einwegkommunikation vorgebeugt werden. Da das Gremium nicht nur extern, sondern auch intern ohne Hierarchie ist, kann ein offener Dialog stattfinden. Dabei zählt allein das beste Argument, wodurch überzeugende und sachkompetente Lösungsvorschläge zu erwarten sind [Steinmann & Löhr, 1994].

Die Ethikkommission setzt aktiv und führend die Grundwerte in Normen um, greift neue Entwicklungen auf und stimuliert zum ethischen Dialog. Indem sie ihr eigenes Handeln und Entscheiden, besonders in Konfliktfällen, an den verabschiedeten Normen, Kodizes und Richtlinien ausrichtet, gibt die Ethikkommission selbst ein Beispiel für Normentreue ab.

Zu den Unternehmen, die den Weg der Installation einer Ethikkommission bereits gegangen sind, gehören beispielsweise die Firma „Nestlé" und der Chemiekonzern „Procter and Gamble". „Nestlé" richtete Anfang der 80er Jahre eine Ethikkommission ein, nachdem die Firma mit dem Vorwurf konfrontiert wurde, durch aggressive Vermarktung von Babynahrung in Entwicklungsländern zur Erhöhung der Säuglingssterblichkeit beigetragen zu haben. Mit dem Bewerben von Muttermilchersatzprodukten sollen Mütter vom Stillen abgehalten worden sein, obwohl weder die hygienischen noch die finanziellen Voraussetzungen für deren Benutzung gegeben waren [Noll, 2002].

Der Chemiekonzern „Procter and Gamble" nutzte Anfang der 90er Jahre den Unternehmensdialog, um sich mit öffentlichen Angriffen auseinander zu setzen. Gegenstand der Kritik war die Selbstmedikation von Erkältungskrankheiten mit nichtrezeptpflichtigen Pharmaprodukten wie Hustensäften und Schnupfenmitteln. Das Ergebnis war die Aufstellung von prozessualen Regeln für die Zusammenarbeit von Verbraucherverbänden und Arzneimittelherstellern bei der Gestaltung von Beipackzetteln. Des Weiteren wurde sich über inhaltliche Regeln geeinigt, wie die Aufteilung der Beipackzettel in einen Pflichtteil und einen Laientext, der sich auf die Anwender bezieht [Noll, 2002].

Zwar ist die Installation einer Ethikkommission mit erheblichem Zeit- und Kostenaufwand verbunden, jedoch bekommt damit das Unternehmen die Chance, in ethischen Dilemmasituationen an Glaubwürdigkeit, Reputation und Akzeptanz zu gewinnen.

4.3.2.6 Vor- und Nachteile spezieller ethikorientierter Strukturen

Die Schaffung spezieller unternehmensinterner (Ethikdirektoren, Ethikbeauftragte, Ombudsmänner, Ethik-Hotline) und unternehmensexterner Strukturen (Ethikkommission) ist umstritten. Die Vorteile solcher Strukturen liegen insbesondere darin, dass moralische Konfliktsituationen gleich an die richtige Adresse gelangen und Verbesserungsvorschläge direkt gegenüber den betreffenden Entscheidungsträgern gemacht werden können. Durch klare Zuständigkeiten werden andere Mitarbeiter von zeitraubenden Argumentationsprozessen entlastet. Allein schon die Schaffung spezieller Strukturen mit ethischem Auftrag kann innerhalb des bestehenden Machtgefüges Impulse für ein neues moralisches Denken setzen. Durch die Installation unternehmensexterner Strukturen steigert ein Unternehmen in ethischen Konfliktsituationen seine Reputation und Glaubwürdigkeit [Noll, 2002].

„Ethikfreundliche" Organisationsstrukturen bergen allerdings die Gefahr, dass in anderen Bereichen der Organisation von ethischen Belangen wenig Notiz genommen wird. Es besteht auch das Risiko, dass ethische Verbesserungsvorschläge leicht in überkommenden Machtstrukturen unterdrückt werden können. Mangels ethischer Sensibilität ist dann keine Früherkennung moralisch heikler Situationen möglich. Zusätzlich muss verhindert werden, dass Ethikaktivitäten zu Public-Relation-Maßnahmen verkommen oder zu einer zusätzlichen Bürokratisierung führen. Spezielle Maßnahmen, wie die Schaffung einer Ethikkommission, sind zudem mit einem erheblichen Zeit- und Kostenaufwand verbunden [Noll, 2002].

4.3.3 „Ethikförderliche" Organisationskulturen

Neben der Schaffung von „ethikfreundlichen" Organisationsstrukturen spielt für eine ethische Öffnung von Unternehmen auch die Entwicklung ethikförderlicher Organisationskulturen eine wesentliche Rolle. Nachfolgend wird daher genauer auf die Entwicklung, Gestaltung und auf die Funktionen von Unternehmenskulturen eingegangen.

4.3.3.1 Entwicklung der Unternehmenskultur

Unter Unternehmenskultur sind Wertvorstellungen, Normen und Soll-Vorgaben zu verstehen, die in einer Unternehmung vorhanden sind. Sie bezieht sich auf Fragen der Stimmung unter den Mitarbeitern und Führungskräften. Eine Unternehmenskultur muss als Grundlage einer „Corporate Identity" in einem Wachstumsprozess entstehen und kann nicht einfach verordnet werden. Sie entsteht beispielsweise aufgrund einer charismatischen Persönlichkeit, die eine Unternehmung gegründet oder aus Familientradition übernommen hat. In diesem Fall zeigt sich die Unternehmenskultur in traditionell überlieferten Wertvorstellungen, die im Geschäftsalltag gelebt werden sollen. Die Kultur des Unternehmers färbt auf die Mitarbeiter ab. Somit entwickelt sich die Kultur in einem Unternehmen aus dem positiv verstandenen Charisma der Geschäftsführung [Dietzfelbinger, 2002].

Unternehmenskultur ist nicht allein traditionsabhängig, ihre Entwicklung kann auch gefördert werden, beispielsweise durch einen Leitbildprozess. Leitbilder, oder auch Kodizes genannt, dürfen den Mitarbeitern nicht von der Geschäftsleitung aufgezwungen werden, sondern müssen sich im Unternehmen entwickeln. Möglich ist dies z.B. durch Umfragen nach Wertvorstellungen bei Mitarbeitern und Führungskräften sowie im Rahmen von Workshops, in denen über Leitsätze nachgedacht und diskutiert wird. Mindestens genauso wichtig wie das Ergebnis ist dabei der Entstehungsprozess. Der entscheidende Schritt hin zu einer legitimierten Unternehmenskultur ist das Entstehen und Vermitteln von Leitbildern sowie die Diskussion unter Mitarbeitern und Führungskräften. Aus diesem Grund ist auch eine wichtige Forderung an Kodizes, dass sie Auskunft über den Entstehungsprozess geben. Allen Betroffenen muss klar sein, welche Motivation hinter einem Leitbildprozess steht. Leitsätze übernehmen auch die Funktion der Berichterstattung über die Entwicklung der Unternehmenskultur. Dadurch, dass Kodizes die in einer Unternehmung arbeitenden Personen zum Nachdenken über die eigenen Positionen sowie die Wertvorstellungen und Verhaltensnormen anregen, leisten sie hinsichtlich der Entwicklung einer Unternehmenskultur einen wichtigen Beitrag [Dietzfelbinger, 2002].

4.3.3.2 Gestaltung der Unternehmenskultur

Bei der konkreten Gestaltung von Unternehmenskultur geht es um die Erzeugung eines Klimas im Unternehmen, mit dem sich sowohl Mitarbeiter und Führungskräfte als auch Kunden und Geschäftspartner identifizieren können. Die eigentliche Problemstellung im Alltag des Unternehmens stellt dabei das Abwägen zwischen Erfordernissen der Realität und ethischen Postulaten dar. Es ist von allen Beteiligten eine „multiple Win-Situation" zwischen Ethik und wirtschaftlichem Erfolg anzustreben [Dietzfelbinger, 2002].

Neben Zusammenarbeit, Kommunikation und Mitarbeiterführung zählt der Stellenwert, welcher der Qualifizierung und Personalentwicklung zugemessen wird, zu den kulturprägenden Elementen. Weitere Elemente der Unternehmenskultur sind beispielsweise: strategische Ziele, gesellschaftliche Verantwortung, Kundenorientierung, Umweltbewusstsein, Kooperation mit dem Betriebsrat, Arbeitsorganisation und -gestaltung, Informationsverhalten, Transparenz und Image. In jedem Unternehmen existieren bewusst oder unbewusst gelebte Werte und Führungsvorstellungen mit Stärken und Schwächen. Auf diese kann bei der Gestaltung von Unternehmenskultur zurückgegriffen werden. In einem Unternehmen bestehen bestimmte Aufbau- und Ablaufstrukturen, die zur Gestaltung der Unternehmenskultur hilfreich hinzugezogen werden können. Die Abbildung 4.2 fasst die einzelnen Gestaltungsphasen einer Unternehmenskultur zusammen [Dietzfelbinger, 2002].

Bevor die Kultur in einem Unternehmen gestaltet werden kann, muss eine Bestandsaufnahme der Wertvorstellungen erfolgen und somit eine Ermittlung der aktuellen Identität des Unternehmens. Dieses Prozedere dient als Grundlage für das Aufzeigen von positiven und negativen Elementen der Unternehmenskultur und dem Einleiten entsprechender Gegenmaßnahmen. Dabei sollten ca. fünf bis zehn Prozent aller Mitarbeiter befragt werden. Wichtig ist jedoch, dass sämtliche Gruppen und Hierarchieebenen in eine solche Befragung eingebunden werden, um ein realistisches Bild von dem Klima und den Wertvorstellungen in einem Unternehmen zu erhalten. Wenn insbesondere Mitarbeiter befragt werden, die erst seit ein bis zwei Jahren im Unternehmen tätig sind, kann ein wirklicher Eindruck vom aktuellen Stand einer Unternehmenskultur gewonnen werden, denn bei diesen Mitarbeitern hat sich noch keine Betriebsblindheit eingestellt und sie besitzen einen Blick von außen. Bei der Einführung einer veränderten Kultur im Unternehmen sind vor allem Mitarbeiter mit einer Betriebszugehörigkeit von mehr als fünfzehn Jahren zu befragen. Sie sind die geeigneten Ansprechpartner, was die Akzeptanz von Neuerungen betrifft [Dietzfelbinger, 2002].

Basierend auf solch einer Bestandsaufnahme ist eine Stärken-Schwächen-Analyse durchzuführen und deren Ergebnisse sind mit der Soll-Kultur zu vergleichen. Bei den sich ergebenden Differenzen ist eine Prioritätenliste aufzustellen, aus der entsprechende Maßnahmen abzuleiten sind.

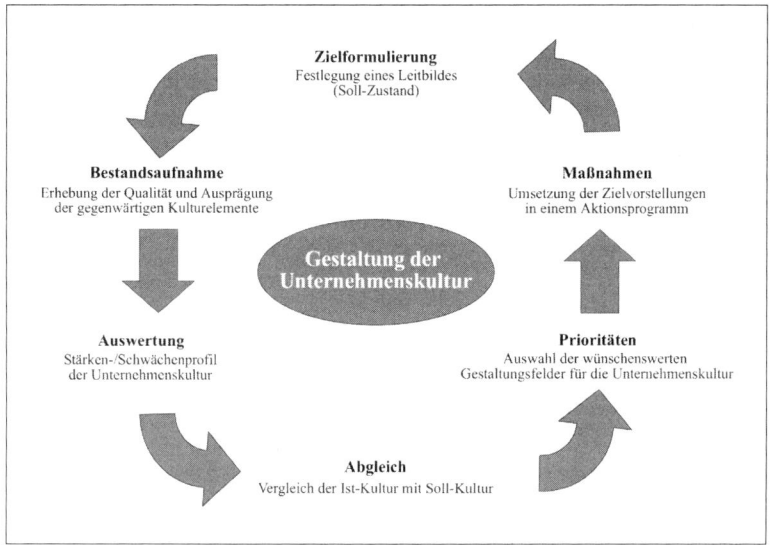

[nach Dietzfelbinger, 2002]

Abbildung 4.2: Gestaltung der Unternehmenskultur

Häufig machen Unternehmen den Fehler, das Thema Unternehmenskultur nur in einer einmaligen Aktion aufzugreifen. Aber Unternehmenskultur ist kein Selbstläufer. Zwar lassen sich auf diese Weise tatsächlich Verbesserungen der Kultur und der Stimmung in einem Unternehmen erreichen, allerdings kann dieser Effekt schnell verpuffen, wenn die Mitarbeiter das Gefühl bekommen, dass die Pflege und Erhaltung einer solchen verbesserten Kultur nicht im Sinne der Unternehmensführung ist. Die Gestaltung der Unternehmenskultur ist ein dynamischer Prozess. Daher ist es wichtig, Kultur zu pflegen und eingeleitete Maßnahmen dauerhaft einzuhalten und zu kontrollieren. Um auftretende Veränderungen in den Werten und Verhaltensweisen analysieren zu können, empfiehlt es sich, die Mitarbeiterbefragung innerhalb von zwei Jahren zu wiederholen. Nur wenn die Mitarbeiter das Gefühl haben, dass die Pflege und kontinuierliche Verbesserung der Kultur auch im Sinne der Unternehmensleitung ist, wird sich der erwartete positive Nutzen einstellen [Dietzfelbinger, 2002].

4.3.3.3 Funktionen der Unternehmenskultur

Unternehmenskultur wird als erfolgsprägender Faktor unternehmerischen Handelns verstanden. Das Management kann positiv gestaltend auf die Unternehmenskultur einwirken. Eine stark ausgeprägte Unternehmenskultur steigert den Erfolg einer Unternehmung. Die Kultur in einer Organisation erfüllt vier Funktionen, die im Folgenden näher erläutert werden.

4.3.3.3.1 Koordinationsfunktion Durch starke Unternehmenskulturen werden klare Orientierungen vermittelt sowie Interpretationsspielräume und Komplexitäten reduziert. Dadurch werden mehr oder weniger eindeutige Grundlagen für das tägliche Handeln geschaffen. An Stellen, an denen formale Regelungen fehlen oder nicht möglich sind, wird die Handlungsfähigkeit erhöht [Berkel & Herzog, 1997]. Ein gemeinsamer unternehmenskultureller Grundkonsens entlastet die Mitarbeiter auf allen Hierarchieebenen der Organisation von grundsätzlichen Problemen der Handlungsorientierung. Dadurch verringert sich der Bedarf an administrativen Anweisungen und formalen Regelungen. Starke funktionale und systemkompatible Unternehmenskulturen tragen zur Beseitigung potenzieller Organisations-, Führungs- und Kontrollprobleme bei [Heinen & Dill, 1986]. Mit Hilfe gemeinsamer Kommunikationsmuster und Sprachregelungen lassen sich Abstimmungsprozesse einfacher und unmittelbarer gestalten. Missverständnissen wird vorgebeugt, indem Symbole zuverlässiger interpretiert werden. Durch die Schaffung einer gemeinsamen Werte- und Normenbasis können auch die Transaktionskosten hinsichtlich der unternehmerischen Koordination reduziert werden [Berkel & Herzog, 1997].

4.3.3.3.2 Integrationsfunktion Durch starke Unternehmenskulturen werden den Mitgliedern einer Organisation übergeordnete Bezüge geboten. Sie sind somit sinnstiftend. Jeder einzelne Mitarbeiter kann nachvollziehen, wie sein Handeln bzw. das seiner Abteilung mit dem Gesamtunternehmen verbunden ist. Die damit einhergehende Verringerung der Gefahr sich verselbstständigender Subsysteme (z.B. Abteilungen, Funktionsbereiche, Divisionen) gewinnt zunehmend an Bedeutung, da moderne Management-

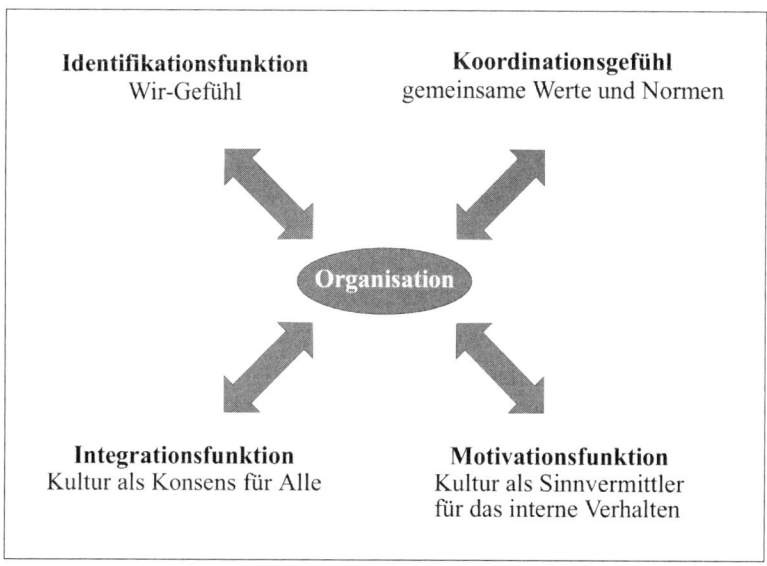

Identifikationsfunktion
Wir-Gefühl

Koordinationsgefühl
gemeinsame Werte und Normen

Organisation

Integrationsfunktion
Kultur als Konsens für Alle

Motivationsfunktion
Kultur als Sinnvermittler
für das interne Verhalten

[nach Berkel & Herzog, 1997]

Abbildung 4.3: Funktionen einer Kultur in einer Organisation

konzepte Enthierarchisierungs- und Dezentralisierungsmaßnahmen vorsehen
[Herzog, 1995].

4.3.3.3.3 Identifikationsfunktion
Mit der Integrationsfunktion geht ein Zugehörigkeitsgefühl der Unternehmensangehörigen einher. Durch gemeinsame Normen und Werte sowie durch Handeln im Sinne der selben Leitlinien und Kodizes entsteht zwischen den Kollegen ein ausgeprägtes „Wir-Gefühl". Im Innenverhältnis wirkt es sich positiv auf das Betriebsklima aus. Im Außenverhältnis verbessert sich das Bild des Unternehmens in der Öffentlichkeit [Berkel & Herzog, 1997].

4.3.3.3.4 Motivationsfunktion
Ein ausgeprägtes Zusammengehörigkeitsgefühl und ein entsprechender Teamgeist wirken sich motivationsfördernd auf die Mitarbeiter eines Unternehmens aus. Eine starke Unterneh-

menskultur hilft, Orientierungslosigkeit zu vermeiden und damit Unzufriedenheit und Ängste abzubauen [Berkel & Herzog, 1997]. Ihre bewusste Gestaltung trägt zur Reduzierung der Differenz zwischen Individual- und Organisationszielen bei [Heinen & Dill, 1986].

Die Abbildung 4.3 visualisiert zusammenfassend die Funktionen einer Organisationskultur.

4.3.3.4 Chancen und Risiken der Unternehmenskultur

Die Vorteile einer ausgeprägten Unternehmenskultur sind in deren Funktion begründet. Sie führt zur Stärkung der Handlungsfähigkeit der einzelnen Mitarbeiter und der des gesamten Unternehmens. Informationen werden durch gemeinsame Werte- und Normenmuster vergleichbar gedeutet. Es kommt zur Reduktion von Fehlinformationen und zur Minderung der Informationskomplexität. Eine starke Unternehmenskultur erhöht die Bereitschaft zur kooperativen Koordination. Dadurch lassen sich die Organisationsteileinheiten besser strukturieren [Berkel & Herzog, 1997].

Allerdings birgt eine ausgeprägte Kultur im Unternehmen auch die Gefahr einer zu hohen Identifikation. Das kann zum Abbau der Wahrnehmung von Warnsignalen führen. Durch das Gefühl der gemeinsamen Stärke können Probleme übersehen bzw. unterschätzt werden. Es kann auch zu einer Verminderung von Innovationspotenzial kommen, falls neue Ideen vorschnell als nicht kulturgerecht abgetan werden. In Zeiten einer notwendigen weitreichenden strategischen Neuorientierung kann sich ein gefestigtes Kultursystem als problematisch erweisen. Besondere Brisanz entsteht, wenn nach einer Umstrukturierung dieselben Personen einflussreiche Positionen ausüben, die zuvor kulturprägend gewesen sind [Berkel & Herzog, 1997].

4.3.3.5 Ethik als Basis einer modernen Unternehmenskultur

Ethische Überlegungen und Fragestellungen begründen, intensivieren und erweitern eine Unternehmenskultur.

4.3.3.5.1 Begründung Ethik ist keine Vorgabe sondern eine Frage. Ethisches Denken zeigt sich bereits, wenn beispielsweise Fragen gestellt werden bezüglich der Mitarbeiterführung, hinsichtlich des Erreichens von Unternehmensziele bei Wahrung der Würde der Mitarbeiter oder bezüglich der Vereinbarung von Beruf und Familie. Solche Fragen scheinen zunächst nach funktional effizienten und optimalen Antworten zu suchen. Jedoch tauchen Überlegungen dieser Art meist in Konfliktkonstellationen auf und haben einen ethischen Hintergrund. Da es für die Lösung solcher Konflikte keine technisch-funktionalen Rezepte gibt, ist die von der Führungskraft angesteuerte Lösung ethisch zu begründen. Dabei müssen seinen Entscheidungen und Handlungen jene Werte, Normen und Haltungen zu Grunde liegen, welche mit den Mitarbeitern gemeinsam abgestimmt wurden. Oftmals werden Begründungen abgelehnt, für die sich kein Konsens finden lässt. Besonders in Konfliktsituationen bedarf es einer abgestimmten und mitgetragenen ethischen Begründung des Verhaltens von Führenden und Geführten [Berkel & Herzog, 1997].

4.3.3.5.2 Intensivierung Häufig werden Themen der Arbeitsmotivation, der Kommunikation sowie der Führung unter psychologischen, betriebswirtschaftlichen und rechtlichen Aspekten abgehandelt. Die ethische Fragestellung dient nicht lediglich als Ergänzung, sondern wird durch intensive Beschäftigung verankert und verortet. Intensivieren bedeutet, ethisch nach innen zu reflektieren, so dass Betroffene sich öffnen, verstehen und begreifen. Es heißt aber auch, dass ethische Reflexionen nach oben streben und den Blick auf das Hohe und Ideale lenken sollen. Dadurch kann die volle Wirklichkeit des Unternehmens erschlossen werden. Sie verhindert, dass die Mitarbeit in einem Unternehmen und somit auch das Unternehmen selbst flach und niedrig bleibt [Berkel & Herzog, 1997].

4.3.3.5.3 Erweiterung Unternehmenskultur erweitert sich durch ethische Reflexion. Diese vernetzt ökonomisches und ethisches Denken, Menschen und Strukturen, Werte und Ergebnisse sowie Unternehmensziele und Anspruchsgruppen. Die ethischen Fragen an das System Unternehmung werden von Menschen gestellt und diese erwarten Antworten von Personen. Da es mehrere Antwortmöglichkeiten gibt, wird das Unternehmen selbst zum schiedlich-friedlichen Austragungsort. Auf diese Weise erlangt die Unternehmenskultur den Status eines Maßstabes für ethisch niveauvolle Konfliktlösungen [Berkel & Herzog, 1997].

4.3.3.6 Corporate Identity

Bereits seit längerer Zeit verwendet die Management-Literatur den Begriff „Corporate Identity" und bezeichnet damit das Gesamterscheinungsbild eines Unternehmens. Es wird zwischen einer internen und externen Corporate Identity unterschieden. Im Zusammenhang mit Unternehmensethik ist hauptsächlich die interne bedeutsam. Wenn Mitarbeiter, Führungskräfte und das Management sich tatsächlich mit dem Unternehmen identifizieren sollen, erscheint es notwendig, dass dessen Werte von allen gelebt und vermittelt werden. Von den Führungskräften erfordert dies eine vorbildliche Anwendung der Unternehmenswerte. Sie haben darauf zu achten, dass Verstöße gegen die Werte kritisch wahrgenommen und geahndet werden [Dietzfelbinger, 2002].

Daneben sind die Mitarbeiter aufgefordert, in ihrem beruflichen Alltag die Werte des Unternehmens zu verwirklichen. Da die praktische Umsetzung der Werte sich nicht immer als einfach erweist, ist es besonders wichtig, dass die Unternehmensführung die gestalteten Werte auch vorlebt. Die Entwicklung und Gestaltung einer Corporate Identity ist ein wechselseitiger Prozess, der von Mitarbeitern und Führungskräften gleichzeitig getragen werden muss. Eine Verordnung von oben würde erfolglos bleiben, da die Mitarbeiter mit ihr nichts anfangen könnten [Dietzfelbinger, 2002].

Bei der externen Corporate Identity geht es um den Auftritt eines Unternehmens und seiner Mitarbeitenden nach außen. Die Gestaltung des Images gegenüber Kunden, Partnern, Lieferanten und der Gesellschaft tritt dabei in den Vordergrund. Corporate Identity erscheint nach außen nur dann glaubwürdig, wenn sie nach innen wirklich vermittelt wird. Sie kann nur dann entstehen, wenn sich die Mitarbeiter loyal zu ihrem Unternehmen stellen und gewissermaßen stolz darauf sind, Teil des Unternehmens zu sein [Dietzfelbinger, 2002].

Corporate Identity ist wichtig, um Loyalität, Engagement und ein so genanntes „Wir-Gefühl" zu fördern, darf aber nicht in die Persönlichkeit der Mitarbeiter eingreifen. Die Geschäftsführung darf von ihren Mitarbeitern nicht verlangen, dass diese zur Erreichung der Unternehmensziele ihr eigenes Denken auszuschalten haben. In einem Unternehmen herrschende Wertvorstellungen werden zu einem wichtigen Element der Unternehmensethik, wenn sie durch Sozialverträglichkeit, Freiheit und Menschenwürde geprägt sind. Problematisch wird es allerdings dann, wenn die Werte, die eine Corporate Identity tragen sollen, rein ökonomischer Natur sind, ohne dabei Rücksicht auf die mitgestaltenden Personen zu nehmen [Dietzfelbinger, 2002].

4.3.4 Ethik-Trainings

Um die in einem Unternehmen dominierenden Werthaltungen zu verbessern, werden Ethik-Trainings eingesetzt. Die Wertekompetenz der Mitarbeiter wird gefördert, damit das Unternehmen dem in seinem Unternehmensleitbild festgeschriebenen Wertekanon möglichst nahe kommt. Die Verfolgung des Ziels umfasst einen Wissens- und einen Willensaspekt [Noll, 2002]:

- **Wissensaspekt:** Die Wissenskomponente bezieht sich auf die Förderung des Wissens über ethische Denkansätze sowie den Umgang mit typischen moralischen Dilemmasituationen. Viele Tätigkeiten im Unternehmen setzen eine kritische, selbstreflexive Grundeinstellung voraus. Daher ist es wichtig, dass die Mitarbeiter lernen, differenzierter zwischen Gebotenem und Verbotenem zu unterscheiden.

- **Willensaspekt:** Erfahrungsgemäß gehen Mitarbeiter bei Konflikten meist den Weg des geringsten Widerstandes. Sie geben eher nach, als dass sie widersprechen. Insbesondere gilt dies für hierarchisch geprägte Unternehmen. Daher werden durch Ethik-Trainings gruppendynamische Prozesse initiiert, um Kritikfähigkeit und -bereitschaft zu fördern.

4.3.4.1 Anlässe, Methoden und Trainer von Trainingsprogrammen

Trainingsprogramme werden aus drei Anlässen heraus eingesetzt. Sie dienen der allgemeinen Sensibilisierung für ethische Dilemmasituationen und der Vermittlung von ethischem Grundwissen. Des Weiteren kommen Ethik-Trainings zur Klärung moralischer Grauzonen zum Einsatz, wie beispielsweise der Abgrenzung zwischen der Annahme von Geschenken und Korruption. Daneben dienen sie zur Integration neuer Mitarbeiter, um diese mit den moralischen Standards des Unternehmens vertraut zu machen [Noll, 2002].

In der Praxis finden im Rahmen von Trainingsprogrammen verschiedene Methoden Anwendung, wie z.b. Gespräche, Vorträge, Seminare, Workshops, Videoeinspielungen, Fallstudien und Rollenspiele. Dabei stehen interaktive Trainingsformen, wie z.b. Fallstudien, im Vordergrund, welche auf fiktiven oder tatsächlichen Problemen basieren. In gut geführten Diskussionen werden Lösungen gesucht sowie die Standpunkte der Beteiligten geschärft und genauer fundiert. Anhand konkreter Falllösungen werden allgemeine Regeln abgeleitet und so das ethische Wissen der Teilnehmer verbreitert. Bei Veranstaltungen einer Arbeitsgruppe oder Abteilung können ablaufende gruppendynamische Prozesse zugleich zur Stärkung der Kritikbereitschaft führen. Dies ist auch bei Rollenspielen von Bedeutung, in denen die Teilnehmer verschiedene Positionen einnehmen, um einen Wertekonflikt aus unterschiedlichen Perspektiven wahrnehmen zu können [Noll, 2002].

Es erscheint generell sinnvoller, solche Trainingsveranstaltungen nicht von externen Trainern oder Stabsmitarbeitern durchführen zu lassen, sondern von Mitgliedern des eigenen Managements. Auf diese Weise kann die Unternehmensleitung gegenüber den Mitarbeitern die Bedeutung des ethischen Anliegens dokumentieren. Daneben werden die Führungskräfte angehalten, sich mit den Konfliktlagen im Unternehmen intensiv auseinander zu setzen. Allerdings ist es nicht ratsam, Manager als Trainer einzusetzen, wenn diese selbst Teil eines moralischen Problems sind, da sich dann keine unbefangene, offene Diskussion über Dilemmasituationen einstellen kann. In solchen Fällen ist es empfehlenswerter, mit diesen Aufgaben externe Trainer oder Mitarbeiter der hauseigenen Ethikabteilung zu beauftragen [Noll, 2002].

4.3.4.2 Ethik-Training bei der Firma Boeing

Ein Beispiel für eine Unternehmung, in der frühzeitig ein umfassendes Ethik-programm installiert wurde, ist der Flugzeugkonzern Boeing. Ein wichtiger Teil dieses Programms, welches aufgrund verschiedener Skandale ins Leben gerufenen wurde, ist ein dreistufiges Ethik-Training [Wieland, 1993]:

1. Neuen Mitarbeitern wird durch die Personalabteilung und durch ein entsprechendes Gespräch mit dem direkten Vorgesetzten eine Orientierung über moralische Ansprüche und Standards von Boeing gegeben.

2. Für jeden Mitarbeiter ist im Verlauf der ersten beiden Jahre ein Ethik-Basis-Training verpflichtend. Die Schulungen werden mit einem Video über die Geschichte der Unternehmensethik bei Boeing sowie mit einer aufgezeichneten Ansprache des Vorstands zu den Wertvorstellungen der Firma eingeleitet. In den Schulungen werden Inhalte behandelt, wie z.b. allgemeines ethisches Verhalten, Preis- und Abrechnungspolitik, Marketing, Annahme von Werbegeschenken, Produktqualität, Beziehungen zu Lieferanten, Interessenkonflikte und Umgang mit Firmeneigentum.

3. Für Mitarbeiter, die in besonders sensiblen Bereichen tätig sind, gibt es darüber hinaus ein spezielles Training. Dies betrifft beispielsweise Mitarbeiter, die Verhandlungen mit in- und ausländischen Regierungsstellen oder mit Kunden in der „Dritten Welt" führen müssen.

Ergänzend zu dem beschriebenen Ethik-Training bietet die Firma Boeing ein so genanntes Ethik-Challenge an, bei dem die Mitarbeiter mittels Fragebogen und vorgegebenen Antwortmöglichkeiten ihr Ethikwissen jederzeit trainieren und testen können.

4.3.5 Ethik-Controlling

Um sicherzustellen, dass die einmal erarbeitete Ethik in einem Unternehmen auch eingehalten wird, ist es nötig ein Ethik-Controlling einzuführen.

Damit kann ein Unternehmen die eigenen Werte, Normen und Haltungen kontinuierlich überprüfen. Das setzt allerdings eine offene, kooperative, nach innen und außen partizipative Unternehmenskultur voraus. Diese Offenheit und Transparenz stellt schließlich selbst einen Wert dar. Eine zweite Voraussetzung ist die Verfolgung eines diskursethischen Ansatzes, nach welchem diejenigen Werte, Maßstäbe und Haltungen als ethisch begründet gelten, die nach den Regeln der Diskursethik zustande gekommen sind [König, 1994].

Es ist empfehlenswert, Ethik-Controlling nach dem Muster von Qualitätszirkeln zu organisieren. Unter Anleitung eines Moderators arbeiten Teams auf drei Ebenen und zwar bereichsbezogen, unternehmensbezogen und unternehmensübergreifend. Die Gruppen werden von einer unternehmensinternen Stelle koordiniert und von externen Beratern betreut [König, 1994].

Die Teams konkretisieren und modifizieren mittels eines strategischen Vorfeld-Controllings, analog zur Ethikkommission, im gemeinsamem Diskurs die Werte, Normen und Haltungen. Als operatives Controlling erfragen die Gruppenmitglieder empirisch periodisch die Werthaltungen von Mitarbeitern und Kunden. Analog zu Ethikbeauftragten leiten sie vergleichende Auswertungen an die koordinierenden Stellen weiter. Im Rahmen eines strategischen Nachfeld-Controllings werden wichtige Unternehmensentscheidungen kritisch ausgewertet, Verstöße öffentlich missbilligt und jährlich ein Preis für Zivilcourage verliehen. Bei einem sich abzeichnenden „Verfall der Sitten" fordern die Gruppen, analog zur Ethikkommission, rechtzeitig zu einem neuen unternehmensinternen Diskurs auf [Berkel & Herzog, 1997].

4.3.6 Ethik-Audits

Ein Ethikmanagement sorgt dafür, dass moralische Anliegen im Unternehmen berücksichtigt werden. Es übt die Funktion eines Moralcontrollings aus. Die praktizierten Ethikmaßnahmen (z.B. Ethikbeauftragte, Ethik-Hotlines, Ethik-Trainings) werden von Ethik-Audits auf Effizienz und Effektivität überprüft. Diese sollen auf die Frage Antwort geben, ob das Ethikmanagement richtig handelt [Noll, 2002].

4.3.6.1 Funktion und Zwecksetzung von Ethik-Audits

Ethik-Audits liefern Instrumente, wie Berichte, Bilanzen, Statistiken o.ä., die über die ethische Qualität des Unternehmens informieren und diese beurteilen. Aus diesem Verständnis heraus sind Ethik-Audits ein integraler Teil des Controllingprozesses. Sie unterstützen den Prozess durch Bereitstellung interner Mess- und Kontrollinstrumente [Noll, 2002].

Mit Ethik-Audits werden zwei ganz unterschiedliche Zwecksetzungen verknüpft [Noll, 2002]:

- Für unternehmensinterne Zwecke werden flexible, an den Bedürfnissen des Ethikmanagements ausgerichtete Kontroll- und Informationssysteme benötigt.

- Zur Befriedigung der Interessen externer Anspruchsgruppen sind Audits die Basis für Zertifizierungsprozesse. Nur wenn sich Unternehmen von externen, unabhängigen Auditoren nach klaren und allgemein bekannten Regeln prüfen lassen, können sie Außenstehenden ihre Werteorientierung glaubhaft versichern.

Ethik-Audits nehmen Unternehmensbewertungen nach ethischen Kriterien vor. Diese dienen externen Anspruchsgruppen, wie z.B. Kapitalanlegern oder Konsumenten, als wichtige Orientierungshilfe für ihre Anlage- oder Kaufentscheidungen. Viele Anleger möchten neben einem rentablen auch ein ethisches Investment betreiben. Konsumenten wollen oftmals mit ihrer Kaufentscheidung zugleich Verantwortung für die ökologischen und sozialen Bedingungen von Produktionsprozessen übernehmen. Die ethische Bewertung des Unternehmens durch Ethik-Audits dient gegenüber den Stakeholdern als Gütesiegel [Noll, 2002].

4.3.6.2 Verschiedene Auffassungen von Ethik-Audits

Die Diskussion um Ethik-Audits steckt noch in den Anfängen, was hauptsächlich damit zusammenhängt, dass es kein verbindliches Ethikverständnis gibt und auch nicht geben kann. Daher versuchen die Unternehmen, sich auf sehr unterschiedliche Arten dem Thema zu stellen. Nachfolgend werden drei verschiedene Vorgehensweisen mit spezifischen Vor- und Nachteilen vorgestellt.

4.3.6.2.1 Pragmatische Denkmuster Ethik-Audits in amerikanischen Großunternehmen folgen in der Regel pragmatischen Denkmustern. Sie dienen dazu, in besonders sensiblen Teilbereichen die Firmenaktivitäten zu analysieren, zu kontrollieren und Verbesserungsvorschläge zu machen. Durch entsprechende Untersuchungen sollen die Schwachpunkte im Unternehmen aufgespürt werden, die zu unmoralischen Praktiken führen könnten. Um den erzielten Erfolg der Bemühungen um eine Verankerung von Ethik im Unternehmen zu zeigen, werden entsprechende Indikatoren entwickelt [Noll, 2002].

Der Flugzeugkonzern Boeing hat beispielsweise mit einem Ethik-Barometer einen intelligenten Frühwarnindikator entwickelt. Dafür hat das Unternehmen eine Befragungstechnik geschaffen, mit der Wahrnehmungen und Einstellungen der Mitarbeiter durch verschiedene Befragungstypen erhoben werden. Ein quantitatives Verfahren wertet die Daten aus und verdichtet diese zu einem Indikator. Ein Fallen des Barometers zeigt eine Verschlechterung des moralischen Klimas in der entsprechenden Abteilung und eine erhöhte Verletzungsgefahr des Ethikkodexes an. Als Reaktion darauf werden vom Ethikmanagement zusätzliche Trainingsmaßnahmen durchgeführt [Wieland, 1993]. Solche Audits sind sicherlich hilfreich, jedoch lässt sich aus den isolierten Indikatoren allein kein zureichendes Bild über die moralische Integrität einer Gesamtorganisation ermitteln [Waxenberger, 1999].

4.3.6.2.2 Stakeholder-Modell Vertreter eines normativen Stakeholder-Modells verfechten einen prinzipiell anderen Zugang zur Auditierung. Hiernach wird von einer ethisch orientierten Unternehmensführung ausgegangen, sofern die legitimen Interessen aller betroffenen Anspruchsgruppen in jeweils zumutbarer Weise berücksichtigt werden. Es wird als Ideal angesehen, wenn sich ein Unternehmen der unbegrenzten kritischen Öffentlichkeit für Diskurse stellt und keine berechtigten Ansprüche externer Stakeholder übergeht. Die Aufgabe eines unabhängigen, externen Audits ist es demnach, die Beziehungen aller Anspruchsgruppen zu überprüfen, um dem Unternehmen im positiven Falle die ethische Integrität zu testieren. Mehrere britische Unternehmen, wie beispielsweise der Kosmetikhersteller „Body Shop" oder die „Cooperative Bank", bestreiten diesen vorgenannten Weg. Sie versuchen, relevante Anspruchsgruppen zu identifizieren und gehen in einem Ethik- oder Sozialbericht darauf ein, ob die Unternehmung den Stakeholderinteressen gerecht werden konnte [Waxenberger, 1999].

Allerdings ist anzuzweifeln, ob dieser Weg Erfolg versprechend ist, denn bereits das dahinterstehende Ethikverständnis wirft Fragen auf. Um handlungsfähig zu bleiben, können sich Unternehmen nicht ständig Diskursen öffnen, da sie keine öffentlichen Einrichtungen sind, sondern von risikobereiten Unternehmern zur Erzielung von Gewinnen gegründet wurden. Daneben ergeben sich auch auf operationaler Ebene Mess- und Interpretationsprobleme. Es besteht die Gefahr, dass Unternehmen Ethikberichte als Public-Relation- oder Marketing-Instrument nutzen. Auf dieser Basis lassen sich keine qualitativen Zertifizierungen aufbauen [Noll, 2002].

4.3.6.2.3 Managementprozess-Modell

Der dritte Ansatz, welcher Managementprozesse zum Gegenstand von Ethik-Audits macht, scheint eher Erfolg versprechend zu sein. Demnach installieren Unternehmen standardisierte Ethikmanagementprogramme. Ein externer Auditor überprüft und zertifiziert das Vorhandensein der einzelnen Elemente dieses Managementsystems und deren Wirksamkeit. Beispielhaft für diesen Weg ist die von einer amerikanischen Verbraucherorganisation und führenden Handelsunternehmen, so z.B. in Deutschland vom Otto-Versand, ins Leben gerufene Zertifizierungsinitiative „Social Accountability" (SA8000). Zielsetzung dieser Initiative ist es, dafür zu sorgen, dass weltweit soziale Mindeststandards bei der Produktion eingehalten werden. Inhalte der Standards sind beispielsweise das Verbot von Kinder- und Zwangsarbeit, Diskriminierungsverbote und Arbeitsschutz [Merck, 1998].

Ein ähnliches Auditierungs- und Zertifizierungssystem wurde für die bayerische Bauindustrie entwickelt, deren Image durch Korruptionsaffären und Kartellbildungen stark beschädigt war. Es dient der Ermittlung, ob und wie das installierte Ethikmanagementsystem zur Bekämpfung illegitimer Praktiken umgesetzt worden ist [Wieland & Grüninger, 2000]. Das Managementsystem wird dabei als formales Gerüst auditiert. Daher wird der Einwand laut, dass lediglich die Eignung der Instrumente getestet werde, aber nicht, ob die erklärten Ziele auch tatsächlich erreicht werden. Eine ethische Bewertung der Unternehmen erfolge daher nicht. Zwar muss diese Kritik als prinzipiell richtig erkannt werden, doch spricht manches für die Erwartung, dass durch die Einführung der Ethikprogramme im Unternehmen Diskussionsprozesse über dessen ethische Qualität einsetzen. Dadurch geraten auch Führungsverhalten und Organisationsstrukturen auf den Prüfstand, und das ist genau das, was mit der Einführung der Programme bezweckt wird [Noll, 2002].

Kapitel 5

Grundproblematik und -aufgaben sozialtechnischer Ethikmaßnahmen

In einer komplex-arbeitsteiligen Organisation sowie in sämtlichen Prozessen des betrieblichen Alltags kann einer ethisch orientierten Unternehmensführungslehre mit einem durchdachten Instrumentarium sozialtechnischer Ethikmaßnahmen tief greifend und nachhaltig Geltung verschafft werden. Daraus folgend sind vielfältige Aufgaben der strukturellen und kulturellen Ermöglichung, Ermutigung, Unterstützung und Durchsetzung der Ergebnisse ethisch gehaltvoller Argumentations- und Willensbildungsprozesse im Unternehmen abzuleiteten und Rahmenkonzepte zu entwickeln [Ulrich, 1999].

Es lassen sich zwei grundsätzliche Wirkungsrichtungen sozialtechnischer Ethikmaßnahmen unterscheiden, Diskurs öffnende und Handlungsoptionen schließende. Strukturen und Entscheidungsprozesse lassen sich für ethische Reflexionen und Argumentationen öffnen. Dieses wird durch eine Institutionalisierung von Orten hierarchisch entschränkter, machtfreier und diskursiver Klärung von Verantwortbarkeits- und Zumutbarkeitsfragen in komplexen Stakeholderbeziehungen erreicht. Dabei sind die Betroffenen zur Partizipation am unternehmensethischen Diskurs zu ermächtigen, befähigen und ermutigen. Bei der zweiten Wirkungsrichtung sozialtechnischer Ethikmaßnahmen geht es um die Schließung aller Ebenen komplex-arbeitsteiliger Organisationen gegenüber ethisch unverantwortbaren oder unerwünschten Verhaltensweisen. Dieses geschieht durch Bindung des gesamten unternehmerischen Handels an deklarierte, nachprüfbare normative Standards. Des Weiteren werden falsche, zum Opportunismus verführende Anreizstrukturen durch ein System organisierter Verantwortlichkeit ersetzt [Ulrich, 1999]. Die konkrete Ausgestaltung dieser ethischen Standards und auszuschließenden Verhaltensweisen ist in einem unternehmensethischen Diskurs zwischen allen Beteiligten und Betroffenen zu klären. Die dafür maßgeblichen Begründungen bedürfen ihrerseits der Legitimation auf dem Niveau moderner Vernunftethik. Außerdem sind die Begründungen selbst für ethische Kritik offen zu halten. Aus diesen Gründen ist dem „Öffnen" ethisch-kritischer Argumentationsmöglichkeiten grundsätzlich Vorrang vor dem „Schließen" von Handlungsmöglichkeiten zu gewähren [Ulrich & Lunau, 1997]. Für die Umsetzung einer ethisch orientierten Unternehmensführung sind neben der Rangordnung öffnender und schließender Ethikmaßnahmen auch deren Wechselbeziehungen bedeutend.

5.1 Problematik des einseitigen autoritativen „Schließens" unerwünschter Handlungsoptionen

Ethikmaßnahmen werden oftmals als Mittel gedeutet, um autoritativ bestimmte „feste Werte" von oben nach unten durchzusetzen. Diese einseitige Tendenz entspringt der gängigen sozialtechnischen Verkürzung der Unternehmensethik. Einseitiges „Schließen" von Verhaltensfreiräumen in der Organisation führt auch zu Verengung der strukturellen Voraussetzungen seiner eigenen Legitimation. Die anzustrebende moralische Verantwortungsfähigkeit der Mitarbeiter auf allen Ebenen wird durch solche Ethikmaßnahmen selbst strukturell und kulturell untergraben. Die Unternehmensleitung signalisiert dadurch den Betroffenen vor allem, dass sie mit deren autonomen Verantwortungsfähigkeit von vornherein gar nicht rechnet und die Mitarbeiter in ihrer Qualität als moralische Subjekte nicht ernst nimmt. In Folge dieses autoritativen Fehlers ist als Reaktion mit mehr oder weniger verantwortungslosem Verhalten der Mitarbeiter zu rechnen [Ulrich, 1999].

5.2 Problematik des einseitigen „Öffnens" ethisch-kritischer Kommunikationsschranken

Ähnlich problematisch wie ein einseitiges autoritatives „Schließen" unerwünschter Handlungsoptionen ist ein einseitiges "Öffnen" ethisch-kritischer Kommunikationsfreiräume. Die daraus resultierende Reflexions- und Argumentationskultur hätte keine Konsequenzen hinsichtlich einer ethisch orientierten Gestaltung der strukturellen Anreize und Führungssysteme zur Folge. Dieses ermöglicht den entsprechenden Mitarbeitern auf allen hierarchischen Ebenen, die offenen Handlungsräume zur rücksichtslosen persönlichen Vorteilsmaximierung auszunutzen. Somit würde die ursprünglich mit der Öffnung beabsichtigte mitverantwortliche Orientierung an gemeinsame Verhaltensgrundsätze verfehlt werden. Die in den offenen unternehmenspolitischen Diskursen angestrebte Gerechtigkeit und Fairness der arbeitsteiligen Zusammenarbeit würde zur Farce gemacht werden. Daraus resultierend wäre der moralisch sensiblere und verantwortungsbewusstere Teil der Mitarbeiter desillusioniert. Aus diesem Grund bedürfen Gerechtigkeits- und Fairnessgrundsätze der allgemein verbindlichen Durchsetzung. Das gilt insbesondere bei hierarchisch-arbeitsteiligen Organisationen, da hier ein systematisches Opportunimusproblem zu beachten ist [Ulrich, 1999].

Einzelne Mitarbeiter geraten leicht in persönliche Opportunismusprobleme, wenn sich ihre moralischen Einstellungen nicht mit den Erwartungen ihrer Vorgesetzten vereinbaren lassen. Opportunistisches Verhalten tritt oftmals aufgrund des harten Drucks der Selbstbehauptung im marktwirtschaftlichen Wettbewerb auf. Der Betroffene befindet sich in einem moralischem Dilemma zwischen seiner persönlichen Integrität und seiner konstitutiven Verpflichtung zur Loyalität gegenüber dem Arbeitgeber. Folgt der Mitarbeiter in solch einer Situation der Stimme seines Gewissens und bleibt integer, enttäuscht er die Loyalitätserwartung seines Vorgesetzten und muss mit karrierebedingten Nachteilen rechnen. Verhält sich der Betroffene dagegen opportunistisch, hat er den ersten Schritt zur Korrumpierbarkeit getan. Mit der Zeit wird durch fortgesetzten Opportunismus die moralische Selbstachtung der Mitarbeiter geschwächt. Daher besteht die Gefahr, dass moralisch wenig gefestigte und unkritische Menschen im Gegensatz zu moralisch starken Persönlichkeiten im Unternehmen eher Karriere machen. Aus diesem Grund erscheint es bei einer auf diese Weise organisierten Unverantwortlichkeit für die karrieregehemmten, integeren Mitarbeiter sinnlos, Angebote offener ethisch-kritischer Kommunikation im Unternehmen noch ernst zu nehmen. Das ist solange der Fall, bis für alle Akteure verbindliche Normen und Spielregeln gelten und deren Einhaltung von der Unternehmensspitze persönlich vorgelebt und in der gesamten Organisation durchgesetzt wird [Ulrich, 1999]. Die Balance zwischen diskursöffnenden und handlungsoptionsschließenden Ethikmaßnahmen ist ausschlaggebend für den Erfolg der Implementierung eines Ethikmanagements.

5.3 Compliance- oder Integrity-Ansatz: eine strategische Grundsatzentscheidung

In vielen Unternehmen werden sozialtechnische Ethikmaßnahmen in Form von Compliance- oder Integrity-Programmen eingeführt. Ob dabei eher einseitig schließende Maßnahmen des Compliance-Ansatzes oder einseitig öffnende Maßnahmen des Integrity-Ansatzes verfolgt werden, stellt eine strategische Grundsatzentscheidung der Unternehmensleitung dar. Beide zur Verankerung von Ethik in Organisationen gängigen Programme werden nun näher vorgestellt.

5.3.1 Compliance-Ansatz

Um Fehlverhalten zu vermeiden, werden bei Compliance-Programmen diskretionäre Handlungsspielräume der Mitarbeiter begrenzt. Den Mitarbeitern werden möglichst detaillierte Verhaltensrichtlinien zur Orientierung vorgegeben und diese über Schulungen und Kontrollmechanismen abgesichert. Damit wird bezweckt, dass sowohl Mitarbeiter als auch Geschäftspartner ihren vertraglichen Pflichten ordnungsgemäß nachkommen, nicht nach individuellen Vorteilen streben und die Vertragsbeziehungen durch Unehrlichkeit, Unordnung oder Faulheit ausbeuten. Es werden klare Rahmenbedingungen geschaffen und durchgesetzt. Begleitend dazu erfolgt die

Einführung von Anreiz- und Kontroll-Strukturen, die Definition von Über-
wachungsstandards, die Entwicklung geeigneter Mechanismen der Fremdkontrolle und die Installation von Sanktionsmaßnahmen [Noll, 2002].

Der Compliance-Ansatz ist darauf ausgerichtet, durch möglichst genau formulierte Ge- und Verbote sowie entsprechende Kontrollmaßnahmen eine
hinreichende Orientierung aller Aktivitäten im Unternehmen auf die rechtlichen Anforderungen hin zu gewährleisten. Handlungen werden dazu an
zentraler Stelle „vorausgedacht" und durch geeignete Mechanismen plan-
gerecht implementiert. Je besser potenzielle ethisch-kritische Situationen
durch detaillierte Regelungen vorbereitet werden, umso vorhersehbarer wird
das Mitarbeiterverhalten für die Unternehmensleitung. Treten dennoch Abweichungen von den vorgegebenen Verhaltensstandards auf, werden diese
zum Anlass genommen, das Regelwerk und die Kontrollmechanismen weiter
auszufeilen und die Aktivitäten der Mitarbeiter noch genauer zu standardi-
sieren. Positive und negative externe Anreize sollen die Mitarbeiter zur Einhaltung des vorgegebenen Regelwerks bewegen. Individuelle Einschätzungen
und Wertungen durch die Mitarbeiter sind seitens der Unternehmensleitung
unerwünscht und werden auf diese Weise zurückgedrängt bzw. unterbunden
[Korff et al. , 1999].

Letztlich baut der Compliance-Ansatz auf einem negativen, skeptischen und
passiven Menschenbild auf. Es wird der moralische „worst case" angenom-
men und nicht Tugendhaftigkeit erwartet, sondern opportunistisches Verhalten. Solch ein Menschenbild impliziert notwendigerweise eine „Außen-
steuerung", wie sie vom Compliance-Ansatz auch explizit vorgesehen wird.
Dieser Denkansatz kommt traditionellen tayloristischen Management- und
Führungsmodellen nahe [Noll, 2002].

Der Compliance-Ansatz spielt zwar zur Verhinderung von Wirtschaftskrimi-
nalität eine sinnvolle Rolle, jedoch muss die konservative Steuerungsphilo-
sophie bei Eintritt von Veränderungen verlassen werden. Beispielsweise ist
dies bei einer rapiden Wandlung der Herausforderungen aus Umwelt und
Märkten der Fall oder bei international aktiven Unternehmen, deren Mitarbeiter unterschiedliche Wertehintergründe haben. Ethisches Verhalten kann
nicht per Zwang in eine Organisation eingepflanzt werden, sondern hängt

von den gemeinsam geteilten Grundeinstellungen der Mitarbeiter ab. Der Ansatz ist eher in einem wettbewerblichen Umfeld angemessen, das durch hohe Stabilität und geringe Komplexität gekennzeichnet ist [Noll, 2002].

5.3.2 Integrity-Ansatz

Im Gegensatz zum Compliance-Ansatz geht es beim Integrity-Ansatz nicht um die Einschränkung von Handlungsspielräumen durch Restriktionen, sondern um eine Steuerung über die Veränderung von Werthaltungen der Mitarbeiter. Es wird die Handlungsfreiheit der Mitarbeiter erweitert und deren moralische Urteilskraft gefördert. Die Mitarbeiter sollen sich nicht nur an den vorgegebenen Standards orientieren, sondern sich eigeninitiativ und selbstverantwortlich neuen ethischen Herausforderungen stellen [Korff et al. , 1999].

Ziel von Integrity-Programmen ist daher nicht vorrangig die Vermeidung von Fehlverhalten, sondern die Unterstützung moralisch verantwortungs- vollen Verhaltens. Die Mitarbeiter sollen für die im Unternehmensinteres- se liegenden Werthaltungen sensibilisiert werden. Es wird die Bereitschaft der Mitarbeiter zur Übernahme von Eigenverantwortung gestärkt. Dies ge- schieht durch organisationsstrukturelle und -kulturelle Maßnahmen. Bei der Integrity-Strategie wird eine Vertrauenskultur angestrebt. Über den Führungsstil und über Personalentwicklungsmaßnahmen soll ein vertrau- ensvolles Klima geschaffen werden [Noll, 2002].

Bei diesem Denkansatz wird von einem moralisch integeren, lernfähigen und selbstverantwortlich handelnden Menschenbild ausgegangen. Die Werte und Ideale der Individuen werden mitberücksichtigt. Integrity-Programme die- nen eher der Selbst- als der Fremdsteuerung der Mitarbeiter. Der Ansatz kommt neueren Managementmodellen entgegen und ist besonders für Un- ternehmen relevant, die sich einer hohen Umweltdynamik ausgesetzt sehen. Insbesondere bei großer Zukunftsungewissheit und einem komplexen Umfeld muss die strategische Unternehmensführung darauf bedacht sein, Mitarbei- terpotenziale möglichst umfassend zu nutzen [Noll, 2002].

Eine praktische Umsetzung sollte unter Anwendung einer Kombination aus

Compliance- und Integrity-Ansatz erfolgen. Wenn grundsätzlich der Integrity-Ansatz verfolgt wird, sollte das Erreichen ethischer Ziele auch durch formale Verhaltensstandards, Kontrollen und Strafen gestützt werden, da sich opportunistisches Verhalten trotz entsprechender Maßnahmen nie ganz ausschließen lässt [Noll, 2002].

Der dem Compliance-Ansatz als Alternative entgegengestellte Integrity-Ansatz setzt zwar vermehrt auf die moralische Autonomie der Mitarbeiter aller Ebenen, versucht aber im Grunde nur die legalistischen Compliance-Standards kulturalistisch durch verinnerlichte Unternehmenswerte zu ersetzen. Allerdings werden dabei nicht die Voraussetzungen für einen offenen Diskurs über authentische Werthaltungen und legitime Standards geschaffen [Steinmann & Olbricht, 1998]. Letztlich wird von Unternehmensspitze nur eine subtilere Methode gewählt, um in einer Organisation feste Werte „von oben herab" einzuführen [Ulrich, 1990a].

Bei der Unterscheidung von Compliance- und Integrity-Ansatz liegt die systematische Schwäche darin, dass sich beide grundsätzlich gegenseitig ausschließen. Die entscheidende Dialektik zwischen dem Öffnen von kritischen Argumentationschancen und dem Schließen unerwünschter Handlungsoptionen wird nicht berücksichtigt [Ulrich, 1999].

Nachfolgend wird anhand des Beispiels der Firma Levi Strauss aufgezeigt, wie in der Praxis ein Unternehmen nach vergeblichen Lernversuchen mit dem Compliance-Ansatz sein Ethikmanagement im Sinne des Integritätsansatzes erfolgreich umgestellt hat.

5.3.3   Ethikmanagement bei der Firma Levi Strauss & Co.

Die Firma Levi Strauss & Co. ist eines der wenigen Unternehmen, über die ein ausführlicher Erfahrungsbericht zum Ethikmanagement seitens der Führungsspitze vorliegt. Bis zur Umstellung auf den Integrity-Ansatz versuchte das Unternehmen alle ethisch fragwürdigen Verhaltenstatbestände in einem umfassenden Regelwerk aufzulisten. Jedoch nahm die Bürokratie der Registrierung, Reglementierung und Kontrolle aller neu auftauchenden Konfliktfälle überhand [Korff *et al.* , 1999].

Im Sinne des Compliance-Ansatzes erfolgte eine detaillierte Auflistung des weltweiten Unternehmenskodexes. Es wurden umfangreiche Vorschriften erlassen, z.b. für Mitarbeitereinstellungen, Reisespesenabrechnungen, politische Spenden, Einhaltung gesetzlicher Vorgaben sowie die Handhabung von Bestechungsversuchen durch fragwürdige Zahlungen, Geschenke und Gefälligkeiten. Angesprochen wurden Problembereiche von Buchführungspraktiken bis hin zu potenziellen Interessenkonflikten. Die Liste an Ge- und Verboten für die Mitarbeiter nahm erdrückende Ausmaße an, denn die Regeln erzeugten immer neue Regeln und die Vorschriften erzeugten immer neue Vorschriften. Das Unternehmen sah sich von der produzierten Papierflut erdrückt. Des Weiteren kam die Firma Levi Strauss & Co. zu der Erkenntnis, dass sie mit ihrem Compliance-Programm den Mitarbeitern die Botschaft vermittelt, keine Achtung vor deren Intelligenz zu haben und deren Urteilsvermögen nicht zu vertrauen. Letztendlich führte die Tatsache, dass Manager und Angestellte nicht davon abgehalten werden konnten, ethisch unsensibel zu urteilen und fragwürdige Entscheidungen zu treffen, zur Abschaffung des Compliance-Programms [Haas, 1994].

Die Firma Levi Strauss & Co. lernte schnell, dass der Compliance-Ansatz zur Zerstörung der positiven Grundeinstellung und Motivation der Mitarbeiter gegenüber der Unternehmung führte. Auch wurde nicht die ethische Urteilskraft der Vorgesetzten und Mitarbeiter entwickelt. Aus diesen Gründen erfolgte eine Neuorientierung des Ethikmanagements im Sinne des Integrity-Ansatzes. Die getroffenen Maßnahmen lassen sich, unterteilt in die Grundoperationen der Unternehmenssteuerung (Selektion, Konkretisierung und Reflexion), sinnvoll rekonstruieren [Korff et al. , 1999].

5.3.3.1 Selektion

Das Gesamtsystem wurde auf allgemeine ethische Prinzipien umgestellt. Die sechs ethischen Prinzipien Ehrlichkeit, Einhaltung von Versprechen, Fairness, Respekt vor anderen, Mitgefühl und Integrität bilden bei Levi Strauss & Co. heutzutage die Basis für ethisch verantwortungsvolles Verhalten. In ethischen Konfliktsituationen gilt es, diejenigen ethischen Prinzipien zu identifizieren, die für konkrete Problemsituationen bedeutend sind.

Auf dieser Grundlage wird überlegt, welche Interessen internen und externen Anspruchsgruppen bei den Entscheidungen zu berücksichtigen sind. Es werden Informationen über die Akteure und ihren Interessenlagen eingeholt und mögliche Handlungsalternativen mit einflussreichen Anspruchsgruppen diskutiert, wie beispielsweise mit Aktionären, Geschäftspartnern, Arbeitnehmern, Kunden, ansässigen Bürgern und Bürgerinitiativen [Haas, 1994].

Mit den ethischen Prinzipien wird zunächst nur eine schwache Selektionsleistung erbracht, die für die genaue Ausgestaltung der ethischen Handlungsorientierungen in konkreten Situationen genügend Raum lässt.

5.3.3.2 Konkretisierung

Zur Konkretisierung wird bei der Firma Levi Strauss & Co., abhängig von der Bedeutung der jeweiligen Fragestellung, ein mehr oder weniger intensiver Diskurs mit betroffenen Stakeholdern geführt. Dieser Prozess dient sowohl der Klärung der Interessenlagen der Anspruchsgruppen als auch einer intensiven Aufklärung über die Situationsbedingungen, unter denen die Prinzipien in konkrete unternehmenspolitische Handlungsorientierungen zur Geltung gebracht werden sollen. Ergebnisse dieser Konkretisierungsleistung sind bereichsspezifische Handlungsanleitungen. Für den Einkaufsbereich bedeutet dies beispielsweise, dass so genannte Einkaufsrichtlinien beschreiben, welches Verhalten das Unternehmen Levi Strauss & Co. von seinen Vertragspartnern erwartet. So werden etwa Kinder- und Gefangenenarbeit, die Ausbeutung von Arbeitern sowie sicherheits- und gesundheitsgefährliche Arbeitsbedingungen abgelehnt. Ferner verlangt das Unternehmen, dass Zulieferer ihre Gesetze einhalten und ihre Geschäfte in ethisch verantwortungsvoller Weise führen [Haas, 1994].

Auch wurden Kriterien zur Länderauswahl entwickelt. Diese legen z.B. fest, dass keine Waren aus Ländern zu beziehen sind, in denen die Rahmenbedingungen den Wertvorstellungen von Levi Strauss & Co. grundlegend entgegenstehen und geschäftliche Kontakte negative Auswirkungen auf das globale Markenimage oder die Reputation des Unternehmens haben [Haas, 1994].

5.3.3.3 Reflexion

Das Unternehmen hat die Notwendigkeit erkannt, von einmal festgelegten ethischen Orientierungen immer wieder neu Distanz gewinnen zu müssen. Die Unternehmung versucht, dies über organisatorische Vertrauensmaßnahmen zu erreichen. Da ethisch verantwortungsvolles Verhalten von der inneren Einstellung der Mitarbeiter abhängt, fördert und unterstützt Levi Strauss & Co. diese durch die sieben folgenden Faktoren:

- Selbstverpflichtung auf ethisch verantwortliches Verhalten

- Führung durch das Management

- Vertrauen gegenüber den Arbeitnehmern

- Programme und Strategien, die allen Mitarbeitern und Geschäftspartnern Klarheit über die ethischen Erwartungen des Unternehmens verschaffen

- Offene, ehrliche und rechtzeitige Kommunikation

- Instrumente, die Arbeitnehmer bei der Lösung ethischer Probleme unterstützen

- Entlohnungssysteme und Formen der Anerkennung, welche die Bedeutung ethischen Verhaltens untermauern

Am Beispiel der Firma Levi Strauss & Co. wurde aufgezeigt, wie in einem Unternehmen in der Praxis eine Vertrauensorganisation aufgebaut werden kann. Eine solche Vertrauensorganisation ist gekennzeichnet durch:

- Entwicklung und Unterstützung einer positiven Einstellung der Mitarbeiter gegenüber den ethischen Führungsgrundsätzen

- Aufbau und Aufrechterhaltung einer ethischen Motivation in der Gesamtorganisation

- Entwicklung der ethischen Sensibilität und Urteilskraft der Mitarbeiter

- Integration von Konflikterkennungs- und -lösungskompetenz in alle entscheidenden Prozessen und Strukturen

Die Unternehmung hat erkannt, dass hohe ethische Standards nur aufrecht erhalten werden können, wenn sie vom Management vorgelebt und in die tägliche Praxis integriert werden. Angesichts dieser Einsichten sieht die Unternehmensleitung ihre Herausforderung darin, für ein Umfeld zu sorgen, das ethisch verantwortungsvolles Handeln dauerhaft ermöglicht [Haas, 1994].

5.4 Rahmenkonzept eines integrativen Ethikprogramms

Bei der Konzeption eines Ethikprogramms im Sinne einer grundlagenkritisch ansetzenden integrativen Unternehmensethik sind sowohl teleologische als auch deontologische Aspekte zu berücksichtigen. Es stehen daher Fragen der lebenspraktischen und gesellschaftlichen Sinngebung der unternehmerischen Wertschöpfung sowie die der Legitimation des gesamten unternehmerischen Handelns gegenüber allen Stakeholdern im Mittelpunkt. Sie zielen auf eine weitreichende selbstkritische Reflexion hinsichtlich des Verständnisses der Funktion und Legitimation eines Unternehmens ab. Dabei sind gesellschaftliche Wert- und Interessenkonflikte zu berücksichtigen. Neben den unternehmerischen Wertschöpfungszielen und Strategien der Marktpositionierung ist auch die Gestaltung der Beziehungen zwischen dem Unternehmen und allen seinen Stakeholdern inklusive der allgemeinen Öffentlichkeit zu beachten. Auch spielt die unternehmenspolitische Haltung bezüglich der gesellschaftlichen Verhältnisse und Rahmenbedingungen eine Rolle, unter denen das privatwirtschaftliche Erfolgsstreben als verantwortbar und zugleich betriebswirtschaftlich zumutbar gelten soll. Ein so verstandenes integratives Ethikprogramm umfasst die folgenden systematisch notwendigen Bausteine [Ulrich, 1999]:

- **Moralische Rechte der Stakeholder:** Die Durchsetzung klar definierter moralischer Rechte sämtlicher Anspruchsgruppen, insbesondere der Mitarbeiter, gewährleistet die Bekräftigung deren unantastbarer Persönlichkeitsrechte. Des Weiteren eröffnet die Durchsetzung der Stakeholderrechte praktikable Chancen der Beteiligung an einem möglichst offenen, macht- und sanktionsfreien unternehmensethischen Diskurs. Dies wird gestärkt durch personaler Integrität und den Mut zur kritischen Loyalität.

- **Institutionalisierte diskursive Infrastruktur:** Durch die Schaffung einer institutionalisierten diskursiven Infrastruktur von sanktionsfreien und ergebnisoffenen Orten, wie z.b. Ethikkomitees, kommt es zu einer argumentativen Klärung von Verantwortbarkeits- und Zumutbarkeitsfragen bezüglich des unternehmerischen Handelns.

- **Unternehmerische Wertschöpfungsaufgabe:** Mit Hilfe einer geklärten und wohl begründeten unternehmerischen Wertschöpfungsaufgabe wird die Sinnorientierung der Geschäftsstrategie bestimmt, indem gesellschaftliche Bedürfnisse definiert werden, nach deren Erfüllung das Unternehmen im Markt strebt.

- **Verbindliche Geschäftsgrundsätze:** Im Sinne einer nachprüfbar deklarierten Selbstbegrenzung auf legitime Strategien und Methoden der Erfolgssicherung werden mittels Ethikkodizes Geschäftsgrundsätze verfasst. Unterstützend dazu werden Grundsätze der republikanischen und insbesondere der branchen- und ordnungspolitischen Mitverantwortung für faire Spielregeln des Wettbewerbs geschaffen.

- **Maßnahmen der ethischen Kompetenzbildung:** Im Hinblick auf die Befähigung und Ermutigung zur autonomen ethischen Reflexion und Argumentation werden Maßnahmen der ethischen Kompetenzbildung der Mitarbeiter durchgesetzt. Durchgeführte Ethiktrainings verhelfen dazu, dass im Unternehmen eine Verantwortungskultur gelebt wird.

- **Operatives Ethikmanagementsystem:** Ein operatives Ethikmanagementsystem unterstützt im Unternehmen die angestrebte Verantwortungskultur durch die konsistente Gestaltung sämtlicher Anreizstrukturen und Führungssysteme. Im unternehmerischen Alltag wird ein

Ethikprogramm zum Leben gebracht und die Einhaltung der definierten Grundsätze und Standards sowie die Umsetzung spezieller Ethikmaßnahmen durch geeignete Auditing-Maßnahmen sichergestellt.

Die konkrete Ausarbeitung eines integrativen Ethikprogramms hat im Rahmen einer ethisch orientierten Betriebswirtschafts- und Managementlehre und im Sinne einer aufgeklärten Sozialtechnologie zu erfolgen. Deren praktischer Horizont wird als ein unternehmerisches Handeln bestimmt, welches auf eine sinngebende Wertschöpfungsidee ausgerichtet und im Markt erfolgsorientiert ist. Das Handeln ist im Sinne einer republikanischen Mitverantwortung wahrzunehmen. Es erfolgt konsequent prinzipiengeleitet und ist somit hinsichtlich seiner Legitimität und Verantwortbarkeit reflektiert und selbstbegrenzend [Ulrich, 1999]:

Damit die Unternehmensethik zukünftig in angemessener Form in die Praxis umgesetzt werden kann, muss sie in der betriebswirtschaftlichen Forschung und im Geschäftsalltag einen ethisch-orientierten Pragmatismus unterstützen [Ulrich, 1999].

Kapitel 6

Deutscher Corporate Governance Kodex

Der Deutsche Corporate Governance Kodex (DCGK) wurde im Auftrag des Bundesministeriums für Justiz von einer Regierungskommission unter der Leitung von Dr. Gerhard Cromme erarbeitet und am 26. Februar 2002 der Öffentlichkeit vorgestellt [Talaulicar, 2002].

Die so genannte Cromme-Kommission hat den Auftrag, auf Basis des geltenden Rechts einen Kodex vorzuschlagen, der die Grundsätze deutscher Corporate Governance zusammenfasst, diesen in regelmäßigen Abständen zu überprüfen und gegebenenfalls anzupassen. In einem Akt der Selbstorganisation und Selbstverpflichtung erarbeitete die Kommission Verhaltensregeln für die Führung und Kontrolle börsennotierter Unternehmen in Deutschland. In der Kommission sind institutionelle und private Anleger, Vorstands- und Aufsichtsratsmitglieder, Arbeitnehmervertreter sowie Vertreter der Börse, Wirtschaftsprüfer und Wissenschaftler repräsentiert [Cromme, 2002].

6.1 Rechtsnatur des Deutschen Corporate Governance Kodexes

Der Deutsche Corporate Governance Kodex stellt ein Regulierungsinstrument der Regelungsebene zwischen Recht und unternehmensindividuellen

Leitlinien dar. Aufgrund des Engagements des zuständigen Bundesministeriums und der gesetzlich normierten Pflicht zu einer so genannten Entsprechenserklärung wurde diese Co-Regulierung nicht gänzlich der Selbstregulierung durch die Wirtschaft überlassen. Wichtiger als die Abgabe der Entsprechenserklärung oder die formale Befolgung der Kodexregeln ist die Ernsthaftigkeit, mit der die Unternehmensleitung die Führungsmodalitäten im Unternehmen hinterfragen. Der Deutsche Corporate Governance Kodex liefert größtenteils nur Stichworte zur Verbesserung der Praxis der Corporate Governance. Die im Kodex enthaltenen Stichpunkte sind in der jeweiligen Anwendungssituation zu konkretisieren und an die vorliegenden Kontextbedingungen anzupassen [Talaulicar, 2002].

Mit dem Deutschen Corporate Governance Kodex und der für börsennotierte Unternehmen geltenden gesetzlichen Verpflichtung, sich regelmäßig in einer Entsprechenserklärung zur Einhaltung der Empfehlungen des Kodexes zu äußern, wurde im deutschen Unternehmensrecht eine gänzlich neue Regelungstechnik verankert [Müller, 2003].

6.2 Zielgruppen des Deutschen Corporate Governance Kodexes

Der Deutsche Corporate Governance Kodex richtet sich in erster Linie an deutsche börsennotierte Gesellschaften, insbesondere an die Unternehmen des Deutschen Aktienindexes (DAX). Gleichwohl bietet der Kodex auch für nicht börsennotierte mittelständische Unternehmen die Chance, verschiedene Themenkomplexe aufzugreifen, die sich positiv auf die jeweilige Unternehmensentwicklung auswirken können. Beispielsweise findet das Corporate Governance-Thema im gesamten Feld der Unternehmensfinanzierung zunehmend verstärkte Aufmerksamkeit und kann auch für mittelständische Unternehmen eine Reduzierung der Kapitalkosten ermöglichen [Wader & Dörner, 2003].

6.3 Inhalt und Zweck des Deutschen Corporate Governance Kodexes

Der Deutsche Corporate Governance Kodex beinhaltet international und national anerkannte Standards guter und verantwortungsvoller Unternehmensführung. Im Kodex werden rund 60 Verhaltensempfehlungen sowie 15 Anregungen formuliert, welche sich als Selbstverpflichtung an die Organe börsennotierter Gesellschaften richten. Sie stellen Standards für gute Unternehmensführung und -kontrolle dar. Die Gliederung des Kodexes unterteilt sich in die sechs Themenkomplexe [von Treuberg & Zitzmann, 2003]:

- Aktionäre und Hauptversammlung

- Zusammenwirken von Vorstand und Aufsichtsrat

- Vorstand

- Aufsichtsrat

- Transparenz

- Rechnungslegung und Abschlussprüfung

Die Cromme-Kommission hat sich bewusst dafür entschieden, den Kodex kurz zu halten. Dementsprechend wird von einer zu detaillierten Regelung der Corporate Governance abgesehen [Ringleb, 2003].

Folgende drei Hauptziele wurden bei der Ausarbeitung des Deutschen Corporate Governance Kodexes verfolgt:

- Dokumentation deutscher Governance-Grundsätze

- Flexibilisierung ordnungspolitischer Rahmengrundsätze

- Kodifizierung des Leitgedankens der Transparenz

Mit dem Deutschen Corporate Governance Kodex sollen die in Deutschland geltenden Regeln für Unternehmensleitung und -überwachung für nationale wie internationale Investoren transparent gemacht werden. Der Kodex trägt dazu bei, das Vertrauen in die Unternehmensführung deutscher Gesellschaften zu stärken und den Standort Deutschland für nationale und internationale Investoren attraktiver zu machen [Cromme, 2002].

Der Deutsche Corporate Governance Kodex setzt an den folgenden wesentlichen Kritikpunkten der deutschen Unternehmensverfassung an [Cromme, 2001]:

- Duale Unternehmensverfassung mit Vorstand und Aufsichtsrat

- Mangelhafte Ausrichtung auf Aktionärsinteressen

- Mangelnde Transparenz deutscher Unternehmensführung

- Mangelnde Unabhängigkeit deutscher Aufsichtsräte

- Eingeschränkte Unabhängigkeit der Abschlussprüfer

Aus ökonomischer Sicht besteht das zentrale Ziel einer guten Corporate Governance darin, den Interessen- und Anspruchsgruppen des Unternehmens die für ihre Entscheidungen relevanten Informationen zu vermitteln, ohne dass diese Zweifel an der Richtigkeit der Daten hegen. Hierbei gilt eine über die gesetzlichen Mindestanforderungen hinausgehende Transparenz als vertrauensbildende Maßnahme [Dörner & Orth, 2003].

6.4 Förderung der Transparenz der Unternehmensführung

Ein wesentlicher Eckpfeiler der Konzeption des Deutschen Corporate Governance Kodexes ist die Förderung der Transparenz der Unternehmensführung. Nur durch Bereitstellung aufschlussreicher Informationen über das Unternehmensgeschehen und die Erleichterung des Informationszugangs kann das Vertrauen der relevanten Bezugsgruppen in die Integrität des jeweiligen Unternehmens gewonnen und gefestigt werden [von Werder, 2003].

Die Transparenz der Corporate Governance von deutschen Gesellschaften wird durch Angaben über die interne Unternehmensüberwachung ergänzt.

Dabei gilt es, die Überwachungsberichterstattung des Aufsichtsrats an die Hauptversammlung durch weitere Angaben informativer zu gestalten. Eine verbesserte Transparenz der internen Unternehmensüberwachung trägt wesentlich zur Erhöhung des Vertrauens der Anleger und anderen Stakeholder bei [Böcking, 2003]. Die Implementierung des Kodexes erleichtert die Kommunikation der innerhalb einer Gesellschaft existierenden Corporate Governance Mechanismen. Ein Corporate Governance Kodex kann auch zur Herausbildung neuer Standards einer verantwortungsvollen Unternehmensführung und -überwachung sowie ihrer mittelfristigen Durchsetzung als Qualitätsmerkmal beitragen [Böcking, 2003].

6.5 Form und Inhalt der Entsprechenserklärung

Gemäß § 161 des Aktiengesetzes sind die Vorstände und Aufsichtsräte der börsennotierten Gesellschaften in Deutschland jährlich dazu verpflichtet, zu erklären, dass den vom Bundesministerium der Justiz bekannt gemachten Empfehlungen der „Regierungskommission Deutscher Corporate Governance Kodex" entsprochen wird. Falls einige Empfehlungen nicht angewendet werden, haben die Unternehmen ihre entsprechenden Gründe anzugeben. Diese Erklärung ist den Aktionären dauerhaft zugängig zu machen. Eine solche Entsprechenserklärung war von den Unternehmen erstmalig im Jahr 2002 abzugeben [Cromme, 2001].

6.6 Umsetzung des Deutschen Corporate Governance Kodexes

Von den Unternehmen ist eine praktische Umsetzung der folgenden als Kriterien für gute Corporate Governance geltenden Punkte anzustreben [Strenger, 2001]:

- Erweiterte Informations- und Offenlegungspflichten gegenüber den internen Überwachungsorganen und der Öffentlichkeit

- Intensivierung der Qualifikation, der Unabhängigkeit und der Tätigkeit der Überwachungsorgane

- Festgelegte Regelungen zur Beseitigung von Interessenkonflikten und zur Behandlung von Eigengeschäften

- Angemessene Anreiz- und Vergütungssysteme

Die DAX-30-Unternehmen setzen die Empfehlungen des Kodexes bereits nahezu vollständig um. Kleinere börsennotierte Unternehmen weichen deutlich häufiger von den Empfehlungen ab als größere. Teilweise lehnen sie den Kodex sogar gänzlich ab. Allerdings ist mit einer Zunahme der Akzeptanz bei allen Unternehmen zu rechnen [Oser & Fieber, 2003].

In der Regel erfüllen gut geführte Unternehmen nicht nur bestehende Gesetzesvorschriften, sondern gehen aus eigenem Antrieb über die gesetzlichen Mindeststandards hinaus. Während für solche Unternehmen Kodizes der Corporate Governance größtenteils nur eine Bestätigung ihrer bisher verfolgten Grundsätze sind, dienen sie anderen als eine nützliche Orientierungshilfe. Jedoch können weder gesetzliche noch quasi-gesetzliche Normen Erfahrung, Urteilsvermögen, Tugend und Charakterstärke ersetzen, ganz gleich wie umfangreich sie sind und ob extern vorgegeben oder intern angeordnet. Gesetzliche und quasi-gesetzliche Normen können und dürfen nicht darüber hinwegtäuschen, dass Regeln auch trotz konsequenter Überwachung nicht vor missbräuchlichem Verhalten schützen [Erlen, 2003].

Unternehmen, die sich einer guten Corporate Governance verschließen, werden auf lange Sicht gegenüber Mitbewerbern wenig erfolgreich sein, die den Deutschen Corporate Governance Kodex umsetzen. Sowohl börsennotierte Aktiengesellschaften als auch kleine und mittelständische Unternehmen profitieren langfristig von einer guten Corporate Governance [Dörner & Orth, 2003].

Problematisch an dem Deutschen Corporate Governance Kodex ist allerdings, dass sich ein derartiger Wertekanon zwar leicht formulieren lässt, seine Beachtung aber nur schwerlich überprüfbar ist. Aus diesem Grund stehen sowohl Vorstand als auch Aufsichtsrat in der Verantwortung. Der

Aufsichtsrat wird seiner Aufgabe diesbezüglich gerecht, wenn er nur solche Personen in den Vorstand bestellt, die neben ihrer fachlichen auch moralische Kompetenz besitzen. Vorstandsmitglieder sind dafür verantwortlich, dass im Sinne der Wertschöpfung Vertrauenskapital geschaffen und erhalten wird [Erlen, 2003].

Bei geschäftlichen Transaktionen wird auf das Wort derjenigen Personen vertraut, mit denen eine Geschäftsbeziehung eingegangen wird. Ohne dieses Vertrauen wäre der effiziente Austausch von Gütern und Dienstleistungen wie auch die Finanzierung einer Unternehmung nicht mehr möglich. Im Grunde genommen werden in Unternehmen, an deren Spitze prinzipientreue und in ihrer Persönlichkeit gefestigte Menschen stehen, gar keine detaillierten Regelungen benötigt. Wenn Führungskräfte aus eigener Überzeugung im ethisch-moralischen Sinne stets wertorientiert entscheiden und handeln, wird man sie auch beim Wort nehmen können [Erlen, 2003].

Die Praxis zeigt jedoch, dass nicht alle Geschäftsleute nach festen Grundsätzen handeln, sondern sich einige wiederholt über Konventionen hinwegsetzen. Daher muss sichergestellt werden, dass in den Führungskräftegremien der Unternehmen ausschließlich Personen sitzen, die gleichsam einen ethischen Kodex der Corporate Governance verinnerlicht haben [von Werder, 1996]. Gelebte Werte von hohem sittlichen Anspruch, wie Anstand, Rechtschaffenheit, Loyalität und Integrität, bürgen langfristig für eine verantwortungsbewusste und sorgsame Unternehmensführung [Erlen, 2003].

6.7 Beispielfall Mannesmann

Ein aktuelles Praxisbeispiel, das die Notwendigkeit eines ethischen Kodexes der Corporate Governance aufzeigt, stellt der Übernahmeskandal des Mobilfunkanbieters Mannesmann durch Vodafone dar. Die im Zuge der Übernahme an Vorstands- und Aufsichtsratsmitglieder gezahlten Abfindungsprämien in Millionenhöhe haben in der Wirtschaft und Politik sowie unter der Bevölkerung eine Welle der Empörung ausgelöst.

Die Übernahme von Mannesmann durch Vodafone und die damit verbundenen Abfindungszahlungen in Millionenhöhe lösten den wohl spektakulärsten

Wirtschaftsprozess in der Bundesrepublik aus. Nachfolgend werden die wesentlichen Aspekte des Mannesmann-Falles aufgezeigt, sowie Verlauf des Prozesses und die darauf folgenden Reaktionen zusammengefasst und unter ethischen Gesichtspunkten betrachtet.

6.7.1   Chronik des Mannesmann-Falles

Klaus Esser wird im Mai 1999 Vorstandsvorsitzender bei Mannesmann Mobilfunk. Im Oktober 1999 kündigt er den Kauf des britischen Mobilfunkunternehmens Orange an. Der Mobilfunkanbieter Vodafone, Konkurrent von Orange, präsentiert am 14. November 1999 sein erstes Übernahmeangebot. Es werden 43,7 Vodafone-Aktien für eine Mannesmann-Aktie geboten. Das Gesamtvolumen des Angebots beträgt umgerechnet 100 Milliarden Euro. Zu diesem Zeitpunkt ist Vodafone weltweit größter Mobilfunkanbieter und mit 34 Prozent an Mannesmann Mobilfunk beteiligt. Klaus Esser lehnt das Angebot als „völlig unangemessen" ab. Am 19. November 1999 erhöht Vodafone sein Angebot auf 53,7 eigene Aktien je Mannesmann-Aktie. Das Gesamtvolumen des Angebotswertes beläuft sich jetzt auf 124 Milliarden Euro. Damit ist dieses Angebot das bisher höchste in der Wirtschaftsgeschichte. Esser lehnt es erneut ab [Gazeas, 2004].

Am 23. Dezember 1999 vereinbart Klaus Esser mit dem Mannesmann-Aufsichtsrat schriftlich, dass seine Vergütung im Fall einer feindlichen Übernahme für die restlichen vier Jahre in Höhe von insgesamt 29 Mio. DM ungekürzt fällig wird. Einen Tag später macht Vodafone ein öffentliches feindliches Übernahmeangebot mit einer Frist bis zum 7. Februar 2000 [Gazeas, 2004]. Am 11. Januar 2000 finden Gespräche zwischen Mannesmann und Vivendi bezüglich einer Partnerschaft statt. Um eine Übernahme durch Vodafone abzuwehren, versucht Esser in das Internet-Geschäft bei AOL-Europe einzusteigen. Diesbezüglich finden Gespräche am 28. Januar 2000 statt. Mannesmann unternimmt begleitend zu diesen Maßnahmen eine Werbetour zu Analysten und Investmentfonds [Schmeisser, 2001]. Zusätzlich wird eine Anzeigenkampagne gegen die Übernahme gestartet, in der vor einer angeblich drohenden Verlangsamung des Wachstums gewarnt wird. Nachdem Esser am 30. Januar 2000 die abschlussreifen Verhandlungen mit

Vivendi platzen lässt, verbündet sich Vodafone noch am selben Tag mit Vivendi [Gazeas, 2004].

Der Aufsichtsratsvorsitzende Joachim Funk sagt Klaus Esser am 31. Januar 2000 zu, dass er nach seinem Ausscheiden aus der Mannesmann-Konzernleitung einen lebenslangen Anspruch auf Fahrer, Büro und Sekretärin habe. Später lässt Esser sich diesen Anspruch für mehr als zwei Millionen Euro abgelten. Am 2. Februar 2000 vereinbaren Vodafone/Vivendi ein Telekom- und Internet-Joint Venture mit AOL-Europe. Canning Fok von der Fondsgesellschaft Hutchison Whampora bedrängt Esser am 2. Februar 2000, einer Übernahme durch Vodafone zuzustimmen. Klaus Esser schlägt daraufhin das Angebot von AOL-Europe aus und äußert gegenüber dem Vorsitzenden des Vodafone-Vorstandes Chris Gent Verhandlungsbereitschaft. Mannesmann-Großaktionär Hutchison bietet Esser eine Anerkennungsprämie von umgerechnet 15,9 Millionen Euro an. Für Essers Team wird noch einmal die gleiche Summe angedacht. Damit beabsichtigt Fok offenbar, sich dafür zu bedanken, dass der Wert der Hutchison-Anteile binnen Wochen um acht Milliarden Euro stieg. [Gazeas, 2004].

Am 3. Februar 2000 einigen sich Esser und Gent auf einen freundschaftlichen Zusammenschluss. Mannesmann ist mit 49,5 Prozent am neuen Unternehmen beteiligt. Für jede Mannesmann-Aktie werden 58,9646 Vodafone-Aktien vereinbart. Damit beträgt der Übernahmepreis für Vodafone 178 Milliarden Euro in Aktien. Klaus Esser wird stellvertretender Vorstandsvorsitzender bei Vodafone. Fok verdient durch die Übernahme über 5 Milliarden Euro. Bis dahin hat Esser 432 Millionen Euro für einen Abwehrkampf gegen die feindliche Übernahme ausgegeben, davon ca. 56 Millionen Euro für Zeitungsannoncen, 155 Millionen Euro für Investmentbanken, 75 Millionen Euro für Rechtsanwälte und 146 Millionen Euro für sonstige Berater. Die Schutzgesellschaft für Kleinaktionäre kritisiert den Werbefeldzug von Mannesmann als immense Geldverschwendung [Gazeas, 2004].

Der Mannesmann-Aufsichtsratsausschuss stimmt der Vereinbarung mit Vodafone am 4. Februar 2000 zu. Zeitgleich bewilligt er Sonderzuwendungen an Funk, Esser und vier weitere Vorstandsmitglieder. Die Höhe dieser Zuwendungen beträgt insgesamt mehr als 24 Millionen Euro. Klaus

Esser wird auf eigenen Wunsch am 17. Februar 2000 mit Wirkung zum 31. Juli 2000 vom Mannesmann-Aufsichtsrat vorzeitig entlassen. Zeitgleich wird ihm eine weitere Abfindung von über 15 Millionen Euro gewährt. Das Gesamtpaket Essers beträgt etwa 30 Millionen Euro. Der Mannesmann-Aufsichtsratsausschuss beschließt am 27. März 2000 in den Räumlichkeiten der Deutschen Bank Konzernzentrale in Frankfurt/Main, die so genannten „Alternativpensionen" pensionierter Vorstandsmitglieder mit umgerechnet über 32 Millionen Euro abzufinden. Am 17. April 2000 wird die Übernahme von Mannesmann durch Vodafone rechtlich besiegelt. Daraufhin wird Chris Gent zum Aufsichtsratsvorsitzende von Mannesmann ernannt [Gazeas, 2004].

In einem von Vodafone anlässlich der Mannesmann-Übernahme an der Londoner Börse veröffentlichten Börsenprospekt taucht erstmals die Rekordprämie in Höhe von 15,9 Millionen Euro für Klaus Esser auf [FAZ, 2004b]. Gegen diesen wird bei der Staatsanwaltschaft Düsseldorf Strafanzeige erhoben, wodurch er ins Visier gerät. Ihm wird vorgeworfen, bei der größten Übernahmeschlacht der deutschen Wirtschaftsgeschichte vor allem seine eigenen Interessen im Blick gehabt zu haben und nicht die des Unternehmens. Gegen Esser und weitere ehemalige Funktionäre der Mannesmann AG wird ein Ermittlungsverfahren wegen des Verdachts der Untreue nach § 266 StGB eingeleitet [Gazeas, 2004].

6.7.2 Prozess des Mannesmann-Falles

Im August 2001 weitet die Staatsanwaltschaft ihre Ermittlungen wegen Unregelmäßigkeiten bei der Übernahme durch Vodafone aus. Die Staatsanwaltschaft Düsseldorf erhebt am 17. Februar 2003 Anklage gegen sechs Personen. Hierbei handelt es sich um den früheren Mannesmann-Vorstandsvorsitzenden Dr. Klaus Esser, den Vorstandsvorsitzenden der Deutschen Bank AG Dr. Josef Ackermann, den ehemaligen Vorsitzenden der Industriegewerkschaft Metall (IG-Metall) Klaus Zwickel sowie den Ex-Mannesmann-Aufsichtsratsvorsitzenden Prof. Dr. Dr. Joachim Funk, den früheren Konzernbetriebsratsvorsitzenden Jürgen Ladberg und den einstigen Personalvorstand Dr. Dieter Droste [Gazeas, 2004].

Das Landgericht Düsseldorf lässt im September 2003 die Anklage gegen alle
sechs Angeklagten zur Hauptverhandlung zu und eröffnet das Hauptver-
fahren. Jedoch werden die Anklagen inhaltlich abgemildert. Gegen Klaus
Esser wird beispielsweise nur wegen Beihilfe zur Untreue in einem besonders schweren Fall Anklage erhoben und nicht, wie von der Staatsanwaltschaft gefordert, wegen täterschaftlich begangener Untreue in einem besonders schweren Fall [Gazeas, 2004].

Der Prozess beginnt am 21. Januar im großen Verhandlungssaal des Düsseldorfer Landgerichts. Mit der Urteilsfindung am 22. Juli 2004 werden alle
Angeklagten von der Richterin Brigitte Koppenhöfer freigesprochen. Die
Übernahme von Mannesmann durch Vodafone wird in den Medien als die
spektakulärste Übernahme in der deutschen Wirtschaftsgeschichte bezeichnet. Zuvor gab es keinen Zusammenschluss von Unternehmen, der mehr
öffentliches Aufsehen erregt hat.

6.7.2.1 Anklage und Angeklagte

Die Staatsanwaltschaft hatte die Angeklagten der Veruntreuung von ca. 57
Millionen Euro bei der Übernahme von Mannesmann durch Vodafone be-
zichtigt. Von der Staatsanwaltschaft wurden wegen Untreue in einem besonders schweren Fall Haftstrafen von drei Jahren für Funk und von zweieinhalb
Jahren für Esser gefordert. Für die Aufsichtsratmitglieder Josef Ackermann
und Klaus Zwickel forderte sie Bewährungsstrafen von zwei Jahren bzw.
einem Jahr und zehn Monaten. Die Staatsanwaltschaft verlangte für den
früheren Konzernbetriebsratsvorsitzenden Jürgen Ladberg und den einstigen Personalvorstand Dieter Droste Bewährungsstrafen von einem Jahr wegen Untreue bzw. Beihilfe zur Untreue. Die Verteidiger plädierten dagegen
ausnahmslos auf Freispruch [FAZ, 2004b].

Laut Hans-Reinhard Henke von der Düsseldorfer Staatsanwaltschaft sei die
größte Übernahme der europäischen Wirtschaftsgeschichte ein abgekartetes
Spiel gewesen. Klaus Esser und Joachim Funk sollen demnach ihre Zustimmung zur Übernahme durch Vodafone gegeben haben, da sie mit Geldzah-
lungen verbunden gewesen sei. Zwar habe dies nichts mit Korruption im

strafrechtlichen Sinne zu tun, könne aber unter dem allgemein gebräuchlichen Terminus der Käuflichkeit subsumiert werden. Somit hätten sich Esser und Funk die Zustimmung zur Übernahme abkaufen lassen. Josef Ackermann und die übrigen Mitglieder im Aufsichtsratsausschuss für Vorstandsangelegenheiten sollen den Millionenprämien in Kenntnis der Rechtswidrigkeit zugestimmt haben [Slodczyk, 2004].

Insgesamt dreht sich das Verfahren um rund 57 Millionen Euro. Die Summe teilt sich auf in Anerkennungsprämien und Pensionsabfindungen. Am Ende der Übernahmeschlacht zwischen Vodafone und Mannesmann wurde von Canning Fok, Chef des Mannesmann-Großaktionärs Hutchison, vorgeschlagen, Klaus Esser eine Prämie von umgerechnet 15,9 Millionen Euro zukommen zu lassen. Auf diese Weise wollte sich Fok offensichtlich für die extreme Wertsteigerung der Hutchison-Anteile innerhalb weniger Wochen erkenntlich zeigen. Das war der Startpunkt für eine Reihe umstrittener Beschlüsse des Aufsichtsratspräsidiums, die Esser und anderen Managern Prämien einbrachten. Pensionäre bei Mannesmann bekamen entweder eine Festpension, die sich nach dem letzten Gehalt richtete, oder eine Alternativpension, die sich am Einkommen der aktiven Vorstände orientierte und höher war [Slodczyk, 2004].

Nach Ansicht der Ankläger waren alle Angeklagten an rechtswidrigen Entscheidungen für die Auszahlung von Millionen-Prämien beteiligt. Durch die Prämienauszahlung sei dem Mannesmann-Konzern insgesamt ein Schaden in Höhe von fast 27 Millionen Euro entstanden. Beispielsweise habe sich Esser für jeden seiner zehn Monate als Vorstandsvorsitzender ein zusätzliches Jahresgehalt in Höhe von rund drei Millionen Euro ausgezahlt. Ein solches Handeln stehe im Widerspruch zu seinen Treuepflichten. Die Beschlüsse, die zur Auszahlung der Millionen-Prämien bei Mannesmann geführt hätten, seien gravierende aktienrechtliche Pflichtverletzungen gewesen. Ein Firmeninteresse Mannesmanns sei weder bei der Auszahlung von Anerkennungsprämien noch bei der Abfindung von Pensionsansprüchen erkennbar gewesen. Das fehlende Unternehmensinteresse bedinge nach Aussagen der Staatsanwaltschaft allein einen strafrechtlich relevanten Pflichtverstoß [Pfeil, 2004]. Josef Ackermann wurde aufgrund der Mitgenehmigung der Millionenprämien als Mannesmann-Aufsichtsratmitglied ebenfalls eine gravierende Pflichtverletzung vorgeworfen. Die Angeklagten hätten Untreue begangen, da sie das ihnen anvertraute fremde Vermögen und die ihnen eingeräumte Macht vorsätzlich missbraucht hätten [FAZ, 2004b].

6.7.2.2 Sicht der beteiligten Personen

Klaus Esser hegte keinen Zweifel daran, dass die Prämie, die er nach der Transaktion mit Vodafone erhalten hatte, leistungsgerecht war [Frenkel, 2004]. Seiner Meinung nach hätte die Erfolgsprämie in Höhe von 15,9 Millionen Euro noch höher ausfallen können. Vor Gericht betonte Esser, dass bei der Bezahlung von Managern in Deutschland Prämien von einem Prozent oder mehr üblich seien und die an ihn gezahlte Prämie nur 0,02 Prozent der von den Aktionären erzielten Wertsteigerung betrage. Den Vorschlag für die Prämie Essers machte der Manager des Mannesmann-Großaktionärs Hutchison Wamphoa Canning Fok. In einer Video-Vernehmung Düsseldorf-Hongkong betonte dieser mehrfach, dass die Prämie nicht als Bestechung gedacht gewesen sei. Angeblich wurde beabsichtigt, damit die außerordentlichen Verdienste von Klaus Esser zu würdigen [FAZ, 2004b].

Von der Staatsanwaltschaft Düsseldorf wurde Esser immer wieder Käuflichkeit vorgeworfen. In der Anklage hieß es, Esser sei bereits am 31. Januar 2000, unmittelbar bevor er seinen Widerstand gegen die Übernahme aufgab, mit dem Aufsichtsratsvorsitzenden Joachim Funk übereingekommen, sich auf Kosten der Mannesmann AG unrechtmäßig zu bereichern. Der einzige Grund für die Bonuszahlungen an die Manager sei die Befürwortung einer freundlichen Übernahme gewesen [FAZ, 2004b]. Nach Ackermanns Worten seien jedoch „nachträgliche freiwillige Zahlungen" zum Abschied von Topmanagern in der Praxis üblich. Im Volksmund werden solche Zahlungen meist „goldener Fallschirm" oder „goldener Handschlag" genannt [Jahn, 2004].

Ex-Vodafone-Vorstandsvorsitzender Chris Gent machte sein Unternehmen durch zahlreiche Übernahmen zum weltgrößten Mobilfunkkonzern. In der größten Übernahmeschlacht der Wirtschaftsgeschichte sicherte er sich für 178 Milliarden Euro auch das Sagen beim Mannesmann-Konzern. Für seinen unterlegenen Gegenspieler Klaus Esser hatte er vor Gericht größenteils nur gute Worte. Es tue ihm leid, dass Esser Gegenstand so viel ungerechtfertigten Verdachts und ungerechtfertigter Kritik sei. Eine weitere Beschäftigung Essers bei Vodafone lehnte er jedoch kategorisch ab und stimmte stattdessen der Millionenprämie zu. Vor Gericht sagte er, dass letztendlich Vodafone das Geld bezahlt hätte [FAZ, 2004b].

Joachim Funk schien unter der Niederlage des Konzerns im Übernahmekampf gelitten zu haben. Er beschuldigte Chris Gent, mit der Übernahme ein großes deutsches Unternehmen zerstört zu haben. Jedoch hinderte ihn dies nicht daran, für sich selbst nach der Kapitulation von Mannesmann eine Erfolgsprämie in Höhe von rund viereinhalb Millionen Euro zu fordern, von der er letztlich immerhin drei Millionen Euro erhielt [FAZ, 2004b].

Der frühere IG Metall-Vorstandsvorsitzende Klaus Zwickel spielte im Mannesmann-Skandal von Beginn an eine unglückliche Rolle. Nachdem er zunächst leugnete, über die Millionenprämie informiert gewesen zu sein, räumte er später ein, sie als Aufsichtsratsmitglied zwar nicht gebilligt, aber durch seine Stimmenthaltung erst möglich gemacht zu haben. Im Prozess betonte er, in seinem Leben zwar viele Kompromisse gemacht haben zu müssen, sei aber nie käuflich gewesen [FAZ, 2004b].

6.7.2.3 Reaktionen aus der Öffentlichkeit

Das Verhalten der Manager im Mannesmann-Prozess hat dem Ansehen der Wirtschaft außerordentlich geschadet. Neben den hohen Beträgen, um die es ging, wirft vor allem die Art und Weise, wie sich die Freigesprochenen hinter den Kulissen Millionenbeträge zugeschustert haben, kein gutes Licht auf die Top-Manager. Für die Bevölkerung ist es völlig unverständlich, dass die Manager für dieses „Absahnen" nicht zur Rechenschaft gezogen werden. Bereits Wochen vor der Urteilsverkündung zeigt sich die Öffentlichkeit empört. Die Freigesprochenen dagegen haben strahlend das Gericht verlassen. In der öffentlichen Wahrnehmung steht das Mannesmann-Verfahren stellvertretend für die Frage der moralischen Integrität von Managern [Peitsmeier, 2004].

Die renommierten Jura-Professoren Marcus Lutter aus Bonn und Wolfgang
Zöllner aus Tübingen vertreten die Ansicht, dass das Handeln der Angeklagten nicht nur moralisch höchst fragwürdig, sondern auch aktienrechtlich unzulässig und rechtswidrig gewesen sei. Sie sehen in den Prämien „un-
zulässige Geschenke" aus der Kasse der Gesellschaft, die zudem in ihrer, mit
dem „Lebenseinkommen" eines Spitzenmanagers vergleichbaren Höhe, von
unangemessener Größe seien. Der Vertrag zwischen Esser und der Mannesmann AG habe keine Prämie für den Fall der Übernahme und einer
Kurssteigerung vorgesehen. Daher habe kein finanzieller Anspruch Essers
bestanden. Der Aufsichtsrat sei nicht befugt, Geschenke aus der Unterneh-
menskasse zu zahlen und ganz gewiss nicht an sich selbst. Ähnliches gelte
auch für die Prämie an Funk, der an deren Genehmigung selbst beteiligt
war [Handelsblatt, 2004a].

Während des gesamten Prozesses stand keiner so sehr im Zentrum des
öffentlichen Interesses und hat das Misstrauen der Bevölkerung auf sich
gezogen wie Josef Ackermann, der einflussreichste Vertreter der deutschen
Wirtschaft. Mit einem Victory-Zeichen in die Kameras der anwesenden
Journalisten löste er gleich am ersten Verhandlungstag einen Sturm der
Entrüstung aus [Peitsmeier, 2004]. Von den Freigesprochenen ist Ackermann
der einzige, der zumindest durch die Medien für sein Verhalten bestraft wurde. Sein Handzeichen wird ihn noch lange verfolgen, steht es doch von nun
an in der Öffentlichkeit symbolisch für die Abgehobenheit einer Manager-
generation, die jegliche Bodenhaftung verloren hat [Brunowsky, 2004].

Juristisch gesehen erscheint der Fall Mannesmann als Desaster, da die Staatsanwälte dem Urteil zufolge ihre Anklage nicht beweisen konnten. Neben
mangelhafter Vorbereitung wird ihnen offensichtlicher Übereifer vorgeworfen [Brunowsky, 2004].

6.7.2.4 Reaktionen aus Politik und Wirtschaft

Nach den Freisprüchen im Düsseldorfer Mannesmann-Prozess äußerten führende deutsche Politiker ihren Unmut über die Entscheidung. Der stellver-
tretende Vorsitzende der Sozialdemokratischen Partei Deutschlands (SPD)

und Bundestagspräsident Wolfgang Thierse rügte die „Selbstbedienung" bei Mannesmann als „schlicht unanständig". Nur weil diese rechtlich offenbar nicht geahndet werden könne, sei sie moralisch noch lange nicht zu rechtfertigen. Besonders empörend werde dieses Verhalten von Spitzenverdienern, wenn es mit Forderungen an die Arbeitnehmer nach weniger Lohn und längeren Arbeitszeiten einhergehe. Für die Freie Demokratische Partei (FDP) zeigt das Gerichtsverfahren die Schwächen im Zusammenspiel zwischen Vorstand, Gewerkschaften und Bankenvertretern. Nach Aussage des stellvertretenden FDP-Vorsitzenden Rainer Brüderle handle es sich nur um Freisprüche zweiter Klasse für die deutsche Unternehmensverfassung [Netzeitung, 2004b].

Deutsche Top-Manager werden von Politikern offenkundig zum Verzicht aufgefordert. Der Vorsitzende der Christlich-Demokratischen Arbeitnehmerschaft Hermann-Josef Arentz verlangt von Managern, dass diese mit gutem Beispiel vorgingen, wenn sie von den Arbeitnehmern Opfer verlangten. Nach Meinung des SPD-Wirtschaftsexperten Rainer Wend hätten die Angeklagten im Mannesmann-Prozess dem Land einen schlechten Dienst erwiesen. Der Vorstandsvorsitzende der Deutschen Bank AG Josef Ackermann sei mit Arroganz und Anmaßung vor Gericht aufgetreten. Der Politiker regt an, Manager zivilrechtlich stärker für fehlerhaftes Verhalten in Verantwortung zu ziehen. Bei Managern müsse die Hemmschwelle erhöht werden, Schadenersatzpflicht auszulösen [Netzeitung, 2004c].

Der Freispruch der Angeklagten stößt auch bei den Gewerkschaften auf Kritik. Dietmar Hexel, Vorstandsmitglied des Deutschen Gewerkschaftsbundes (DGB), ist der Ansicht, dass die Entscheidung für Aufsichtsräte eine Lehre sein sollte. Durch den Prozess werde die ethische Frage nach Leistung und angemessener Bezahlung ins Scheinwerferlicht gerückt. Nach Hexel habe letztlich die Gier der Manager vor Gericht gestanden. Insbesondere übte der Gewerkschafter scharfe Kritik an den Managergehältern. Diese hätten inzwischen Schwindel erregende Höhen erreicht und seien gesellschaftlich nicht mehr vermittelbar. Anstelle von Jahresgehältern in Höhe von zwei bis drei Millionen Euro seien neue ethisch akzeptable Größen für Vergütungen notwendig, die für alle transparent seien und auch von den Belegschaften akzeptiert werden könnten [Netzeitung, 2004b].

Der Hauptgeschäftsführer der Schutzvereinigung für Wertpapierbesitz (DSW) Ulrich Hocker vertritt die Meinung, dass die Millionengehälter in höherem Maße zu hinterfragen und entsprechend zu kürzen seinen. Die Beanspruchung exorbitanter Gehälter von einzelnen Managern ohne persönliches Risiko könne für den sozialen Frieden nicht förderlich sein. Es habe den Anschein, dass immer mehr Manager Gehälter auf amerikanischem Niveau bei deutscher Haftung erzielen wollten. Im Gegensatz zu den Vereinigten Staaten von Amerika (USA) werde in Deutschland allerdings kaum jemand für Fehler zur Verantwortung gezogen [Netzeitung, 2004c].

6.7.2.5 Fortsetzung des Prozesses

Mitte Oktober 2004 focht die Staatsanwaltschaft die Freisprüche im Mannesmann-Verfahren an. Sie reichte Revision gegen das Urteil vom 22. Juli ein. In einer rund hundert-seitigen Begründungsschrift wurde vor allem eine „fehlerhafte Anwendung" des Untreue-Tatbestands gerügt [Netzeitung, 2004e].

Anfang Dezember 2004 schloss sich die Düsseldorfer Generalstaatsanwaltschaft der Revision der Ankläger voll an. Damit kann der Mannesmann-Prozess vor dem Bundesgerichtshof neu aufgerollt werden und eine neue Runde im Prozess um die umstrittenen Bonuszahlungen bei der Übernahme von Mannesmann durch Vodafone beginnen. Zwar wurden die Angeklagten freigesprochen, jedoch hatte das Gericht die nach der Mannesmann-Übernahme gezahlten Millionenprämien als aktienrechtlich unzulässig, rechtswidrig und nicht im Unternehmensinteresse seiend kritisiert [Netzeitung, 2004a]. Nach Aussage des Sprechers der Düsseldorfer Generalstaatsanwaltschaft Heiko Manteuffel sei eine „gravierende Pflichtverletzung" für eine Verurteilung wegen Untreue nicht notwendig. Zudem könne sich Joachim Funk nicht auf einen unvermeidbaren Irrtum berufen, als er die Millionenprämie an sich selbst abgesegnet habe. Mit einer mündlichen Hauptverhandlung vor dem Bundesgerichtshof sei frühestens im zweiten Halbjahr 2005 zu rechnen [FAZ, 2004a].

6.7.2.6 Forderung nach Offenlegung von Manager-Gehältern

Der Mannesmann-Fall hat in Deutschland eine Diskussion um die Höhe von Manager-Gehältern entfacht.

Bundesjustizministerin Brigitte Zypries warnte vor einer „Neiddebatte" bei der Gehälter-Diskussion. Zugleich drohte sie mit einem Gesetz zur Offenlegung von Manager-Gehältern. Zwar ziehe sie grundsätzlich eine freiwillige Selbstverpflichtung der Wirtschaft einem Gesetz vor, jedoch müsse sich in den Vorständen die Erkenntnis durchsetzen, dass ethisch moralische Grundsätze der Überbau für unternehmerische Entscheidungen seien [Tagesspiegel, 2004].

Anfang 2002 wurde von der Cromme-Kommission der Deutsche Corporate Governance Kodex für börsennotierte Unternehmen vorgelegt. Darin wird unter anderem die Offenlegung der einzelnen Gehälter des Vorstands empfohlen. Bei dem Kodex zur guten Unternehmensführung handelt es sich nicht um bindende Vorschriften, sondern um eine Selbstverpflichtung der Unternehmen, bei der Abweichungen durchaus möglich sind. Zypries drohte mit einer gesetzlichen Regelung, sollte bis spätestens Sommer 2005 nicht deutlich mehr DAX-Unternehmen der Selbstverpflichtung nachkommen und ihre Vorstandsgehälter offen legen. Zugleich sprach sich die Ministerin gegen eine gesetzliche Höchstbegrenzung von Manager-Gehältern aus. Sie schlägt eine Erweiterung der Formulierung zu Manager-Vergütungen im Kodex vor. Es sei überlegenswert, die Bezüge eines Vorstands nicht nur mit der Entwicklung der Aktie zu verknüpfen, sondern auch die Lohnentwicklung im jeweiligen Unternehmen zu berücksichtigen. Damit könne vermieden werden, dass das Einkommen der Arbeitnehmer sinke, während das der Vorstände steige [Tagesspiegel, 2004].

6.7.3 Ethische Betrachtung des Mannesmann-Falles

Der Mannesmann-Skandal hat eine nie da gewesene Diskussion über die ethischen und moralischen Pflichten der Entscheidungsträger in Unternehmen und eine Forderungswelle nach vorbildlichem Verhalten ausgelöst. Der

Philosoph Immanuel Kant definiert in seinem kategorischen Imperativ den Begriff Pflicht als das Ergebnis, der eigenen Vernunft Folge zu leisten. Pflicht solle das Motiv für das Handeln sein, nicht die Freude oder Ähnliches. Das hauptsächlich vom Drang nach Selbstbereicherung geprägte Verhalten der an der Mannesmann-Affäre beteiligten Personen steht in einem krassen Widerspruch zum unbedingten ethischen Gebot Kants, so zu handeln, dass die Maxime des Willens jederzeit zugleich als Prinzip einer allgemeinen Gesetzgebung gelten könne [Kant, 1974].

Die Angeklagten im Mannesmann-Prozess haben wenig sensiblen Umgang mit Millionensummen gezeigt. Nicht nur in Zeiten knapper Kassen und schwieriger wirtschaftlicher Verhältnisse müssen Top-Manager Moral beweisen und Maß halten. Manager haben keinen Freibrief für hemmungsloses Selbstbedienen in den Chefetagen. Es muss ein Umdenken der Top-Manager einsetzen, damit der Prozess mehr war als Zeit- und Geldverschwendung [Handelsblatt, 2004b].

Nach Meinung der prozessleitenden Richterin Brigitte Koppenhöfer sei das Gericht nicht dafür zuständig, unternehmerische Entscheidungen moralisch oder ethisch zu beurteilen oder die deutsche Unternehmenskultur zu bewerten. Die Wirtschaftsstrafkammer sei kein Scherbengericht für die deutsche Wirtschaft, sondern habe die Aufgabe, Straftaten zu beurteilen. Da die Strafkammer des Düsseldorfer Landgerichts die Untreue-Vorwürfe gegen frühere Aufsichtsräte und Manager als nicht erwiesen angesehen habe, sei das deutsche Strafrecht zu Gunsten der Angeklagten ausgelegt worden [Netzeitung, 2004d].

Der freigesprochene Klaus Esser arbeitet heute, nach seiner in Millionenhöhe abgefundenen Niederlage im Übernahmekampf mit Vodafone, als Partner in der amerikanischen Wagniskapital-Gesellschaft General Atlantic [FAZ, 2004b]. Für die Öffentlichkeit erscheint es schwer nachvollziehbar, dass Personen wie Esser nach skandalösen Veruntreuungsaffären zum einen unbestraft davon kommen und zum anderen in der Wirtschaft wieder in hohen Positionen Fuß fassen können. Solche Ereignisse vergrößern die Klufft zwischen abgehobenen Managern und normalen Arbeitnehmern.

Josef Ackermann gab während des Prozesses zu Protokoll, dass Deutschland das einzige Land sei, in dem diejenigen, die Erfolg hätten und Werte schüfen, vor Gericht stünden [Slodczyk, 2004]. In diesem Zusammenhang stellt sich die Frage, welche Werte von Ackermann und seinen Mitange-klagten angeblich geschaffen wurden. Anscheinend unterscheiden sich hier die Wertevorstellungen der Top-Manager erheblich von denen, die von der Öffentlichkeit geschätzt und vertreten werden. Mit Anstand, Moral und Gerechtigkeit lassen sich die Handlungen der angeklagten Manager jeden-falls nicht begründen. Insbesondere Ackermann gab mit seinem Victory-Handzeichen gegenüber der Bevölkerung deutlich die Arroganz der Macht zum Ausdruck.

Wenn Manager und Führungskräfte wesentliche ethische Prinzipien wie Ehr-lichkeit, Fairness, Respekt, Mitgefühl und Integrität selbst nicht vorleben, fällt es schwer, diese Werte und Tugenden glaubhaft gegenüber ihren Mit-arbeitern und Kollegen zu vertreten und ethisch verantwortungsvolles Ver-halten von ihnen zu fordern.

Bei Millionenzahlungen öffentlicher Unternehmen geht es nicht nur um das Berufsbild des Managers, sondern um die Akzeptanz des ganzen Wirt-schaftssystems. Darum ist es nicht unerheblich, was der so genannte „kleine Mann" denkt. Es stellt sich die Frage, wie ein Arbeiter motiviert seine Tätig-keit verrichten kann, wenn er befürchten muss, dass sein Vorgesetzter bei der nächst besten Gelegenheit dem Unternehmen den Rücken kehrt, nicht ohne sich vorher einen durch den Aufsichtsrat genehmigten tiefen Griff in die Kasse zu gestatten.

Entscheidungen über die Auszahlung von Millionen-Prämien wie im Fall Klaus Esser müssen auf allen Ebenen transparent ablaufen, um einen mög-lichst breiten Konsens in der Öffentlichkeit herzustellen. Von einer Prämie dieser Größenordnung sind nicht nur Aufsichtsrat und Aktionäre betroffen, sondern auch Mitarbeiter, Lieferanten und Kunden. Eine ungerechtfertigte Bereicherung im ethischen Sinne kann nur vorliegen, wenn nicht alle Betrof-fenen informiert sind. Aus diesem Grund ist die Zustimmung der Öffentlich-keit, insbesondere bei öffentlichen Unternehmen wie Aktiengesellschaften, ethisch sehr wichtig. Im Fall Mannesmann gab es keinen vollständig offenen Dialog außerhalb des Aufsichtsrats. Dies ist keineswegs vertrauensfördernd.

Auch wenn die Prämienzahlung als eine Abfindung für Arbeitsplatz- und Reputationsverlust gedacht war, erscheint eine Zahlung von 30 Millionen Euro völlig überhöht. Top-Manager müssen sich vor ihrem Ausscheiden aus dem Unternehmen bzw. der Niederlegung ihres Amtes die Frage stellen, wieviel Aufschlag moralisch zu rechtfertigen ist.

Das Aktienrecht lässt einen großen Ermessensspielraum für Vergütungen und Abfindungen. Es gibt keine zahlenmäßig feststehende Grenze. Die Bezüge müssen lediglich im angemessenen Verhältnis zu den Aufgaben der Manager und zur Lage der Gesellschaft stehen. Da das Gesetz nichts darüber aussagt, was genau unter „angemessen" zu verstehen ist, beschäftigt sich die aktuelle Debatte über Corporate Governance unter anderem mit diesem Thema [Brost et al. , 2003].

Bei einer Umfrage des Handelsblattes unter 866 deutschen Managern waren sich 85 Prozent der Befragten einig, die Prämien im Fall Mannesmann seien zu hoch gewesen. Diese Erkenntnis ist auch in den Verhaltenskodex für börsennotierte Unternehmen eingeflossen. Dort wird für leistungsbezogene Managerbezüge aus Aktienoptionen ein Deckel gefordert, insbesondere bei Fällen mit außerordentlicher und nicht vorhergesehener Entwicklung. Auf diese Weise soll vermieden werden, dass Manager wegen Ereignisse, die mit ihrer eigenen Leistung nichts zu tun haben, hohe Summen erhalten. Diese Regelung kann auch auf ein Übernahmeangebot bezogen werden. Im Mannesmann-Fall ist es ökonomisch wenig sinnvoll, eine fehlgeschlagene, mehrere Millionen Euro teure Kampagne zum Erhalt der Selbständigkeit auch noch mit 30 Millionen Euro zu prämieren [Brost et al. , 2003].

Joachim Funk war als Mitglied des vierköpfigen Ausschusses für Vorstandsangelegenheiten indirekt in der Lage, seine eigene Pension zu erhöhen. Ein derartiger Interessenkonflikt würde nach den Regeln des heute geltenden Corporate Governance Kodexes zu einem Bericht an die Hauptversammlung oder sogar zum Rücktritt des Aufsichtsratsvorsitzenden führen. Die wichtigste Lehre aus dem Fall Mannesmann ist wohl, dass solche schnell in kleinen Gremien getroffenen Beschlüsse durch saubere, von den Aktionären auf einer Hauptversammlung abzusegnenden, Entscheidungen ersetzt werden. Allerdings ist dies im Kodex noch zu verankern [Brost et al. , 2003].

Kapitel 7

Global Compact

Angesichts der fortschreitenden Globalisierung können Staaten und Volkswirtschaften nur dann funktionieren und die freien Märkte aufrecht erhalten, wenn eine gemeinsame Werteordnung, globale Solidarität und wirksame Institutionen zugrunde liegen. Daher wurde mit dem „Global Compact" vom Generalsekretär der Vereinten Nationen Kofi A. Annan eine Initiative zur sozial- und umweltverträglichen Gestaltung der Globalisierung ins Leben gerufen.

7.1 Entstehung und Ziel des Global Compact

Der Global Compact wurde am 31. Januar 1999 vom UN-Generalsekretär Annan anlässlich des Weltwirtschaftsforums in Davos erstmals vorgeschlagen. Er fordert von den Wirtschaftsführern der Welt mehr Engagement im Aufbau sozialer und ökologischer Eckpfeiler und damit zur Abstützung der globalen Wirtschaft. Weiterhin soll dafür gesorgt werden, dass die Globalisierung allen Menschen dieser Erde zugute kommt [Peterlik, 2001b].

Der Vorschlag des Generalsekretärs erzeugte positive Resonanz. Am 26. Juli 2000 wurde der Global Compact formell etabliert und somit die operative Phase eingeleitet. Hierzu trafen unter dem Vorsitz Annans globale Entscheidungsträger von rund 50 Großunternehmen und führende Vertreter von Arbeitnehmer-, Menschenrechts-, Umwelt- und Entwicklungsorganisationen zusammen [Emagazine, 2001].

Im Juni 2004 wurde auf einem Gipfeltreffen in New York von Annan bekannt gegeben, dass die ursprünglichen neun Grundsätze des Global Compact durch ein Prinzip zur Bekämpfung von Korruption ergänzt werden
[GTZ, 2004b].

Mit der Idee eines weltumspannenden Paktes wird das Ziel verfolgt, für Menschenrechte, Arbeit, Umwelt und Korruptionsbekämpfung ein vorbildliches
Handeln von Unternehmen anzuregen und einen entsprechenden Lernprozess zu fördern. Der Global Compact ist ein von den Vereinten Nationen
initiiertes Forum. Er bietet die Grundlage für einen strukturierten Dialog
zwischen der Organisation der Vereinten Nationen (UNO), der Wirtschaft,
den Arbeitnehmern und der Zivilgesellschaft. Der Global Compact soll das
unternehmerische Handeln im sozialen und ökologischen Bereich verbessern.
Die internationalen Wirtschaftsführer sind aufgefordert, die im Global Compact definierten Prinzipien in ihrer unternehmerischen Praxis umzusetzen
[Emagazine, 2001]. Mit einem Minimum an Formalitäten und ohne starre
bürokratische Strukturen ist der weltweite Pakt ein einzigartiges Forum des
Dialogs und des Lernens [Peterlik, 2001b].

7.2   Konzept des Global Compact

Der Global Compact ist weder ein ordnungspolitisches Instrument noch ein
Verhaltenskodex, sondern stellt eine unverbindliche Richtschnur dar. Er ist
eine werteorientierte Plattform zur Förderung institutionellen Lernens. Der
Pakt zeigt bewährte und weltweit gültige universelle Verhaltensweisen und
Grundprinzipien, so genannte „Good Practices", und verfolgt deren Verbrei-
tung. Dabei wird die Macht der Transparenz und des Dialogs ausgenutzt
[Peterlik, 2001b].

Der Pakt umfasst zehn Prinzipien, die sich aus der Allgemeinen Erklärung
der Menschenrechte, der Erklärung über die grundlegenden Prinzipien und
Rechte bei der Arbeit der Internationalen Arbeitsorganisation (ILO) und
den Grundsätzen der Erklärung von Rio zur Umwelt und Entwicklung ableiten [Peterlik, 2001b].

Viele internationale Unternehmen sind bereits dem Aufruf von Generalsekretär Annan gefolgt. Zu den Unternehmen, die sich zur Einhaltung der
ethischen, sozialen und ökologischen Regeln verpflichtet haben, zählen zum
Beispiel DaimlerChrysler, Deutsche Bank, BASF, Bayer, Unilever, Nike,
Royal Dutch Shell, BP Amoco, UBS und die Credit Suisse Group. Motivation zur Teilnahme am Global Compact ist auch die Erkenntnis, dass es
geschäftspolitisch immer sinnvoller wird, universelle Prinzipien und Werte
als Bestandteile der eigenen Strategien einzubringen [Peterlik, 2001a].

Am Global Compact können Unternehmen teilnehmen, die sich schriftlich
den Zielen des Paktes verpflichten und einmal jährlich ein gelungenes Beispiel für die Umsetzung eines der Ziele veröffentlichen. Des Weiteren muss
die Bereitschaft vorhanden sein, die Prinzipien des Paktes in die Unterneh-
mensphiliosophie zu integrieren sowie in konkreten Projekten strategische
Partnerschaften mit den Vereinten Nationen zu entwickeln. Zudem haben
die Unternehmen sowohl ihre Mitarbeiter als auch ihre Aktionäre über die
Ziele des Global Compakt zu informieren. Nach schriftlicher Genehmigung
dürfen die beteiligten Unternehmen das Logo der Vereinten Nationen im
Rahmen der Zusammenarbeit verwenden. Zuvor war eine kommerzielle Nutzung des UN-Logos strikt ausgeschlossen [Neidlein, 2002].

Die beteiligten Unternehmen verpflichten sich, Belege für ihr Engagement
im Global Compact auf einer Internetseite (www.unglobalcompact.org) zu
veröffentlichen, um Nichtregierungsorganisationen und der interessierten Öffentlichkeit Gelegenheit zur Stellungnahme zu geben und nachahmenswerte
Beispiele für andere Firmen zu liefern [Auswärtiges-Amt, 2005]. Bei diesen veröffentlichten Umsetzungs- oder Projektberichten handelt es sich beispielsweise um die von Aventis übernommene Partnerschaft mit der WHO,
um in Südafrika die Schlafkrankheit zu bekämpfen. DaimlerChrysler be-
richtet über die Bemühungen beim Kampf gegen Aids, Shell stellt das Bio-
Region-Projekt Weeribee im Großraum Melbourne vor, Nike die verbesserte
medizinische Betreuung von Arbeitern in Thailand und BMW sucht nach
sauberer Energie [Neidlein, 2002].

Die deutsche Bundesregierung unterstützt nachdrücklich die Ziele des Global Compact. Sie wirbt in der deutschen Wirtschaft für eine vermehrte

Teilnahme an dieser Initiative. In Abstimmung mit dem Bundesministerium für wirtschaftliche Zusammenarbeit und Entwicklung (BMZ) und dem
Auswärtigen Amt wurde 2001 von der Gesellschaft für Technische Zusammenarbeit (GTZ) eine Kontaktstelle in Berlin eingerichtet. Das Verbin-
dungsbüro koordiniert das „Deutsche Global Compact Netzwerk", in dem
sich Unternehmen, Ministerien und wissenschaftliche Einrichtungen enga-
gieren [GTZ, 2004a].

7.3   Grundsätze des Global Compact

Der Global Compact umfasst die folgenden zehn Grundsätze zu den The-
menbereichen Menschenrechte, Arbeitsnormen, Umweltschutz und Korruptionsbekämpfung:

Menschenrechte

- Unterstützung und Respektierung der internationalen Menschenrechte
  im eigenen Einflussbereich

- Sicherstellung, dass sich das eigene Unternehmen nicht an Menschrechts-
  verletzungen beteiligt

Arbeitsnormen

- Wahrung der Vereinigungsfreiheit und wirksame Anerkennung des
  Rechts zu Kollektivverhandlungen

- Abschaffung jeder Art von Zwangsarbeit

- Abschaffung der Kinderarbeit

- Beseitigung von Diskriminierung bei Anstellung und Beschäftigung

Umweltschutz

- Unterstützung eines vorsorgenden Ansatzes im Umgang mit Umwelt-
  problemen

- Ergreifung von Schritten zur Förderung einer größeren Verantwortung gegenüber der Umwelt

- Hinwirkung auf die Entwicklung und Verbreitung umweltfreundlicher Technologien

Korruptionsbekämpfung

- Unternehmen sollen gegen alle Arten der Korruption eintreten, einschließlich Erpressung und Bestechung.

7.4 Kritische Betrachtung des Global Compact

Mit der Umsetzung des Global Compact wird durch die UN der Versuch unternommen, multinationale Konzerne verstärkt in die soziale Pflicht zu nehmen, Erfahrungsaustausch und „Best Practice"-Beispiele zu fördern sowie die Akzeptanz der Vereinten Nationen seitens der Wirtschaft zu stärken. Allerdings wird die Einhaltung der vereinbarten Regeln nicht überprüft und es werden keine unabhängigen Beobachter angehört [Neidlein, 2002].

Daher trifft die Kritik am Global Compact vor allem seine Unverbindlichkeit und die fehlende Kontrolle. Beispielsweise wird von der amerikanischen Nichtregierungsorganisation „CorpWatch" vorgeworfen, dass einzelne Unternehmen trotz flagranter Prinzipienverstöße Mitglieder des Global Compact bleiben dürfen. Dadurch wird die Glaubwürdigkeit des gesamten Projektes in Frage gestellt und die Integrität der Vereinten Nationen verringert [Strohscheidt & John, 2002].

Der ehemalige Generalsekretär von Amnesty International Pierre Sané mahnte bereits bei der formellen Etablierung des Global Compact im Juli 2000 an, die Effektivität und Glaubwürdigkeit der Initiative Annans durch folgende drei Grundsätze zu stärken [Strohscheidt & John, 2002]:

1. Die teilnehmenden Unternehmen haben öffentlich zu erklären, dass sie unabhängige Überprüfungen akzeptieren.

2. Die Ergebnisse dieser Kontrollen müssen öffentlich zugänglich sein.

3. Es ist ein Sanktionssystem zu erarbeiten, welches sicherstellt, dass Unternehmen, die gegen die aufgestellten Prinzipien verstoßen, nicht weiter vom Global Compact profitieren.

Des Weiteren wurde von Amnesty International auf die Gefahr einer selektiven Anwendung des Paktes hingewiesen. Zur Erreichung der verfolgten Ziele ist es allerdings notwendig, dass sich die Unternehmen allen zehn Prinzipien gleichermaßen verpflichtet fühlen. Kritiker befürchten, dass einige Unternehmen den Global Compact als „einfache Lösung" wählen und es bei einer verbalen Unterstützung der allgemein gehaltenen Prinzipien belassen. Auch wird die Gefahr eines Akzeptanz- und Einflussverlustes anderer konkreterer Richtlinien gesehen [Strohscheidt & John, 2002].

Als Reaktion auf die öffentliche Kritik wurde im Januar 2002 ein „Advisory Council" des Global Compact etabliert, dessen Aufgabe u.a. die Erarbeitung von Mindeststandards und Kriterien für einen möglichen Ausschluss von Unternehmen ist, welche nachweislich gegen die Prinzipien des Paktes verstoßen haben [Strohscheidt & John, 2002].

7.5   Bestandsaufnahme und Ausblick

Bis Ende 2004 haben sich weltweit über 2000 Unternehmen schriftlich den Prinzipien des Global Compact verpflichtet. Somit stellt die Initiative das bedeutendste Business-Netzwerk für eine nachhaltige Globalisierung dar. Von Anfang an zählen verantwortungsbewusste deutsche Unternehmen zu den Mitgliedern. Diese präsentieren aktuell erstmalig in einem Jahrbuch gemeinsam zentrale Themen, Projekte und Visionen [Scherer, 2005].

Inwieweit der Global Compact sein Ziel erreichen kann und ein glaubwürdiges, nachprüfbares Instrument zur Förderung und Durchsetzung von Menschen- und Arbeitsrechten, Umweltstandards sowie Korruptionsbekämpfung wird, hängt neben der Formulierung klarer Beitrittsbedingungen insbesondere davon ab, ob wirksame Kontrollmechanismen und Sanktionen gegen diejenigen Mitglieder durchgesetzt werden, die gegen die zehn Prinzipien verstoßen.

Kapitel 8

Resümee

Die bisherigen Ausführungen haben gezeigt, dass das Thema Unternehmensethik weiterhin aktuell ist und jedem Unternehmen empfohlen wird, sich
intensiv mit der Problematik auseinander zu setzen. Nachfolgend werden
die wesentlichen Inhalte dieser Ausarbeitung zusammengefasst.

Die Unternehmensethik beschäftigt sich mit Zielen, Werten, Normen und
Folgen des betrieblichen Handels und erarbeitet Vorschläge für ein reflektiertes, sachgerechtes, menschenbezogenes und gesellschaftsverträgliches betriebliches Wirtschaften. Sie versucht, die moralischen Normen und Ideale unter den Bedingungen der modernen Wirtschaft und Gesellschaft vom
Unternehmen nach außen hin geltend zu machen. Es wird das Verhältnis
von Moral und Gewinn in der Unternehmensführung thematisiert und eine
Vereinbarung zwischen ökonomischen und ethischen Zielen angestrebt. Unternehmensethik beeinflusst eine Unternehmung ganzheitlich und schließt
diese als Komplex ein. Sie ist eng mit der Führungsethik verbunden. Allerdings umfasst sie mehr als nur die Definition eines individuellen Ethos
einer Führungskraft. Für eine unternehmensinterne Ethik ist es von beson-
derer Bedeutung, dass sie für alle am Unternehmen beteiligte Personen gilt
und von sämtlichen Betroffenen mitgestaltet wird. Zum Themengebiet sind
all diejenigen Bereiche dazuzurechnen, welche die Innen- und Außenbeziehungen betreffen. Die Unternehmensethik verfolgt unterschiedliche Ziele,
wie z.B. Gemeinschaftsbewusstsein, Corporate Identity, Festigung im Berufsalltag, Kollegialität, Kommunikationsunterstützung, Kompetenz, Orientierungshilfe, Sensibilisierung, Stärkung des Verantwortungsgefühls und

Unterstützung beim Nachdenken über die Lebensführung.

Der Geltungsbereich von Unternehmensethik umfasst neben der Mitarbeiter- und Führungs- auch die Vorstands- und Aufsichtsratsebene. Sie ist daher zwischen Fragen der Wirtschaftsordnung und denen der Lebens- und Führungsgestaltung zu positionieren. Eine intensive Auseinandersetzung mit dem Sinn der Unternehmensethik als Wissenschaftsdisziplin hat gezeigt, dass es keine Patentlösung gibt. Es existiert eine Vielzahl von zum Teil konkurrierenden Konzeptionsansätzen. Die einzelnen Konzepte zeichnen sich durch unterschiedliche Niveaus bezüglich Reflexionsgrad, Argumentationstiefe, Praxisbezug und Anwendungsnähe aus. In dieser Ausarbeitung werden die Unternehmensethikansätze von Karl Homann, Horst Steinmann und Peter Ulrich vorgestellt. Die Konzeptionen sind recht abstrakt, da jeweils mit idealen Voraussetzungen gearbeitet wird. Homann geht von einer idealen Rahmenordnung aus, Steinmann von einem idealen Diskurs und Ulrich vom Ideal der sozialen ökonomischen Vernunft. Die drei Ansätze streben jeweils auf eigene Weise danach, das gemeinschaftsdienliche und gesamtverantwortliche betriebliche Wirtschaften zu fördern. Sie bezwecken, das Management im Umgang mit moralischen Konflikten und Herausforderungen sowie bei der praktischen Umsetzung von ethischen Inhalten zu unterstützen. Das Unternehmensethikkonzept von Peter Ulrich weist insgesamt betrachtet deutlich weniger berechtigte Kritikpunkte auf als die Ansätze von Homann und Steinmann.

Eine ethische Reflexion und Theorienbildung muss sich im Tun bewähren. Der Unternehmensführung stehen unterschiedliche Wege offen, um ethische Inhalte und Anliegen zu bewussten Teilen des Arbeitsalltages werden zu lassen. Ethische Überlegungen können erst einsetzen, nachdem Probleme und Situationen als ethikhaltig wahrgenommen wurden. Der Anstoß für solche Überlegungen wird oftmals von Konflikten gegeben. Diese lähmen ein ziel- und zukunftsbezogenes Handeln so lange, bis Entscheidungen getroffen werden, die einer intensiven ethischen Reflexion bedürfen. Unternehmen haben im Gegensatz zu Menschen kein Gewissen, mit dem Handlungen zu vereinbaren sind. Als Institutionen haben sie jedoch diesbezüglich einen Rechtfertigungsbedarf gegenüber der Öffentlichkeit. Deshalb reichen moralische Appelle allein nicht aus, um sie zu einer Beschäftigung mit dem

Thema Ethik zu bewegen. Oftmals lassen sich wirtschaftliche Institutionen erst dann sensibilisieren, wenn Markteinbußen oder Rechtsprozesse drohen, sie ihren Zweck und Auftrag gefährdet sehen oder das öffentliche Image Schaden leidet.

In Unternehmen existieren viele unterschiedliche Konfliktfelder, die Anlass für ethische Überlegungen geben. Moralische Dilemmasituationen entstehen beispielsweise bei Fragen bezüglich der Führung und Zusammenarbeit von Mitarbeitern, des Einhaltens von Umweltschutzbestimmungen, des Umgangs mit Kunden sowie Lieferanten und Wettbewerbern, der Vereinbarkeit von Familie und Beruf, des Produktqualitäts- und Kostenbewusstseins, der Arbeitssicherheit und des Einhaltens von Unternehmensleitlinien.

Wenn in einem Unternehmen Konflikte erst einmal bewusst gemacht worden sind, müssen diese aufgegriffen und in einem Diskurs mit allen Beteiligten nach ethisch begründeten Kriterien und Maßstäben gesucht werden. Die Entscheidungen in Organisationen berühren die Wertvorstellungen verschiedener Anspruchsgruppen und betreffen das Wohl vieler Menschen. Daher ist es für die Bewältigung moralischer Konflikte in Institutionen nicht ausreichend, die Lösung dem Gewissen einzelner Betroffenen zu überlassen. Dieses könnte außerdem dazu führen, dass Opportunismus zur vorherrschenden institutionellen Haltung wird.

Opportunistisch denkende Personen handeln unethisch, da sie sich nur gegenüber ihrem eigenen Gewissen verantwortlich fühlen. In Organisationen besteht insbesondere dann die Gefahr von unethischem und kriminellem Handeln, wenn Mitarbeiter desillusioniert sind oder sich durch Führungskräfte und Kollegen zu stark unter Druck gesetzt fühlen. Außerdem tritt unmoralisches Verhalten dann auf, wenn sich die Mitarbeiter zu sehr mit Vorgesetzten bzw. dem Unternehmen identifizieren oder das Gefühl haben, durch Hinweise oder Handlungsverweigerungen nichts ausrichten zu können. Unethische Mitarbeiteraktivitäten erfolgen meist nicht durch Sabotage, Auflehnung oder Ungehorsam, sondern durch übereifrige Einwilligung, beflissene Unterordnung, blinden Gehorsam und Furcht vor Entlassung oder Bestrafung. In moralischen Dilemmasituationen müssen sich die Betroffenen entscheiden, ob sie eher Selbstvorwürfe und Schuldgefühle oder berufliche

Nachteile und schmerzliche Sanktionen fürchten.

Die im Unternehmen herrschenden Verhaltensunsicherheiten können mit Hilfe von Sensibilisierungsdialogen schrittweise verringert werden. Negative Entwicklungen sind dadurch frühzeitig erkenn-, ergründ- und reflektierbar. Durch eine differenzierte Reflexion des gesellschaftlichen Unternehmensumfeldes eröffnet sich nicht nur für die Unternehmung, sondern auch für alle am Dialog beteiligten Personen die Möglichkeit zu proaktivem Handeln. Ethische Reflexion beginnt mit der Sensibilisierung dafür, dass bestimmte Situationen besondere Aufmerksamkeit und moralisches Aufwachen erfordern.

Nach Schaffung der nötigen Sensibilität ist die Frage zu beantworten, an welchen Werten und Maßstäben sich Unternehmen und Mitarbeiter orientieren und ausrichten sollen. Nach der Aufdeckung und Wahrnehmung von Defiziten müssen die ethisch relevanten Inhalte bestimmt und konkretisiert werden. Die für die Unternehmensethik wichtigen Gehalte sind für jeden Beteiligten fassbar zu machen. Werte müssen geklärt, Normen begründet und Haltungen verortet werden. Werte sind richtungsweisend und zielsetzend. Deren Klärung hat in einem mehrstufigen Prozess auf der Führungs- bzw. Unternehmensebene zu erfolgen. Häufig erscheinen Werte zu abstrakt und leiten nicht direkt zum Handeln hin. Dazu bedarf es spezifischer Prinzipien, Normen oder Regeln. Normen konkretisieren Verhaltensweisen, die von Unternehmen für wünschenswert gehalten werden. Sie dienen als Standards oder Maßstäbe und verleihen den Werten eine verbindliche Form. Auch regeln sie auf der sachlichen und zwischenmenschlichen Ebene die Entscheidungen und Handlungen der Mitglieder in Organisationen.

Nachdem fundamentale Werte geklärt und verbindliche Normen begründet wurden, muss ein Unternehmen seinen Mitarbeitern die erwünschten Tugenden und Grundhaltungen aufzeigen. Dafür sind die wichtigsten Haltungen zu konkretisieren und im Wertekosmos des Unternehmens zu verorten. Haltungen drücken die moralischen Überzeugungen und persönlichen Werte von Individuen aus. In ihnen finden sämtliche ethische Überlegungen ihre praktische Bewährung. Als Grundhaltungen bzw. -tugenden werden diejenigen Einstellungen bezeichnet, in denen Mitarbeiter die Basiswerte eines

Unternehmens als persönlich verpflichtende Orientierungen im Arbeitsalltag übernehmen und ausprägen. Zu den heutzutage geforderten grundlegenden Arbeits- und Führungstugenden zählen: Verantwortung, Loyalität, Glaubwürdigkeit, Weitblick, Kreativität, Kompetenz, Ordnungssinn, Kompromissfähigkeit, Einfühlungsvermögen und Risikobereitschaft. Da Unternehmenswerte situations- und zeitbedingt personifiziert werden, wirkt sich eine Veränderung interner Wertakzente auch auf die innere Haltung der Mitarbeiter aus.

Neben der Sensibilisierung und Konkretisierung von ethischem Verhalten ist dessen Festigung besonders wichtig. Einem Unternehmen stehen verschiedene Wege offen, auf die ethische Einstellung der Mitarbeiter einzuwirken. Beginnend bei der Personalauswahl und der Durchführung von Ethik-Trainingsmaßnahmen können Unternehmensleitlinien und ein Ethikkodex formuliert, ein Anreizsystem aufgebaut sowie eine ethikorientierte Unternehmenskultur entwickelt werden.

Bei der konkreten Gestaltung einer Unternehmenskultur geht es um die Erzeugung eines Klimas im Unternehmen, mit dem sich sowohl Mitarbeiter und Führungskräfte als auch Kunden und Geschäftspartner identifizieren können. Eine starke Unternehmenskultur stellt für das unternehmerische Handeln einen erfolgsprägenden Faktor dar. Sie erfüllt in einer Organisation die folgenden vier Aufgaben: Koordinations-, Integrations-, Identifikations- und Motivationsfunktion. Eine positive Kultur kann nicht einfach verordnet werden, sondern hat als Grundlage einer „Corporate Identity" in einem Wachstumsprozess zu entstehen. Da der Gestaltungsprozess einer Unternehmenskultur dynamisch ist, müssen die aufgebaute Kultur regelmäßig gepflegt und die eingeleiteten Ethikmaßnahmen kontrolliert werden.

Die Entwicklung einer Unternehmenskultur wird durch einen Leitbildprozess gefördert. Ethikkodizes und Leitsätze spielen bei der Einführung von ethischem Denken in Unternehmen eine wesentliche Rolle. Sie regen Mitarbeiter und Führungskräfte zum Nachdenken über die eigene Position, Wertvorstellung und Verhaltensnorm an und dienen ihnen zur Orientierung, Motivation und Legitimation. Verhaltenskodizes fallen in ihrem Aussehen, Inhalt, Anspruch, Umfang und ihrer Detailliertheit sehr unterschiedlich aus.

Mit Hilfe von Leitsätzen können Unternehmen aus eigener Initiative ihr Wertesystem beschreiben und kodifizieren.

Um in Unternehmen unmoralisches Verhalten dauerhaft einzudämmen, müssen organisatorisch-strukturelle Regelungen getroffen werden. Es besteht die Möglichkeit, entweder bestehende Strukturen umzugestalten oder neue Organisationsstrukturen einzuführen. Bei der Schaffung neuer zusätzlicher Strukturen werden spezielle Stellen, Abteilungen oder andere organisatorische Maßnahmen installiert. Innerhalb der Unternehmenshierarchie können organisatorische Formen wie beispielsweise Ethikdirektoren, Ethikbeauftragte, Ombudsmänner und eine Ethik-Hotline angesiedelt werden. Außerhalb der Hierarchie ist es möglich, eine Ethikkommission einzurichten. Auf diese Weise wird ein aktives Ethikmanagement betrieben.

Durch die Schaffung spezieller unternehmensinterner und -externer Strukturen haben die Betroffenen in moralischen Dilemmasituationen konkrete Ansprechpartner. Verbesserungsvorschläge können direkt gegenüber den betreffenden Entscheidungsträgern gemacht werden. Mit der Installation von Strukturen mit ethischem Auftrag werden im bestehenden Machtgefüge Impulse für neues moralisches Denken gesetzt. Das Unternehmen kann in öffentlichkeitsübergreifenden ethischen Konfliktsituationen seine Reputation, Glaubwürdigkeit und Akzeptanz steigern. Ethikfreundliche Organisationsstrukturen bergen allerdings die Gefahr, dass die unternehmerischen Ethikaktivitäten für Public-Relation-Zwecke missbraucht werden oder zu einer zusätzlichen Bürokratisierung führen. Des Weiteren sind spezielle Maßnahmen wie die Schaffung einer Ethikkommission mit einem erheblichen Zeit- und Kostenaufwand verbunden.

Damit die in einem Unternehmen dominierenden Werthaltungen verbessert werden können, sind Ethik-Trainings einzusetzen. Um dem im Unternehmensleitbild festgeschriebenen Wertekanon möglichst nahe zu kommen, wird die Wertekompetenz der Mitarbeiter gefördert. Trainingsprogramme dienen der allgemeinen Sensibilisierung für ethische Dilemmasituationen, der Vermittlung von ethischem Grundwissen und der Klärung moralischer Grauzonen. Ethik-Trainings machen neue Mitarbeiter mit den moralischen Standards des Unternehmens vertraut und fördern somit ihre Integration.

In der praktischen Umsetzung kommen verschiedene Trainingsmethoden zur Anwendung, wie z.B. Gespräche, Vorträge, Seminare, Workshops, Videoeinspielungen, Fallstudien und Rollenspiele.

Um sicherzustellen, dass die einmal erarbeitete Ethik in einem Unternehmen auch eingehalten wird, ist es sinnvoll, ein Ethik-Controlling einzuführen. Nach dem Muster von Qualitätszirkeln arbeiten unter Anleitung eines Moderators Teams auf drei Ebenen bereichs- und unternehmensbezogen sowie unternehmensübergreifend. Somit können die eigenen Werte, Normen und Haltungen kontinuierlich überprüft werden. Ethik-Audits stellen verschiedene interne Mess- und Kontrollinstrumente bereit, welche über die ethische Qualität des Unternehmens informieren und diese beurteilen. Als integraler Bestandteil des Controllingprozesses nehmen Ethik-Audits Unternehmensbewertungen nach ethischen Kriterien vor, welche gegenüber den Stakeholdern als Gütesiegel dienen.

In Funktion eines Moralcontrollings werden Effizienz und Effektivität der vom Ethikmanagement vorgeschlagenen und praktizierten Ethikmaßnahmen überprüft. Es können zwei grundsätzliche Wirkungsrichtungen sozialtechnischer Ethikmaßnahmen unterschieden werden. Zum einen lassen sich Strukturen und Entscheidungsprozesse für ethische Reflexionen und Argumentationen öffnen. Dadurch werden die Betroffenen ermutigt, ethische Bedenken zu äußern und moralisch zu handeln. Zum anderen ist es möglich, alle Ebenen komplex-arbeitsteiliger Organisationen gegenüber ethisch unverantwortlichen oder unerwünschten Verhaltensweisen zu schließen. Dieses geschieht durch Bindung des gesamten unternehmerischen Handels an deklarierte, nachprüfbare normative Standards. Außerdem werden zum Opportunismus verführende Anreizstrukturen durch ein System organisierter Verantwortlichkeit ersetzt. Die Balance zwischen diskursöffnenden und handlungsoptionsschließenden Ethikmaßnahmen ist ausschlaggebend für den Erfolg der Implementierung eines Ethikmanagements.

In vielen Unternehmen werden sozialtechnische Ethikmaßnahmen in Form von Compliance- oder Integrity-Programmen eingeführt. Ob dabei eher einseitig schließende Maßnahmen des Compliance-Ansatzes oder einseitig öffnende Maßnahmen des Integrity-Ansatzes verfolgt werden, stellt eine stra-

tegische Grundsatzentscheidung der Unternehmensleitung dar. Beides sind
gängige Programme zur Verankerung von Ethik in Organisationen. Mit der
Aufarbeitung eines Erfahrungsberichts zum Ethikmanagement der Firma
Levi Strauss & Co. konnte ein Praxisbeispiel für eine gelungene Umstellung
vom Compliance- auf den Integrity-Ansatz gegeben werden. Die Unternehmung hat erkannt, dass hohe ethische Standards nur aufrecht erhalten werden können, wenn sie vom Management vorgelebt und in die tägliche Praxis
integriert werden.

Für eine erfolgreiche Integration ethischer Denkweisen und moralischer
Handlungen ist die Konzeption eines detaillierten Ethikprogramms nötig.
Ein solches Programm hat verschiedene Themenbausteine zu umfassen. Dabei sind Fragen der lebenspraktischen und gesellschaftlichen Sinngebung,
der unternehmerischen Wertschöpfung und der Legitimation des gesamten
unternehmerischen Handelns gegenüber allen Stakeholdern zu behandeln.
Es muss auf eine weitreichende selbstkritische Reflexion hinsichtlich des
Verständnisses der Funktion und Legitimation eines Unternehmens abge-
zielt werden. Bei der Ausarbeitung eines Ethikprogramms ist es wichtig,
auf die Gestaltung der Unternehmensbeziehungen zu sämtlichen Anspruchsgruppen aktiv einzuwirken. Es müssen auch die unternehmenspolitischen
Haltungen bezüglich der gesellschaftlichen Verhältnisse und Rahmenbedingungen mit berücksichtigt werden, unter denen privatwirtschaftliches Erfolgsstreben als verantwortbar und zugleich betriebswirtschaftlich zumutbar
gilt.

Unethisches und kriminelles Verhalten kann vermehrt bei Führungskräften
und Topmanagern beobachtet werden. Die Hauptgründe für unmoralische
Handlungen sind Überheblichkeit sowie Gier nach Macht und Erfolg. Manager in Führungspositionen neigen dazu, sich und ihren Einfluss zu überschätzen. Sie glauben, alles unter Kontrolle zu haben und denken daher,
Fehltritte verbergen zu können. Häufig werden sie nachlässig und leichtfertig, verlieren ihre eigentlichen Führungsaufgaben aus den Augen und kommen ihren Dienstpflichten nicht mehr gebührend nach. Sie lassen sich dazu
verleiten, die Grenzen zwischen privater und beruflicher Nutzung unternehmensspezifischer Ressourcen zu verwischen und fühlen sich allein ihrem
Gewissen gegenüber verantwortlich.

In Unternehmen stehen insbesondere leitende Mitarbeiter unter genauer Beobachtung. Eine Führungskraft soll Verantwortung übernehmen und in ihrer Person ein Vorbild für unterstellte Mitarbeiter und Kollegen sein. Diese Anforderung an Vorgesetzte wird in Leitbildern beschrieben. Führungskräfte haben sich nicht nur nach bestehenden Gesetzen und Regeln zu richten, sondern müssen sich in lückenhaft geregelten Situationen verantwortungsbewusst verhalten. Falls in einem Unternehmen zur Regelung von Grauzonen in Gesetzestexten ein Kodex oder Leitlinien festgelegt wurden, so hat die Führungskraft diese internen Regelungen zu beachten und vorzuleben.

In dieser Ausarbeitung konnte mit dem Fall Mannesmann-Vodafone ein Beispiel für moralisches Fehlverhalten von Führungskräften auf Unternehmensleitungsebene gegeben werden. Es wurden Reaktionen aus der Öffentlichkeit, Politik und Wirtschaft zum Prozessfall aufgezeigt und das Verhalten der Angeklagten ethisch-kritisch beleuchtet.

Fast täglich können der Presse weitere Praxisbeispiele für unethisches Verhalten in Unternehmen entnommen werden. Dies zeigt, dass in vielen Unternehmungen die Mitarbeiter noch nicht genügend für moralische Konfliktsituationen sensibilisiert sind und eine intensive Beschäftigung mit dem Thema Unternehmensethik unabdinglich ist. Dabei sind sowohl der Aufbau einer ethikfreundlichen Organisationsstruktur als auch die Entwicklung einer ausgeprägten Unternehmenskultur notwendig. Neben den Führungskräften haben sich auch deren unterstellte Mitarbeiter über die gesetzlichen Regeln hinaus an Gebote und Werte zu halten. Sie müssen die an ihre Vorgesetzten und Führungskräfte gestellten Ansprüche auch selbst verwirklichen.

Damit die Unternehmensethik zukünftig in angemessener Form umgesetzt werden kann, muss sie sowohl in der betriebswirtschaftlichen Forschung als auch im unternehmerischen Alltag eine ethisch-orientierte praktische Denk- und Handelsweise unterstützen.

Teil II

Ethische und moralische Aspekte in der Diskurs/Dialog-Praxis

(Elmar Bartsch/Wilhelm Schmeisser)

161

Kapitel 9

Zur Ethik und Moral der Diskurs/ Dialog-Praxis

(Elmar Bartsch)

Die meisten der Autoren, die Entwürfe für Wirtschafts- bzw. Unternehmensethik publizierten, haben die Bedeutung der verbalen Kommunikation zwischen den Beteiligten durchaus erkannt. Besonders deutlich ist dies bei jenen, die sich auf die Diskursethik (u.a. K.O. Apel, J. Habermas) berufen, etwa bei Steinmann/Löhr und P. Ulrich. Kaum einem ist jedoch ein Vorstoß in das unmittelbare sprech-kommunikative Verhalten und dessen Ethik gelungen. Hauptsächlich aber dort - gleichsam auf der Basis-Ebene - entscheidet sich, ob Ethik in der zwischenmenschlichen Kommunikation - als Moral - vorkommt. In der konkreten verbalen Kommunikation zeigt sich, ob und wie Moral das Miteinander belebt, oder wie wegen ihres Fehlens manches Leben missglückt - Leben von Personen und Organisationen.

9.1 Von funktionalen Kommunikationsethiken zu zwischenmenschlichen Geltungsbedingungen der Kommunikation

Erste Ansätze zu einer Konkretisierung der Kommunikationsethik zeigten sich in der deutschen Unternehmenslehre etwa im letzten Viertel des vergangenen Jahrhunderts. Eine Art Summe der damaligen Entwicklung bietet Wever. Er war wohl der erste im Vorstand einer deutschen Großbank agierende Kommunikationsmanager. Wever schreibt in seinem Buch „Unternehmenskultur in der Praxis" 1989, S. 154:

„Führungskräfte, für die Kommunikation lästig ist, haben in der Regel nicht verstanden, worum es geht. Für sie ist Kommunikation entweder unverbindlicher Austausch mit den Mitarbeitern, oder endloses Gelaber, das nur von der praktischen Arbeit abhält. Dass Kommunikation sehr wirksam zur Erreichung von Zielen eingesetzt werden kann, haben sie nicht begriffen; ebenso wenig, dass Unklarheit über Aufgaben und Ziele dem Unternehmen viel Geld kostet."

Wie langsam der Fortschritt zu einer Konkretisierung der Kommunikationsethik ist, wird noch in diesem Text deutlich. Hier ist das funktionale Verständnis zur Erreichung von Zielen im Vordergrund. Dagegen ist die Motivation der Mitarbeiter - z.b. aufgrund der Verlässlichkeit von Absprachen, z.B. aufgrund des Ernstnehmens von Vorschlägen, z.B. wegen der Wahrheit von Mitteilungen - nicht genannt. Die „Erreichung von Zielen" ist ohne eine Basis „Vertrauen" nicht möglich. Das ist das Hauptproblem der Politik und der Medien, auch im Mikrobereich. Derartige ethische Bedingungen werden bei Wever noch nicht thematisiert, werden nicht als eigene Aufgabe genannt. Heute noch herrscht diese sachlich-funktionalistische Sicht bei manchen ökonomistisch orientierten Wirtschaftsethiken vor. Dass jedoch die unmittelbare Erfahrung von Kommunikationen die Menschen mehr prägt und bewegt als abgehobene Theorien, auch mehr als Ethikkodizes oder andere Leitlinien, das wurde und wird zu wenig in die verschiedenen ethischen „Erlösungslehren" implementiert. In der Praxis allerdings hat sich die Bedeutung des „Betriebsklimas" durchgesetzt. Es wird mit Recht dafür viel Geld ausgegeben. Aber wie es genau zustande kommt, wird von den Ethikern kaum gelehrt. Die Praktiker wissen es.

Immerhin gab und gibt es immer mehr Versuche der Theoretiker, Verbindungen zwischen Theorie und Praxis ins Auge zu fassen. Einen großen hilfreichen Schritt machte u.a. Jürgen Habermas 1976. Er zeigte, dass jeder Mensch - zumindest in der westlichen Kultur - unausgesprochen und oft noch unbewusst an jeden Kommunikationsakt mit vier Voraussetzungen herangeht:

1. Die eigene **Wahrhaftigkeit** im Selbstausdruck und - zunächst - auch die des Partners

2. Die sachliche **Wahrheit** des Mitgeteilten, Dargestellten

3. Die **Richtigkeit** der Anwendung von Bewertungsmaßstäben/Normen (z.B. Spielregeln)

4. Die **Verständlichkeit** der kommunikativen Zeichen.

Erst wenn im Verlauf einer Kommunikation Zweifel an diesen Annahmen entstehen, werden diese überprüft und damit auch bewusst gemacht. Gleichzeitig entsteht natürlich Zweifel am Partner und somit eine gewisse ethische Abwertung.

Diese „Geltungsbedingungen" für die Glaubwürdigkeit von Kommunikation spiegeln eine unbewusste, aber starke Ethik wieder, weil sie als tragende, positive Kraft zwischenmenschlicher Begegnung immer schon „da" ist. Erst auf Anzeichen des Gegenteils hin setzt zweifelndes Denken ein. Der Vorteil dieser Entdeckung ist auch, dass sie nicht wie eine Sollensgrenze der meisten Ethiken „korrektiv" wirkt, sondern ermunternd. Unabhängig von allem Streit, ob es eine ideale Kommunikationssituation gibt oder nicht, ist hier eine Grundkraft vorhanden, die wie ein Vektor auf Glaubwürdigkeit hin positiv wirkt. Sie ist auch Basis allen gemeinsamen Arbeitens. Nur dann, wenn dieses Grundvertrauen unsicher wird, entstehen Reibungsverluste durch die Mühe des Absicherns, z.B. mittels Bürokratien.

9.2 Das Verhältnis von materiellem und kommunikativem Gewinn

Während auf Seiten der meisten Ökonomien die Methodik zur materiellen Gewinnsteigerung im Mittelpunkt stand, versuchten die Human-Wissenschaften das zu beschreiben, was Menschen auch gefühlsmäßig glücklich/unglücklich macht. Sie suchten also den Kern menschlicher Lebensqualität zu entdecken. Seit Maslow (1943) ist anerkannt, dass die physiologischen Anforderungen des Menschen (Nahrung, Schlaf) ihn primär beherrschen: Unterste Stufe der Bedürfnispyramide. Hier hat Materielles also durchaus Vorrang. Das bleibt anerkannt. Allerdings kann man da nur von Bedürfnisbefriedigung, nicht von „Gewinn" (von einem „Mehr als nötig") sprechen. Schon dann, wenn zwei Gefährten sich bei der Suche nach Nahrung, Wasser usw. gegenseitig helfen, sogar das Minimum im Notfall teilen, ist ein „Gewinn" da - vielleicht auch ein materieller, immer aber ein menschlicher, gefühlsmäßiger. Solche Erfahrungen gab es trotz aller Egoismen in vielen Notsituationen, z.B. in Konzentrationslagern und in sowjetischen GULAGs. Solche praktische Moral prägt alle Berichte aus solchen Zeiten. Sie war und bleibt positive Kraft im Gegensatz zu den negativen Leiderfahrungen egoistischer Brutalität. Sie macht den Glanz der Überlebensberichte aus. Solche Gemeinsamkeit, Solidarität und „Kommunikation" eröffnet als Wert-Erleben die zweite Bedürfnisstufe bei Maslow: die Sicherheit. Solche Sicherheit ist ein ethischer Wert, den gerade heute die Menschen besonders suchen (oft mehr als Geld), u.a. Sicherheit des Arbeitsplatzes, der Altersversorgung, der persönlichen Bindung.

Die Suche der Sozialwissenschaftler nach den Werten der Lebensqualität übersieht die materiellen Bedürfnisse keineswegs, erkennt aber, dass der „Gewinn" von Lebensqualität wesentlich durch Kontakt geprägt wird. Die darin enthaltene Ethik wird weniger als Grenze erlebt, was man darf oder nicht darf. Kontaktverhalten ist moralisch eher ermutigend, eröffnet Lebensmöglichkeiten und ist vor allem positive Kraft. Umgekehrt: die Beurteilung durch Öffentlichkeit, eventuell Imageverlust bei der kommunikativ wichtigen Gruppe, scheint vielen Menschen, sogar den materiellen „Gewinnern", oft mehr an den Lebensnerv zu gehen, als materieller Verlust. Man könnte fragen: Welcher „Verlust" verursacht mehr Selbstmorde? Besser ist die Frage: Welcher Wert bringt den größeren Gewinn an Leben?

In der gesamten Branche derer, die sich mit zwischenmenschlicher (nicht technischer) Kommunikation befassen, gilt daher schon lange als Konsens, dass immer mindestens zwei Parameter gleichzeitig zu berücksichtigen, ja zu

„bedienen" sind: der **Sachbezug** und der **Personbezug**. Der Sprechwissenschaftler H. Geißner drückte das bereits 1968, 13 in folgenden Worten aus: „Im Gesprochenen kommt immer **etwas** zur Sprache ....; also geht es einmal darum, etwas zu verstehen. Im Miteinandersprechen kommen aber auch die Miteinandersprechenden ins Gesprochene; so geht es auch darum, **sich** zu verstehen." Ähnlich schreibt Habermas 1971, 104: „... Eine Verständigung kommt nicht zustande, wenn nicht mindestens zwei Subjekte gleichzeitig **beide** Elemente betreten:
a) die Ebene der Intersubjektivität, auf der die Sprecher/Hörer miteinander sprechen und
b) die Ebene der Gegenstände, über die sie sich verständigen ..."

Paul Watzlawick, obwohl Österreicher, nennt die beiden Aspekte „Inhalt" und „Beziehung", beeinflusst von seiner amerikanischen Wirkungsstätte. (Auf deutsch sind auch Beziehungsfragen Inhalte, gibt es auch Beziehungen zu Sachen.) Aber gemeint ist auch hier Sachbezug und Personbezug. In der gesamten Beratungsszene für Kommunikation haben sich diese beiden Grundparameter durchgesetzt, auch wenn manche noch 1-3 weitere ergänzen. Was kann man daraus für Folgerungen im Bereich Kommunikationsethik ziehen? Es ist nicht möglich, nur den einen oder den anderen Aspekt als „Gewinn" zu sehen oder anzustreben. Als erklärendes Modell kann ein Beispiel aus der Schulmathematik dienen.

In einem Feld, z.B. einem Kommunikationsfeld (Abbildung 9.1), kann man einen Punkt nicht nur mit Werten der X-Achse oder nur mit solchen der Y-Achse beschreiben. Noch weniger ist das für Kurven möglich. Genau das versuchen jedoch Menschen, deren Werte-Parameter nur von Sachwerten, speziell Geld, oder nur von menschlichen Kontakten (Gefühlen) bestimmt werden. Selbst zu „hoch-prozentige" Anteile der einen oder anderen Seite ergeben einseitige „Ethik" mit schlimmen Folgen für die menschliche Kommunikation, für das menschliche Zusammenleben.

Ein schönes Beispiel gegen die einseitige Ethik-Sicht lieferte die Wahl des „Unwortes" für 2004, „Humankapital". Die Gesellschaft für Deutsche Sprache urteilte aus der Ebene des Personbezuges: Wie kann man Menschen, „Homines", so versachlichen, dass sie nur Teil des rein „sachlichen" (Geld)-

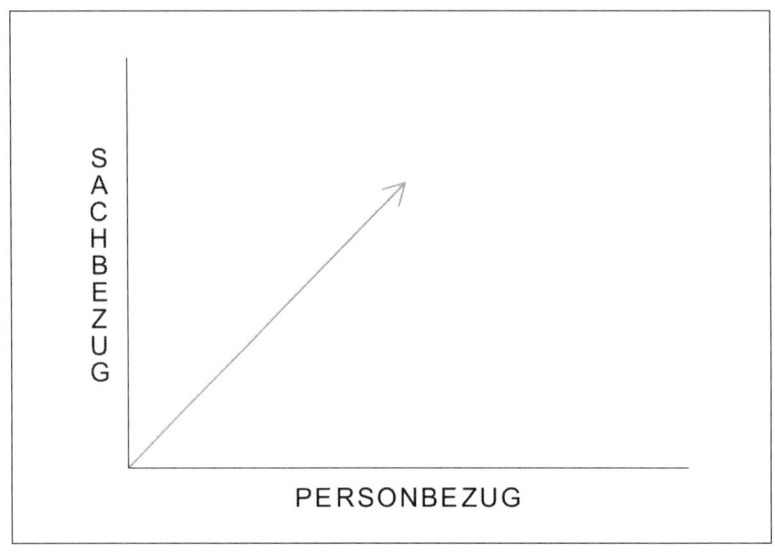

[nach Bartsch, 1991]

Abbildung 9.1: Kommunikationsfeld

kapitals seien! Alle Wirtschaftsleute dagegen, für die „Humankapital" ein geläufiger Fachausdruck ist, waren entsetzt über dessen „unprofessionelle" Interpretation. Für sie ist es ja ein Fortschritt, dass innerhalb des wirtschaftlich höchsten Wertes „Kapital" Menschen höchste Bedeutung haben. Z.B. sei Personalentwicklung ein solcher Fortschritt. Andere aber sehen den Ausdruck "Human Resources" ähnlich ambivalent (Bussmann 2005).

Wie kann man solche Differenzen, eventuell sogar Streitigkeiten bearbeiten? Doch nur durch ganz konkrete Kommunikation. Dort wird eine integrative, ethische Verbindung von Sach- und Person-Aspekt möglich. Das zeigt die inzwischen klassische Definition für „Gespräch" von H. Geißner (1981, 45): „Gespräch, als Prototyp der Kommunikation, ist als mündliche Kommunikation die intentionale, wechselseitige Verständigungshandlung mit dem Ziel, etwas zur gemeinsamen Sache zu machen bzw. etwas gemeinsam zur Sache zu machen."

9.3 Von ethischen Diskurs-Forderungen zur Moral dialogischer Methodenkompetenz

Einige Schritte in die konkrete Ebene der Gesprächskommunikation sind bei der Erforschung von Ethik und ihrer Spielregeln also fällig. Dies gilt insbesondere für die Unternehmensethik. Das gilt sogar für jene, die bereits den Ansatz einer Methodik für ethikbasierte verbale Kommunikation formulieren, z.B. in der Forderung auf „vernünftiges Argumentieren" in Beruf und Alltag. Wie man das aber methodisch so macht, dass dabei ethisch beschreibbare Qualitäten erlebt bzw. vermisst werden, bleibt oft ein Geheimnis. Diese Geheimnisse können hier zwar nicht alle aufgedeckt werden, aber der Ansatz einer von Personen bzw. Personengruppen erlebbaren Moral in der Gesprächs-Kommunikation wird kurz skizziert.

Methodenkompetenz dieser kommunikativen Moral wurde bisher entwickelt einerseits von Seiten weniger Betriebswirte und Kaufleute, andererseits - oft getrennt davon - in einigen Geisteswissenschaften. Dazu gehörten die Pastoraltheologie, die Schul- und Sozialpädagogik, die angewandte Sozialpsychologie und -therapie, die Sprechwissenschaft (als Weiterentwicklung von Rhetorik und Dialogik), in letzter Zeit auch die praktische Philosophie und die angewandte Linguistik (Sprachwissenschaft - von vorgenannter Sprechwissenschaft zu unterscheiden). Alle diese Bemühungen zusammen werden heute manchmal auch Kommunikationswissenschaft genannt, obwohl an Hochschulen dort das Schwergewicht eher auf der Publizistik und Medientheorie liegt, die nicht immer ethischen Maßstäben folgen. Zur Zeit entwickelt sich in der Erwachsenen-Weiterbildung ein anderer Sammelbegriff, nämlich jener der „Trainingsszene". Auch hier ist die moralische Qualität oft undurchsichtig. Die Bemühungen um Standards und Zertifikate zeichnen aber deutlich einen Weg in die Ethik-Basierung (z.B. Forum Werteorientierung in der Weiterbildung e.V.)

9.4   Berufliche Gesprächs-Situationen und ihre moralischen Anforderungen

Es wird hier eine Auswahl der in Unternehmen am häufigsten vorkommenden Gesprächsarten durchgemustert. Die Reihenfolge ist nach Komplexität geordnet. Ein erstes Ordnungskriterium ist deswegen die Anzahl der Teilnehmer. Je mehr Personen miteinander reden, um so schwieriger ist es, allen Interessen verantwortlich - eventuell auch ablehnend - entgegen zu kommen. Ein zweites Ordnungskriterium geht vom mehr sachbezogenen Aspekt zum immer persönlicheren Verhalten (Nähe und Distanz). Dabei geht es auch um Macht. Die verschiedenen Spielarten im Gespräch werden von positivem bzw. unterdrückendem Machteinsatz geprägt. Das ergibt weitere Differenzierungen im moralischen Verhalten. Als moralisch einwandfrei wird - zumindest in der Kultur der Aufklärung - alles partnerschaftliche, nicht unterdrückende, nicht Herrschaft ausübende Gesprächsverhalten angesehen. Dazu später Näheres (Abschnitt 9.5). In der folgenden Tabelle werden bekannte Methoden, die von Fachleuten (Trainerszene) bereits als ethisch/moralisch hilfreich eingesetzt werden, begrifflich durch *Kursivdruck* hervorgehoben. Die mittlere Kolumne zeigt die für alle zutreffenden Gesprächsarten gültige Basis. Die rechte Spalte gibt dann differenzierende Zusätze.

Es gibt natürlich noch differenziertere Übersichten über „Besprechungen, Ziele und Methoden", z.B. Wahren 1987, 70; Lepschy 1998, Langer 1999. Der Sonderfall medialer Gesprächsführung vor „Zu"-Schauern wird hier ausgeblendet. Er bedarf eigener Methoden.

9.5   Der Einsatz persönlicher Macht als umstrittenes Zentrum moralischen Dialog-Verhaltens

Alle genannten Gespräche können durch dominantes Verhalten einzelner Teilnehmer eine moralisch kaum zu billigende Verzerrung bekommen. Man spricht dann von asymmetrischer Kommunikation.

Teilnehmerzahl	Gesprächstyp	Generelle Moralanforderung	Spezielle Moralanforderung
Zwei (Zwiegespräch, auch Dyolog, nicht aber "Dialog". Ähnlich wie „Unterredung" kann „Dialog" auch mehr als zwei Teilnehmende haben)	Bewerbung	*Achtsamkeit* und Respekt gegenüber dem gesamten Verhalten von Gesprächspartnern, genaues, *aktives Zuhören mit Perspektive-Übernahme* • Eigene *Interessen äußern*, auch Gefühle (*Ich-Botschaften*) • Sprache akustisch und semantisch verständlich, höflich (*political correctness*), nicht unterwürfig, lebendig *mit Beispielen* • *Gesprächszeit* und eigene Anteile gemäß situativer Position (*Macht-Balance*) nicht unter- noch über*steuern*; Mut zu anderer bis *konfrontativer Meinung* bei sachlichem Ton • *Gespräch prozessual von Problem zu Ziel klären*, von *informativen zu nicht vorzeitig, aber rechtzeitig wertenden Sprech-Akten* entwickeln • *Ergebnisse strukturieren* (Konsens/Dissens) und *ratifizieren*/ablehnen • *Vertragsabschlüsse*, mündlich bis schriftlich, Einigung über Aufgaben, Kontrollen, Zeiten und Methoden.	Wahre Infos geben und erfragen, kritisch *rückfragen*
	Jahresgespräch		Sachleistung, Gefühle und Wünsche gegenseitig klären. *Feedback* nehmen und kritisch aber höflich geben, Mut zu Anregungen und evtl. Konfrontation mit *detaillierter, nicht nur rationaler Argumentation; Ziele pro Zeit absprechen*
	Sachlicher Anlass		Komplexe Sachverhalte klären und übersichtlich machen wollen/können; *Visionen*, Ideen, Ziele, *Prozess-Schritte* anbieten. verlangen, *Kontrollschritte* abstimmen und fixieren
	Sozialer Anlass, u.a. Konfliktgespräch		Gefühl *direkt verbalisieren*, indirekte Gefühlsbotschaften anderer respektvoll (*modales Sprechen*) identifizieren, komplexe Situationen *strukturieren*, Fehler/ Schuld verantwortbar/ überwindbar machen
Zwei bis mehrere Bei zwei Parteien „bilateral". Bei mehr Parteien „multilateral". auch Aspekte von unten	Verhandlungen		*Balance* zwischen eigenen und Interessen der anderen wahren, kultur- (bzw. Typ-) abhängige Auffassung von Image, Grenzsignalen, Prozessriten berücksichtigen. Differenzierende Flexibilität zeigen und anregen, Kosten (soziale/monetäre) abwägen, *Kompromisse* bzw. *neue Lösungen* (win/win) finden, anbieten
	Zur Ethik bei multilateralen Verhandlungen vgl. Fachliteratur, z.B. A. Mühlen 2005		

Ab hier regelmäßig mehr als zwei „Parteien"
Mitte-Kolumne gilt in etwa weiter

3 - ca. 5	Gruppengespräch ohne Leitung	Gunst der lockeren, anregenden • Situation nutzen (assoziativ, vgl. *Brainstorming*), *kooperatives Prinzip in freiem Sprecherwechsel*, aber *Chairman-Aufgabe* (roter Faden) bei jedem	Komplexe Sachverhalte klären und übersichtlich machen wollen/können; Entsprechende subsidiäre (nicht aufdringliche oder bevormundende) Hilfestellungen für andere Teilnehmer unter Wahrung *partnerschaftlicher „Augenhöhe"*.

Fortsetzung: Mehr als zwei Parteien

Teilnehmerzahl	Gesprächstyp	Generelle Moralanforderung	Spezielle Moralanforderung
ca. 5 - 12	Gruppengespräch mit Leitung	• *Geregelter Sprecherwechsel* • Trennen von Sach- (Arbeits-) gespräch und emotionalen Anteilen (Konflikt), entsprechende *Tagesordnungspunkte* bzw. Sitzungen und Beteiligte trennen • *inhaltliche Struktur-Aufgabe* und *Zeitökonomie* bleibt nicht nur beim • Leiter; spricht er zur Sache (das als in der *Rednerliste* angemeldet eigens betonen), dann möglichst so lange die *Leitung* abgeben. Machtmissbrauch aus der Rolle des Leiters erzeugt Misstrauen und Ränkespiel. • *Zusammenfassungen von Ergebnissen*	Gesprächsziele vorab *klären.* Wortdisziplin beachten, Tagesordnung zügig abarbeiten, pro Punkt *Ergebnisse ziehen*, Sonderaufgaben übernehmen (u.a. Protokoll reihum, Kontrolle)
	Konflikt zwischen Parteien.		Ansichten von *Istzustand* und Interessen = *Sollzustand* jeder Partei offen legen, möglichst *visualisieren.* Methoden analog zu oben (sozial. Anlass).
ca. 8 - 20	Konferenz		Trennung von Konferenzarten oder -funktionen in: *Information – orientierende Klärung – Beratung – Entscheidung.* Bei Eröffnung sagen, *wer ab wann mit entscheidet oder nicht.*
	Präsentation + Rückfragen		Info + Dramaturgie des Erlebens. *Folienfolge und -form (Bild/Schriftaufbau) integrative Beantwortung*, von Fragen und Einwänden
	Info-, Lehrgespräch		Prozess aus *Fragen der Hörer entwickeln*; strukturierte Horizonterweiterung, Kombination von Sachinfos und Beispielen
8 - ca. 50	Moderation	Begriffsklärung ob Team- oder Gesprächsmoderation; Vorstellungen zur Methode abklären, primär das Ziel	*Durch Fragen und Reformulierungen führen*, keine eigenen Statements, von assoziativem *Meinungsbild* zur klaren *Stellungnahmen*, bei Teams *Aufgabenteilung*
Ab hier Groß- bis Massenveranstaltungen			
50 - ca. 500	Versammlung	Regie, Dramaturgie der Prioritäten; Problemspannung –	Geschäftsordnung kennen und strikt anwenden
	Tagung/Kongress	Lösung; kommunikativer Austausch; Fazit deutlich für alle ziehen	Themenbezug und roter Faden, gesellschaftlicher Event, Kontakte knüpfen
	Fest	Erlebnis von *Show* und *interaktiven Spielen* samt Entertainment vermittelt Kommunikation	*Conference* führt über *Verfremdungen*, Staunen (Neues), zu gemeinsamen Spaß + Nachdenken

Warum ist diese moralisch bedenklich? Weil in jenen Kulturen, die von der Aufklärung geprägt sind, für den Normalfall immer der Grundsatz gilt: Alle Menschen sind bezüglich der Menschenrechte gleich. Früher galt in vielen Kulturen die Regel, dass alte Leute das erste Wort und den Vorrang haben. In autokratischen Kulturen hatten und haben nur Häuptlinge bzw. Königinnen „das Sagen". In der Demokratie gilt jedoch die Regel: gleiches Rederecht für alle. „Moralisches Gesprächsverhalten" wird auf den ersten Blick danach beurteilt, dass alle etwa ähnliche Mengenanteile haben an:

- Redezeit

- Redemenge

- Lautstärke

- Sprechpausen als Angebot zu Rückmeldung bzw. Sprecherwechsel

- weiterer Emotionalitätsausdruck (Stimme, Körpersprache usw.)

Das heißt heute „symmetrische Kommunikation".

Woher nehmen die Teilnehmer das Maß für die Symmetrie? Bei allen vitalen Akteuren, die selbst genug Antrieb („Macht" als persönliche Machenskraft und -lust) haben, ist hier der eigene Egoismus das erste Maß, damit Symmetrie hergestellt wird. Ähnlich wie bei Adam Smith gilt unter dieser Bedingung der Wettbewerb um das „Gut: zu Wort zu kommen" als sozialer Ausgleich. Allerdings gibt es auch andere Bedingungen. Sie lassen sich bei vielen „small talk-Situationen" beobachten. Es gibt auch Gesprächspartner, die sind zu schüchtern oder zu lustlos oder zu bequem. Dann schläft das Gespräch bald ein, weil von der anderen Seite nicht genügend Informationen kommen. Es wird nichts „eingebracht". Es kann auch daran liegen, dass der erste Partner nicht genügend fragt, zu wenig auf den anderen eingeht oder nur selbst redet. Dann ist die „Holschuld" nicht eingelöst. Damit bei Partnern, die nicht die gleiche Vitalität und Neugier haben, die Bring- und Holschuld sich „symmetrisch" die Waage halten, genügt das Eigeninteresse nicht als innerer Maßstab.

Hier wird eine andere, wichtige ethische Kraft nötig, die „Perspektive-Übernahme". Stellvertretend für den anderen muss ich in dessen Horizont mit denken, fühlen, muss dafür sorgen, dass das Redekonto ausgeglichen wird. Das Eigeninteresse reicht nicht, sondern das „Austauschinteresse" und kommunikative Verantwortlichkeit. Nur dann kann der Kommunikationsprozess so symmetrisch und lebendig gehalten werden, dass beide Seiten „etwas davon haben". Hier gilt die "goldene Regel" der Bibel: Du sollst deinen Nächsten lieben wie dich selbst (Leviticus 19,18, Matthäus 19,19 und 22,31), bei Kant in der Version des kategorischen Imperativs. Kein Wunder also, dass eine der ethischen Grundhaltungen auch für die Gesprächsführung diese Perspektive-Übernahme ist. Allerdings reicht sie alleine nicht aus. Sie muss gekoppelt werden mit der methodischen Fähigkeit, Gespräche auch wirklich symmetrisch zu gestalten und die „Bring- und Holschuld" einzulösen.

In Alltagsgesprächen zu zweit geht man in unserer Kultur zunächst davon aus, dass dieses innere moralische Maß, auf Symmetrie zu achten, von jedem genügend internalisiert ist. Das ist neben den vier Geltungsvoraussetzungen von Habermas gleichsam eine fünfte Grundannahme: jeder achtet auf eine gewisse Symmetrie der Gesprächsanteile. Dazu gehört auch ein positiver Begriff von „Macht", nämlich eigene Gestaltungskraft einzubringen, so weit erforderlich auch stellvertretend (subsidiär) für den anderen. Wenn dieser andere jedoch - asymmetrisch - zuviel seiner „Macht" einsetzt, werde ich die eigene „Macht" so stärken, dass der andere eine „Grenzerfahrung" macht. Meine dann nötige kritische Korrektur der fünften Grundannahme wird mich so antworten lassen, dass der andere aufmerksam und vorsichtiger wird, seine Übermacht etwas reduziert. Dann wird wieder ein symmetrisches Spiel mit einem relativ ausgeglichenen „Ping-Pong" möglich (Bartsch 1999,51).

In Unternehmen kommt eine solche Situation meist nur bei Arbeitsgesprächen unter Gleichberechtigten vor. Das ändert sich in zwei typischen Fällen: 1. bei Gesprächen mit mehr Personen, also in Gruppen oder Versammlungen; 2. immer dann, wenn eine Person mit „leitender Funktion" dabei ist.

1. Bei Gesprächen mit mehreren Personen, also in Gruppen, kommt es ganz selten vor, dass die „Machtbalance im Gespräch" von allen hinreichend stark

als Regel internalisiert ist. Wenn sich eine Gruppe sehr gut kennt und kein(e) „Übermächtige(r)" dabei ist, geht das. Es gibt Gesprächsmethodiken, die diese Internalisierung in einem Lernprozess einüben (z.b. „Sei deine eigene Chairperson" bei der Themenzentrierten Interaktion). Ist das nicht geübt, wird oft schon bei Gruppen von 5 (gleichberechtigten) Personen eine Gesprächsleitung gefordert. Diese ist etwa ab 8 Personen auch immer sinnvoll. Eine Art „Unparteiischer" soll die Gesprächsorganisation so überwachen, damit moralisch faires Kommunikationsverhalten, also Symmetrie möglich ist. Aber hier gibt es massive Fehlerquellen.

a) Symmetrie ist nicht schon dann vorhanden, wenn die Wortmeldungen der Reihe nach aufgelistet werden. Das reicht nicht aus. Die Fähigkeit, Meldungen zur gerade aktuellen „Sache" und die zu einem anderen Teilpunkt zu unterscheiden und zu sortieren, gehört dazu, ist aber selten vorhanden. Nur dann jedoch ist ein fairer Gesprächsprozess möglich - und ein effizienter. (Nicht umsonst gibt es linguistische Studien über den Sprecherwechsel und wann ein kurzer Einwurf nur als „Hörersignal" und nicht als „Unterbrechung" zu gelten hat.) Hier ist übrigens ein Punkt, wo sich zeigt, dass (weiche?) Moral mit „hartem" Sachfortschritt identisch ist.

b) Wenn es einen Gesprächsleiter gibt, muss er wegen seiner Ordnungsaufgabe gleichsam „neutrale Instanz" in Sachfragen bleiben. Dadurch fällt der Leiter zunächst als Ideenlieferant der Gruppe aus. Damit sein Ideenpotential trotzdem genutzt wird, sollte er sich gelegentlich zur Sache äußern. Hier liegt ein Methodenproblem, das in den wenigsten Gesprächsrunden bewältigt wird. Meistens ist es so: Wenn die „gesprächsordnende" Person dann einmal zur Sache spricht, gibt sie fast nie die Leitung ab. Das scheint zu umständlich zu sein. Da sie aber in der Leitungsrolle formale Macht hat, wird beim Sachbezug daraus leicht eine Übermacht im Empfinden der Gruppe, falls kein Rollenwechsel markiert wird. Für eine solche Methodik gibt es zwar eine Reihe guter Regeln, aber wer hat soviel Moral, sie zu lernen und anzuwenden? Die Gesprächsmoral der Gruppe würde dadurch jedoch gehoben.

c) Der Gesprächsleiter hat aber - wie bei guten Moderationen - doch eine eigene, besondere sachliche Aufgabe: den roten Faden, d.h. den Sachforschritt, immer wieder probehalber zu skizzieren und sich vom Plenum bestätigen oder korrigieren zu lassen. Diese sachliche Aufgabe hat moralische Relevanz, damit nämlich Zeit und Arbeitskraft sinnvoll eingesetzt werden. Hilfen für diese Arbeit wären durch Anträge zum formalen Ablauf mit Vorrang zu behandeln. Aber diese Trennung (Perspektiveübernahme nicht nur für einzelne, sondern für den Horizont „Gruppe") ist vielen zu mühsam oder moralisch nicht eingeübt.

Es ist merkwürdig, dass für all dies die alten Geschäftsordnungen von Vereinen oder parlamentarischen Debatten hier klare - letztlich moralische - Regeln kennen, wann es um kurzen Zwischenruf oder um anzumeldende Wortergreifung geht, wann die Anträge zur Geschäftsordnung Vorrang haben und wann nicht. Dagegen steht die leidvolle Erfahrung vieler Mitarbeiter in Unternehmen, dass Konferenzen wegen der Wort-Übermacht einzelner und der daraus entstehenden mangelnden Transparenz des Geschehens oft ineffektiv sind oder als Ränkespiel empfunden werden.

Am Gesprächsverhalten einer Organisation lässt sich der Zustand ihrer kommunikativen Moral ablesen, vielleicht sogar noch mehr.

2. Immer dann, wenn eine Person mit „leitender Funktion" dabei ist, werden die Machtverhältnisse geändert. Den wenigsten ist klar, dass damit eine völlig neue Situation auch ethisch neu zu bedenken und moralisch zu organisieren ist. Es geht nämlich um die Bedeutung der „Entscheidungsmacht". Führungskräfte, die nicht führen und nicht entscheiden, also ihre Macht nicht einsetzen, sind tödlich für ein Unternehmen, auch für Arbeitsteams. Das kann schon in der Nicht-Teilnahme an Kommunikation geschehen. Andererseits sind Führungskräfte, die dominierend immer alles vorgeben, die Führung nicht auch u.a. als „Zuhören" verstehen, ebenso tödlich. Sie sind Totengräber der Initiativmacht und Motivation („Moral") ihrer Mitarbeiter.

Welche moralisch relevante Methodenkompetenz im Gesprächsverhalten ist für Fühungskräfte anzustreben? Gibt es Hinweise, die zwar situativ abgewandelt werden müssen, jedoch einige ethische Grundlinien spiegeln?

Ohne Grundkenntnis der Gruppendynamik und ohne ein (wenigstens intuitives) Wissen über den üblichen Prozessverlauf bei Meinungsbildung wird eine Führungskraft große Schwierigkeiten haben. Dies gilt insbesondere dann, wenn sie wegen hoher Fachkompetenz in diese Position kam, aber kaum Sozialkompetenz hat. Ungünstig ist in jedem Fall, wenn sie in Besprechungen gleich anfangs oder sehr früh im Gespräch mit Wertungen in sachlicher Form anfängt: das ist gut, das ist schlecht, da kann so nicht gehen. Das sind bereits Mini-Entscheidungen, die eigentlich erst an das Ende eines Kommunikationsprozesses gehören. Es entsteht sofort asymmetrische Situation. Damit wird der Informationsfluss seitens der Mitarbeiter, der für den Anfang jedes Austauschprozesses elementar ist, reduziert oder gar „abgewürgt".

Um geeignete, moralisch hilfreiche Prozessschritte für Führungskräfte zu skizzieren, muss neben der symmetrischen und asymmetrischen Kommunikation eine dritte Beschreibungsebene eingeführt werden: die komplementäre Kommunikation.

9.6 Einschub: Komplementäre Kommunikation

Ein erstes Beispiel:
Der Rohrlegertrupp eines Wasserwerkes lässt durch Gruppe 1 die Gräben für die Rohre ausbaggern und schaufeln, inzwischen werden von Gruppe 2 die Rohre antransportiert, zurecht gelegt, sobald Gräben verfügbar sind versenkt und miteinander verbunden. Gruppe 1 füllt die Gräben wieder auf, Gruppe 2 markiert anschließend äußerlich sichtbar den Verlauf der Leitung. Wenn die Gruppen nicht „komplementär", d.h. sich ergänzend arbeiten, gibt es Probleme. Dabei werden sicherlich auch immer wieder Hinweise von der einen Gruppe zur anderen ausgetauscht, ohne dass - außer dem zuständigen Meister - die Kollegen sich untereinander etwas zu befehlen haben. Natürlich werden einige es immer versuchen, andere zu „bevormunden", aber mittels Konfrontation oder gegenseitigen Ironisierens werden sie bald zu symmetrischem Verhalten untereinander gebracht werden. Bezüglich der Arbeit, dem Sachauftrag, ist weiter die komplementäre Kommunikation vorherrschend.

Zweites Beispiel:
Auch der Meister der Rohrleger ist - obwohl Vorgesetzter - in einem komplementären Kommunikationssystem „vernetzt". „Komplementär" heißt hier zunächst, dass der Meister auf die Arbeiter, die Arbeiter auf den Meister

angewiesen sind, sie sich in der Erfüllung der Aufgabe ergänzen. Ähnlich ist es bei Arzt und Patient, bei Dirigent und Musikern usw. Die Komplementarität bedeutet aber letztlich noch mehr. Wenn der Rohrleger-Meister zu seinen Leuten nicht im zwischenmenschlichen Bereich ein einigermaßen symmetrisches Verhältnis aufbaut, wird er Schwierigkeiten mit der Motivation und also auch mit dem Arbeitsprozess bekommen. Wenn er andererseits bezüglich der Sacharbeit nicht auch asymmetrisch kommuniziert, d.h. Anweisungen gibt, wird er die Führung verspielen und seine Ziele nicht erreichen.

Ein komplementäres Verhältnis kann so skizziert werden, dass im Personbezug möglichst symmetrisch, im Sachbezug jedoch unsymmetrisch kommuniziert wird. Da diese „Mischung" keine reines „Alternieren" sein kann, werden natürlich beide Ebenen voneinander beeinflusst. Die „harten" Faktoren werden weicher: Der Umgangston ist grundsätzlich der zwischen Menschen, die sich respektieren, nicht jemanden wie einen Sklaven behandeln. Aber die Sachleistung wird auch im Ton eingefordert. Hingegen werden die „weichen" Faktoren der Kommunikation „härter". Jederzeit ist allen auch im lockeren Umgang miteinander bewusst: das sachliche Ziel, das die Kommunikation beherrscht, ebenso das notwendige Tempo, nicht zuletzt die Einklagbarkeit eines klaren, kontrollierbaren Ergebnisses. Aus der Integration der Aspekte wird sich - ähnlich wie bei dem Verhältnis von Sachebene und Personebene - eine kooperative moralische Grundhaltung und ein kooperative Gesprächskultur entwickeln.

Wenn also bei neuen Überlegungen zur Unternehmensethik (u.a. Brink 2005) ein Ernstnehmen der weichen Faktoren gefordert wird und eine Rückbezug der harten Faktoren auf die weichen, dann ist das in der Gesprächsmoral nachzuweisen. Vor einigen Jahren wurde in einem Kolloquium über Führung bei Karstadt der Eindruck deutlich, dass bei „top down"-Konferenzen ein harscher, befehlsähnlicher Ton herrschte. Ob die heutigen Probleme des Konzerns sich ganz getrennt davon entwickelten? Sehr oft kann man an der Gesprächskultur ganz konkret ablesen, wie das Klima ist, und eben nicht nur das Klima.

Allerdings darf man das eben genannte Beispiel nicht so einseitig auslegen, als ob es lediglich an der Führung liegt, welcher Gesprächston in einem Unternehmen herrscht. Es gibt auch das umgekehrte Phänomen, wenn - z.b. bei Fusionen - große Mitarbeitergruppen ihr eigenes Klima mitbringen. Es gibt Gruppen, die in ihrer Sozialisation nur den Befehlston kennen gelernt haben. Sie akzeptieren zunächst nur Führende, die rein hierarchisch mit ihnen umgehen. Alles andere wird nicht ernst genommen. Außerdem ist es bequemer, jemanden zu haben, der als Schuldiger und allein Verantwortlicher angeklagt werden kann. So stellt man sich abseits moralsicher Verantwortlichkeiten. Bei solchen Gruppen bedarf es einer langen Erziehungsarbeit, um sowohl die ethische Grundeinstellung als auch das moralische Verhalten zu ändern - das sich ganz konkret wiederum in der Gesprächsführung darstellt. Auch hier ist sie ein Indikator für eine bestimmte ethische Grundhaltung.

9.7 Folgerungen für die Gesprächsmoral von Führungskräften

Vor den Überlegungen zur komplementären Kommunikaiton war die Frage offen geblieben: Welche moralisch relevante Methodenkompetenz im Gesprächsverhalten ist für Führungskräfte anzustreben? Gibt es Hinweise, die zwar situativ abgewandelt werden müssen, jedoch einige ethische Grundlinien spiegeln?

Primär geht es darum, sich und den Mitarbeitern zu gestatten, Prozesse zu durchlaufen, ja sogar alle Steuerungsmittel (Einsatz von fördernder und einschränkender Macht) nur in Prozessschritten zu denken. Das wurde schon oben deutlich, als es um die ungeschickte Platzierung von Wertungen (Mini-Entscheidungen) am Anfang von Gesprächen ging.

Am deutlichsten ist das in Situationen, in denen ein Problem mit den Mitarbeitern erörtert wird, letztlich aber die Entscheidung von der Führungskraft allein zu treffen und zu verantworten ist.

Es ist durchaus sinnvoll, ja sachlich unerlässlich, dass Problemlagen von allen zuständigen Mitarbeitern nicht nur gekannt, sondern sogar mit beschrieben und analysiert werden. Die moralische Haltung: Es ist auch mein, es ist unser Problem, ist außerdem entscheidend für die Einbindung der Personebene. Ähnlich ist es bei einem zweiten Schritt, der Erarbeitung von Lösungswegen für das Problem. Auch hier ist das intensive Mitdenken und Mitleiden, das kritische Aufzeigen von falschen Lösungen und Schwierigkeiten durch die Mitarbeiter eine partizipative Leistung, ohne die der Betrieb sachlich Schaden leiden könnte. Auch hier wird zusätzlich die persönliche Identifikation mit der Arbeit stärker. All das sind Werte, die aus einer kreativen, nicht einer korrektiven Ethik entwickelt werden. Aber sobald dann die dritte Phase nötiger Entscheidungen ansteht, beginnt meistens ein psychologisches und damit moralisches Problem. Welches?

Aus der intensiven Partizipation in den Phasen Problembeschreibung und Lösungssuche entsteht fast organisch die Erwartung, das auch die Entscheidung von allen mit besprochen und mit verabschiedet wird. Motivation und Partizipation an der Lösung bricht zusammen, wenn man gleichsam plötzlich vor der Entscheidung den gemeinsamen moralischen Raum verlassen soll. Außerdem muss die Führungskraft dafür sorgen, dass die Entscheidung mit getragen wird, dass nicht „innere Kündigung" oder gar „verbales Mobbing" gegen ihn entsteht. Andererseits darf sie sich in die Entscheidung letztlich nicht so hineinreden lassen, dass ihr Eigenverantwortung nicht als selbständig gewonnen erkannt, die Verantwortung als frei übernommen, ihre Führungskompetenz bestätigt wird.

Welche kommunikative Methodenkompetenz hilft hier? Schon die ersten Phasen allein oder nur mit wenigen Vertrauten (Oligarchie) zu bestreiten? Das wäre nicht nur unklug, sondern eben auch der Gesamtmoral der Mitarbeiter abträglich, der optimalen Zielgewinnung widerstreitend.

Der beste Weg ist doch wohl der, schon in den ersten Phasen immer auf die zukünftig „einsamen" Entscheidungsschritte hin zu weisen, die „komplementäre" Arbeit auch in der Zuteilung der Aufgabenschritte an Personen zu besprechen, letztlich das Rollenspiel beim Kooperieren mit in die gemeinsamen Gespräche hinein zu nehmen, also auch hier bereits die „Partizipation" durch Entscheidung zu klären. Methoden dazu gibt es zahlreiche im Management von Besprechungen, Konferenzen, bei den Kommunikationstrainern.

9.8 Die ethische Bedeutung diskursiver Kompetenz

Der letzte Satz des vorigen Abschnittes zeigt, dass es mit den sehr konkreten Empfehlungen davor noch nicht ganz getan ist. Die konkreten Hinweise zeigen zwar die enge Verzahnung von einer förderlichen Ethik und der praktischen Moral der Gesprächskommunikation (auch gültig für die rhetorische), aber Führungskräfte können sich eben nicht zufrieden geben damit, nur Methoden zu kennen. Die Notwendigkeit der Methoden ergab sich aus der Einseitigkeit vieler Theoretiker, konkrete Umsetzung zu fordern, aber sie nicht anleiten zu können. Die Gefahr der Praktiker ist immer, bei den einen Methodiken als „tools" stehen zu bleiben und ihre „Durchleuchtung", sittliche Erhellung durch die Theorie nicht zu kennen, als unwichtig ab zu tun. Genau das aber ist es, was einen Diskurs über die einfache Gesprächsführung hinaus hebt. Unter Diskurs versteht man nämlich einen allgemeinen Gedankenaustausch über ein Problem. Dazu gehören sowohl Praktiker als auch Theoretiker, dazu gehören die verschiedensten Experten, auch die Öffentlichkeit.

Dort herrschte bis vor relativ kurzer Zeit z.B. noch häufig die Meinung, dass alle Manager nur „asymmetrisch" kommunizieren können, dass sie Macht nicht gesellschaftsdienlich einsetzen. Hier hat, wie vornehmlich die Abschnitte 9.5 und 9.6 zeigen, eine Umbesinnung eingesetzt. Diese kann aus sozialpolitischen, aus globalwirtschaftlichen Gedanken, aus einer Verantwortungsethik usw. entstanden sein. Es gibt aber auch eine philosophische Überlegung, die mit der Besinnung auf die Grundwerte des Menschen (Gesinnungsethik) und auf das kommunikative Menschenbild zu tun hat. Die simple Unterscheidung in asymmetrische oder symmetrische Kommunikation ist zu überwinden. Ebenso die Einschätzung von Macht als einseitig negativ.

„Solange man die Komplexität der Macht nur durch ihre Projektion auf die Ebene der individuellen Autonomie lösen will, wird es nicht gelingen, sozial verflochtene und damit organisatorische Phänomene zu lösen. Die Philosophie eines auf Selbstverwirklichung und Autonomie angelegten Menschenbildes herrscht vor. Sie kann eigentlich eine gegenseitige Ergänzung kaum verstehen. Gesellschaftliches Handeln (in Organisationen) bedarf aber der gegenseitigen Ergänzung. Das emanzipative Menschenbild ist noch nicht hinreichend mit einem des gemeinschaftlich handelnden verknüpft." (Bartsch 1994, 25, vgl. auch Bartsch 1998)

Glücklicherweise hat sich in der Trainingszene hier inzwischen sehr viel getan. Allerdings wird seitens der Wirtschaftsethik dieser Aspekt noch zu wenig ernst genommen und integriert. Hier weiter zu denken, ist auch ein teil des „Diskurses" über Ethik und praktische Moral. An diesem „Diskurs" sollten möglichst viele Führungskräfte - und nicht nur diese - teilnehmen.

Kapitel 10

Zur Didaktik von Wirtschaftsethik - ein Beispiel: Unternehmensethik-Seminar 2004 an der Fachhochschule für Technik und Wirtschaft (FHTW) Berlin

(Elmar Bartsch/Wilhelm Schmeisser)

Anfang des Sommersemesters 2004 fand im Studiengang BWL/Schwerpunkt Banken, erstmalig (dann jährlich) ein **Blockseminar für Unternehmensethik** statt. Angeregt durch Dekan Prof. Dr. Günther Heger organisierte Prof. Dr. Wilhelm Schmeisser dieses Seminar und gewann dafür Prof. Dr. Elmar Bartsch von der Universität Duisburg-Essen. Dr. Bartsch ist Professor a.D. für Sprechwissenschaft an der Universität Duisburg-Essen, von der Ausbildung her Theologe und Germanist (Sprechwissenschaft), gleichzeitig in der Wirtschaft langjähriger Berater und Trainer im Bereich „Verbale Kommunikation und Kommunikationsethik". Er ist Mitglied des Deutschen Netzwerkes Wirtschaftsethik.

War es Zufall oder bereits ein „Zeichen der Zeit", dass am 1. Tag des Seminars im Berliner Tagesspiegel eine Kolumne über den **Mannesmann-Vodafone-Prozess** erschien. Unter der Überschrift „Die Chefs, die wir uns leisten" bezog sich der Text insbesondere auf den früheren Mannesmann

Chef Esser und den Chef der Deutschen Bank Ackermann. Darin formulierte Ursula Weidenfeld: „Wenn Bilanz und Aktienkurs nicht mehr stimmen, wenn die Belegschaften unnötig unter Druck gesetzt werden, dann fragt man sich: Ist der Mann das Geld wert, das er bekommt? ... So bekommen Millionenbezüge eine moralische Dimension."

Die Frage nach dem **Verhältnis von Markt und Moral** wird immer drängender. Daher war die Bereitschaft der Studierenden für Bankwesen, sich diesem Thema zuzuwenden, außerordentlich hoch. Erstaunlich war, dass die Studierenden des 6. Semesters trotz ihrer praktischen Arbeit in der Bank noch an den Wochenenden ein so intensives Engagement zeigten. Sie hielten trotz kurzer Vorbereitungszeit sehr kompetente Referate, angereichert durch gute Präsentationshilfen. Wichtiger aber war: Im Vergleich zu vielen Referaten an Universitäten waren alle Referate mit interaktiven Elementen angereichert. Kein zuhörender Student, keine mitarbeitende Studentin wurde nur einen Augenblick gelangweilt. Es war immer spannend, lebendig. Einfluss einer didaktisch hohen Kultur der Professoren der FHTW? Hinzu kamen seitens des Dozenten Feedbackrunden, Informationsmärkte, kurze erklärende Einschübe, immer auflockernd, ohne die Intention dogmatisch zu belehren.

Inhaltlich war das Seminar in drei Blocks (zwei Wochenenden) gegliedert: I. Über Wirtschaftsethik allgemein gab es eine Basisorientierung, um später das Thema Unternehmensethik leichter einzugrenzen. Deswegen gab es vorab:

- einen Grundlagenteil: Begriffe von Ethik, Moral, Werte, Normen

- Dimensionen der Wirtschaftsethik samt historischen und aktuellen Aspekten.

- Schulmeinungen zur deutschen Wirtschaftsethik heute - mit den Exponenten Karl Homann, Horst Steinmann und Peter Ulrich.

II. Im Bereich Unternehmensethik wurden Probleme und strategische Aspekte in den Vordergrund gestellt. Hier insbesondere:

- Ethikmanagement in Unternehmen: Kodizes, Strategien, Instrumente

- Beispiele praktischer Ethikmodelle in Unternehmen

- Spezielle ethische Fragen im Personalbereich und in Finanzunternehmen. Hier spielte natürlich der „Corporate Governance Kodex" im Fall Mannesmann eine Rolle.

III. Nicht zuletzt wurde persönliches Erleben von Verantwortungsethik (bzw. derer Verletzung) thematisiert. Hierzu gehörten auch Gedanken der eigenen ethischer Handlungsmöglichkeiten bzw. -begrenzungen im beruflichen und persönlichen Leben, bis hin zu Fragen des Widerstandes.

Hier nun einige **informative Beispiele aus Arbeiten der Studierenden**.

1. Ethik und Moral

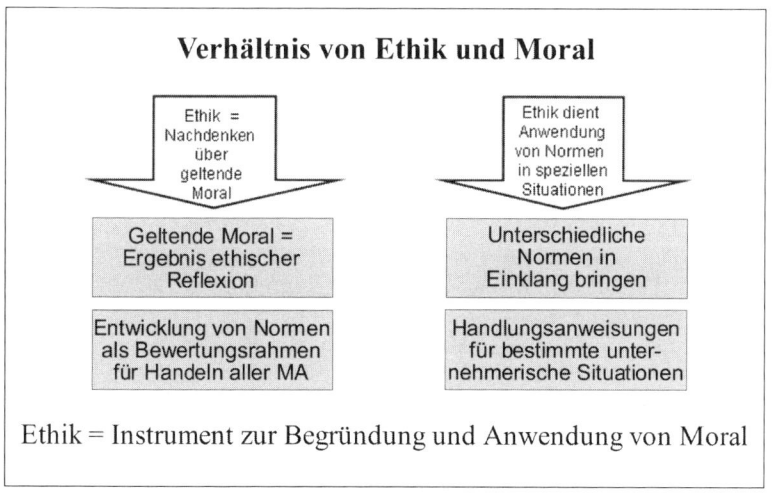

[Autorin: Martina Lukowsky]

Abbildung 10.1: Verhältnis von Ethik und Moral

2. Ethik-Ansatz von Adam Smith

Smith wird oft einseitig als Begründer der rein liberalen Markttheorie dargestellt - insbesondere aufgrund seines Werkes „An Inquiry into the Nature and Causes of the Wealth of Nations" 1776. Es wird übersehen, dass er die wichtigen Antriebsfaktoren des eigenen Nutzens und des Wettbewerbs durch den Nutzen für das Gemeinwohl begrenzt. Er war ja auch Moralphilosoph und verweist neben der Kontrolle durch Recht und Konkurrenz auf „The Theorie of Moral Sentiments" 1759 vor allem auf die in Abbildung 10.2 dargestellte Handlungsbeurteilung:

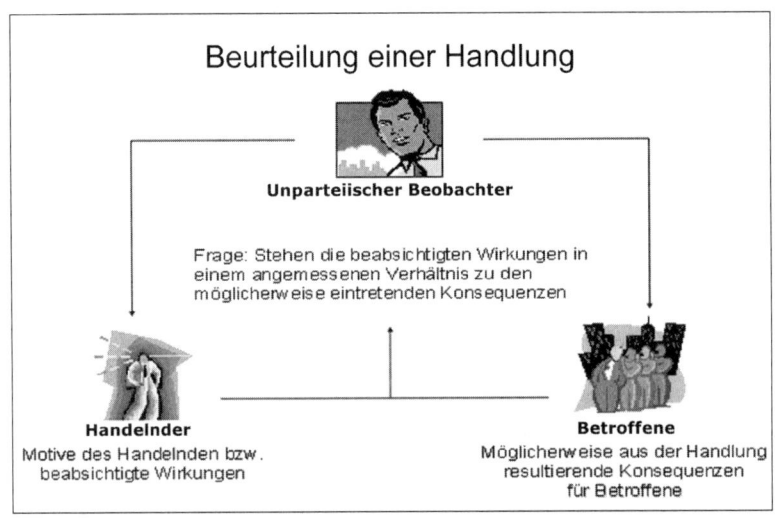

[Autorin: Martina Lukowsky in Anlehnung an Kerstin Schreiber: Kommunikatives Handeln im Top-Management. - Frankfurt a.M.: Peter Lang 2002, S. 58]

Abbildung 10.2: Beurteilung einer Handlung

3. Umsetzung und Vermittlung von Ethik im täglichen Unternehmensalltag

Wichtig sind folgende drei Strategien:

(A) Sensibilisieren = Erkennen der ethischen Problematik

(B) Konkretisieren = Definieren von ethischen Zielen für ein Unternehmen

(C) Festigen = Erhalten von errungenem ethischen Verhalten

Zu A) Sensibilisieren = Ethische Defizite erkennen

1. Erkennen, dass allgemein Bedarf für ethisches Handeln besteht

- Meist löst eine lähmende Konfliktsituation ethische Überlegung aus; dabei sind vor allem Beziehungen zu wichtigen Anspruchsgruppen (Vorgesetzte, Mitarbeiter, Kunden, Konkurrenten, Auftraggeber, Familie) moralisch konfliktgeladen wegen fehlender oder Missachtung von Normen.

- Notwendigkeit, wieder handlungsfähig zu sein Lösungen werden gefordert, die vor Öffentlichkeit (Unternehmen) bzw. vor dem Gewissen (Individuen) zu verantworten sind.

- Auseinandersetzungen zwischen verschiedenen Unternehmen bzw. anderen Institutionen (Recht, Verwaltung, Politik, Betriebsrat usw.) schlagen auf ethische Grundentscheidungen durch und verlangen deren Diskussion.

2. Verhältnis Person - Organisation erkennen und reflektieren

Individuen	Unternehmen/Institutionen
Emotional beeinflusst; sie erkennen durch Gewissen* sofort ethische Problematiken	Emotional unbeteiligt; erkennen erst durch Gefährdung von Zweck, Auftrag oder Existenz eine ethische Problematik (z.B. Brent Spar, U-Haft von Managern)
Haben von Beginn an bestimmtes Ethos als Orientierungs- und Entscheidungshilfe (z.B. Erziehung, Weltanschauung)	Unternehmensethos bedarf einer Entwicklung

*Gewissen = letzte Instanz des Individuums, moralische Konflikte zu bewältigen; aber ethische Grundhaltung daraus nicht ableitbar; außerdem ist individuelles Handeln häufig an „Opportunismus" orientiert (Orientierung an

materiellem Erfolg und Bereitschaft, derartige Erfolge mit unredlichen Mitteln zu erlangen)

Zu B) Konkretisieren = die wahrgenommenen Defizite bestimmen und daraus Maßstäbe für das Unternehmen ableiten

1. fundamentale Werte klären

2. verbindliche Normen begründen

3. erwünschte Tugenden und Grundhaltungen von Mitgliedern aufzeigen

Zu C) Festigen = bestimmte Ethikanschauungen unterstützen und erhalten

1. In der Organisationskultur: Grenzen festlegen, in denen sich Mitglieder bewegen, um ethische Überlegungen nicht verpuffen zu lassen. Dafür sind partizipative Organisationsformen (Motivation, Mitbestimmung, Verantwortung) besser geeignet als traditionelle (Arbeitsteilung, zentrale Entscheidung).

2. Institutionelle Regeln, um ethische Prozesse zu fördern:

   - Ethikbeauftragter: auf Vorstandsebene angesiedelte Person, die ethische Themen verantwortet und fördert

   - Ethikkommission: externe, unabhängige Instanz, die mit jeweils betroffenen Gruppen festlegt, was für alle verbindlich gilt

   - Ethikcodex: firmeninterne Regelungen, die kriminelles Verhalten von Mitarbeitern von vornherein eindämmen soll

   - Ethik-Controlling: kontinuierliche Überprüfung von Werten, Normen und Haltungen (z.B. Mitarbeiterbefragungen, „Preis für Zivilcourage")

3. Persönliches Ethos: zeigt, dass ethisches Niveau eines Unternehmens immer von der ethischen Sensibilität der handelnden Personen abhängig ist und niemals besser sein kann, als das Niveau seiner Akteure. Dieses

wiederum ist abhängig von dem „Preis" (z.B. Zeitaufwand, Durchsetzungschance), den der Einzelne für sein ethisches Handeln zahlt. Übersteigt dieser „Preis" die individuelle „Zumutbarkeitsgrenze", wird er nicht entrichtet und das unethische Handeln wird geduldet.
(Autorinnen: Jana Portale und Nicole Köhler)

Das **Ergebnis des Seminars** lässt sich auf drei Ebenen darstellen:

Erstens seitens der Studierenden. Am Ende wurden alle gebeten, je zwei Ergebniskarten zu schreiben. Hier die Übersicht dazu:

Aha-Erlebnisse beim eigenen Vortrag *(bei Vorbereitung und Durchführung)*	Aha-Erlebnisse durch andere *(Vorträge und Diskussionen der Kolleginnen und Kollegen - einschließlich der Information durch Prof. Bartsch und Prof. Schmeisser)*
Ethik löst Konflikte	Praxisrelevanz
Bewusstes Wahrnehmen/ Bandbreite	Ford Pinto? (Gefahrenpunkte aus wirtschaftlichen Erwägungen nicht beseitigt)
Ethik durch Kommunikation	
Abstrafung durch Markt und Gesellschaft	Umfang der Ethik im Arbeits- und Privatleben
Übertragbarkeit	Ethik im Alltag
Unterschied Ethik, Moral, etc.	Ethik ungleich Moral
Allgemeingültigkeit	Theoretisches Hintergrundwissen
Bewusst werden wie viel Ethik (unbewusst) in Praxi	Genaue Definition der Corporate Gouvernance
Unternehmensleitlinie; ja, aber danach handeln?!	Aktualität der 10 Gebote
Nachfrage Ethik aus Praxis	Abgrenzung der Begriffe: Ethik, Moral, Werte
Wieviel Ethik doch im Berufsleben „auftaucht"; Bewusstsein geweckt	Persönliche „Moral"
	Verbindung Ethik und Alltag
Selbstbetrug	Individualität
Ethik ist überall!	Ethik als Gefühl der Sympathie
UN = moralische Akteure	Bewusst über persönliche Einstellung zu Ethik/Moral nachdenken

Zweitens erlebten die Veranstalter ein sehr intensives Interesse an dieser Problematik. Den Studierenden war offensichtlich bewusst, wie sehr ein Werte-Grundkonsens in unserem Land grundlegende Bedingung für das Funktionieren unserer Wirtschaft ist. (Man vgl. z.B. Prof. Gesine Schwan bei S. Christiansen am 18.7.04). Nicht nur die Fragen des Mannesmann-Prozesses (Urteil Juli 2004), sondern die des gesellschaftlichen Friedens hatten sie als Voraussetzung der Zukunftsperspektive für sich, aber auch für alle, begriffen. Das war ihnen wohl mehr bewusst als manchen Älteren, die noch unreflektiert in großer ethischer Sicherheit aufgewachsen waren. Dieses Interesse der Studierenden schlug sich nieder in Arbeit und in hohem Engagement. Teilweise wurde ein erheblicher zusätzlicher Aufwand - neben Regelstudium und Berufspraktika - investiert. Dies nicht nur, um gute und interaktive Referate zu halten, sondern um in privaten Studiengruppen möglichst tief in die Materie einzudringen. Ein Beispiel unter mehreren: Nach drei Einzelreferaten zu den Hauptvertretern deutscher Unternehmensethik war eine Diskussion der drei Referierenden vorgesehen. Thema: Welchen Ansatz halten sie für besonders berufsrelevant? Tatsächlich wurde diese Diskussion in einer zusätzlichen zeitaufwendigen Lerngruppe dieser drei schon vorweggenommen. Als Ergebnis entstand darüber hinaus ein Quiz. Es sollte allen Teilnehmern eine eigene Urteilsbildung für diesen Bereich ermöglichen, einen Transfer des Lernens sichern. Ein erheblicher freiwilliger Zeitaufwand dieser drei Referierenden, die unaufgefordert zu einem Team wurden! Ähnliches geschah immer wieder. Das an vielen westdeutschen Universitäten von mir beobachtete individualistische Karrierestreben (samt der mangelnden Offenheit, in Gruppen Wiedersprüche sachlich aufzuarbeiten) war hier nicht festzustellen. Die gelebte Ethik gemeinsamen Lernens und Arbeitens in offener Sach-Konkurrenz war deutlich.

Einen dritten, besonderen Transfer-Effekt des Lernens ergab eine symbolisch-ästhetische Arbeit der Studierenden. In der Orientierungsphase des Kurses erstellten einzelne oder Lernpartnerschaften von 2-3 Personen je ein Plakat mit dem Thema: Mein Bild von Ethik, Moral, Werten, Business Ethics. Am Ende des Kurses wurde dieses „Kunstwerk" hinein symbolisch und begrifflich verändert und abgerundet. So wurde nach den Erkenntnissen der Kommunikationssemiotik eine ganzheitliche Verankerung des Gelernten möglich und ein fruchtbarer Transfer desselben in den beruflichen und privaten Alltag.

(Eine gekürzte Fassung dieses Berichtes erschien in der Zeitschrift des Deutschen Netzwerkes Wirtschaftsethik (DNWE) „Forum Wirtschaftsethik" Dezember 2004, S. 33 f.)

Literaturverzeichnis

Auswärtiges-Amt. 2005. *Der „Global Compact" des UN-Generalsekretärs.* Berlin: Auswärtiges Amt, im Internet: www.auswaertiges-amt.de, Abfrage vom 10. März 2005.

Bartsch, Elmar. 1991. *Managementaufgabe Kommunikation: Das Machtspiel im Gespräch.* München: Süddeutscher Verlag.

Bartsch, Elmar. 1994. *Dimensionen der Sprech-Kommunikation in Organisationen.* München: Ernst Reinhardt Verlag, In: Elmar Bartsch (Hrsg.): Sprechen, Führen, Kooperieren in Betrieb und Verwaltung. Kommunikation in Unternehmen, S. 16-46.

Bartsch, Elmar. 1998. *Zur Entwicklung kommunikabler Theoriefähigkeit von Praktikern.* München: Vahlen Verlag, In: Alois Clermont & Wilhelm Schmeisser (Hrsg.): Betriebliche Personal- und Sozialpolitik, S. 313-322.

Bartsch, Elmar, & Marquart, Tobias. 1999. *Grundwissen Kommunikation.* Stuttgart: Klett Verlag.

Bauer-Harz, Anja. 1995. *Ethik in Unternehmen - ein Konzept für das Innovationsmanagement.* Dissertation. Freiburg.

Berkel, Karl, & Herzog, Rainer. 1997. *Unternehmenskultur und Ethik.* Heidelberg: I.H. Sauer-Verlag, Arbeitshefte Führungspsychologie, Band 27.

Birnbacher, Dieter, & Hoerster, Norbert. 1987. *Texte zur Ethik.* München: Deutscher Taschenbuch Verlag.

Blickle, Gerhard. 1994. *Psychologische Perspektiven zur Unternehmens- und Führungsethik.* Zeitschrift für Arbeits- und Organisationspsychologie, Jg. 12.

Brink, Alexander. 2005. *Mündliche Äußerung beim Seminar „Einführung in die Wirtschaftsethik"*. Mülheim an der Ruhr: 25.-26. Februar 2005 in der katholischen Akademie „Die Wolfsburg", Mülheim an der Ruhr, unter Bezug auf: Brink Alexander 2004: Managementethik in der Unternehmenspraxis. In: Franz, Otmar (Hrsg.): RKW-Handbuch: Führungstechnik und Organisation. Berlin: Erich Schmidt, S. 1-79.

Brost, Marc, Frenkel, Rainer, von Heusinger, Robert, & Rudzio, Kolja. 2003. *Mannesmann-Affäre. Die Angst im Nacken*. Hamburg: Die Zeit, im Internet: www.diezeit.de, Artikel vom 25. September 2003.

Brunowsky, Ralf-Dieter. 2004. *Es bleibt ein schaler Beigeschmack*. Berlin: NZ Netzeitung GmbH, im Internet: www.netzeitung.de, Artikel vom 22. Juli 2004.

Bußmann, Nicole. 2005. *Was für ein Unwort ... Editorial zu Trainingaktuell*. 16. Jg. Nr. 2/2005, 31. Januar.

Böcking, Hans-Joachim. 2003. *Corporate Governance und Transparenz. Zur Notwendigkeit der Transparenz für eine wirksame Unternehmensüberwachung*. Stuttgart: Schäffer-Poeschel Verlag, In: Axel von Werder & Harald Wiedmann (Hrsg.): Internationalisierung der Rechnungslegung und Corporate Governance.

Cromme, Gerhard. 2001. *Ausführungen anlässlich der Pressekonferenz am 18. Dezember 2001*. Düsseldorf: Im Internet: www.corporate-governance-code.de, Abfrage vom 15. Dezember 2004.

Cromme, Gerhard. 2002. *Ausführungen anlässlich der Pressekonferenz am 26. Februar 2002*. Berlin: Übergabe des Deutschen Corporate Governance-Kodex an die Bundesministerin der Justiz Frau Prof. Dr. Herta Däubler-Gmelin.

Dahm, Karl Wilhelm. 1993. *Management of values. Ethikseminare für Führungskräfte I und II*. Forum Wirtschaftsethik.

DCGK. 2003. *Deutscher Corporate Governance Kodex (in der Fassung vom 21. Mai 2003)*. Düsseldorf: Hrsg. von der Regierungskommission Deutscher Corporate Governance Kodex, c/o ThyssenKrupp AG.

Dietzfelbinger, Daniel. 2002. *Aller Anfang ist leicht. Unternehmens- und Wirtschaftsethik für die Praxis.* München: Herbert Utz Verlag.

Dörner, Dietrich, & Orth, Christian. 2003. *Bedeutung der Corporate Governance für Unternehmen und Kapitalmärkte.* Stuttgart: Schäffer-Poeschel Verlag, In: Norbert Pfitzer & Peter Oser (Hrsg.): Deutscher Corporate Governance Kodex.

Emagazine. 2001. *Global Compact: Weltumspannender Pakt.* Zürich: Credit Suisse Group, im Internet: www.emagazine.credit-suisse.com, Abfrage vom 10. März 2005.

Enderle, Georges. 1991. *Zur Grundlegung einer Unternehmensethik. Das Unternehmen als moralischer Akteur.* Berlin: In: Karl Homann (Hrsg.): Aktuelle Probleme der Wirtschaftsethik, Schriften des Vereins für Sozialpolitik, Band 211.

Enderle, Georges. 1993. *Handungsorientierte Wirtschaftsethik. Grundlagen und Anwendungen.* Bern/Stuttgart/Wien: St. Galler Beiträge, Buchreihe Hauptverlag.

Erlen, Hubertus. 2003. *Entwicklung der Corporate Governance aus Sicht internationaler Unternehmen.* Stuttgart: Schäffer-Poeschel Verlag, In: Axel von Werder & Harald Wiedmann (Hrsg.): Internationalisierung der Rechnungslegung und Corporate Governance.

Faust, Thomas. 2003. *Organisationskultur und Ethik: Perspektiven für öffentliche Verwaltungen.* Berlin: TENEA Verlag für Medien.

FAZ. 2004a. *Mannesmann-Prozess. Generalstaatsanwalt schließt sich Revision an.* Frankfurt am Main: Frankfurter Allgemeine Zeitung, im Internet: www.faz.de, Artikel vom 1. Dezember 2004.

FAZ. 2004b. *Prozess-Alphabet. Das Mannesmann-ABC.* Frankfurt am Main: Frankfurter Allgemeine Zeitung, im Internet: www.faz.de, Artikel vom 20. Juni 2004.

Frenkel, Rainer. 2004. *Mannesmann-Prozess. Essers Welt ist wieder in Ordnung*. Hamburg: Zeitverlag Gerd Bucerius GmbH & Co. KG, im Internet: www.zeit.de, Artikel vom 29. Juni 2004.

Gazeas, Nikolaos. 2004. *Mannesmann-Prozess. Die Chronik des Geschehens*. Köln: Hütten & Gazeas GbR, im Internet: www.mannesmannprozess.de, Abfrage vom 16. November 2004.

Geißner, Hellmut. 1968. *Zur Hermeneutik des Gesprochenen*. Wuppertal: Henn Verlag, In: Geißner/Höffe (Hrsg.): Sprechen - Hören - Verstehen, S. 13-30.

Geißner, Hellmut. 1981. *Sprechwissenschaft. Theorie der mündlichen Kommunikation*. Kronberg: Cornelsen Scriptor Verlag.

Gellermann, Saul W. 1986. *Warum gute Manager fragwürdige Entscheidungen treffen*. Hamburg: In: Harvardmanager: Unternehmensethik, Band 1.

GTZ. 2004a. *Global Compact - Der Beitrag der GTZ*. Eschborn: Gesellschaft für Technische Zusammenarbeit, im Internet: www.gtz.de, Abfrage vom 10. März 2005.

GTZ. 2004b. *Global Compact Hintergrund*. Eschborn: Gesellschaft für Technische Zusammenarbeit, im Internet: www.gtz.de, Abfrage vom 25. April 2005.

Haas, Robert D. 1994. *Ethics. A Global Business Ethics Challenge*. In: Vital Speeches of the Day 60, Heft 16.

Habermann, Gerd. 1993. *Teilen oder produzieren? Bemerkungen zum Ethos des Unternehmers*. Zürich: In: Neue Züricher Zeitung, Nr. 211 v. 11./12.9.1993.

Habermas, Jürgen. 1971. *Vorbereitende Bemerkungen zu einer Theorie der kommunikativen Kompetenz*. Frankfurt am Main: Suhrkamp Verlag, In: Jürgen Habermas & Niklas Luhman: Theorie der Gesellschaft oder Sozialtechnologie, S. 104 f.

Habermas, Jürgen. 1976. *Was heißt Universalpragmatik? In: Sprachpragmatik und Philosophie.* Frankfurt am Main: Suhrkamp Verlag, Karl-Otto Apel (Hrsg).

Handelsblatt. 2004a. *Ackermann & Co. müssen mit Makel leben.* Düsseldorf: Verlagsgruppe Handelsblatt GmbH, im Internet: www.handelsblatt.de, Artikel vom 23. Juli 2004.

Handelsblatt. 2004b. *Kein Freibrief für Manager.* Düsseldorf: Verlagsgruppe Handelsblatt GmbH, im Internet: www.handelsblatt.de, Artikel vom 23. Juli 2004.

Hansen, Ursula, Niedergesäß, Ulrike, & Rettberg, Bernd. 1999. *Unternehmensdialoge zur verständigungsorientierten Gestaltung der Umweltbeziehungen - Bericht aus einem Forschungsprojekt.* Stuttgart: Schäffer-Poeschel Verlag, In: Brij Nino Kumar, Margit Osterloh & Georg Schreyögg (Hrsg.): Unternehmensethik und die Transformation des Wettbewerbes.

Hartmann, Nicolai. 1962. *Ethik.* Berlin.

Heinen, Edmund, & Dill, Peter. 1986. *Unternehmungskultur - Überlegungen aus betriebswirtschaftlicher Sicht.* Wiesbaden: Gabler Verlag, Zeitschrift für Betriebswirtschaft, Nr. 3.

Herzog, Rainer. 1995. *Personale Aspekte neuerer Managementkonzepte.* Bankinformation, Nr. 7.

Hoffmann, Friedrich, & Rebstock, Wolfgang. 1989. *Unternehmungsethik. Eine Herausforderung an die Unternehmung.* Wiesbaden: Gabler Verlag, Zeitschrift für Betriebswirtschaft, Heft 6.

Homann, Karl, & Blome-Drees, Franz. 1992. *Wirtschafts- und Unternehmensethik.* Göttingen: Vandenhoeck & Ruprecht Verlag.

Höffe, Otfried. 1981. *Sittliche-politische Diskurse: philosophische Grundlagen, politische Ethik, biomedizinische Ethik.* Frankfurt am Main: Suhrkamp Verlag.

Höffe, Otfried. 1986. *Lexikon der Ethik*. München: Beck Verlag.

Jahn, Joachim. 2004. *Prozess und Öffentlichkeit. Die Ankläger wirken blass*. Frankfurt am Main: Frankfurter Allgemeine Zeitung, im Internet: www.faz.de, Artikel vom 24. Januar 2004.

Kant, Immanuel. 1974. *Kritik der reinen Vernunft*. Frankfurt am Main: Suhrkamp Verlag, Erstausgabe: Riga 1781.

Kaufmann, Franz-Xaver. 1992. *Der Ruf nach Verantwortung. Risiko und Ethik in einer unüberschaubaren Welt*. Freiburg: Herder Verlag.

Korff, Wilhelm, Baumgartner, Alois, Franz, Hermann, & et al. 1999. *Handbuch der Wirtschaftsethik*. Gütersloh: Gütersloher Verlagshaus, Band 3.

König, Rainer. 1994. *Ethik-Controlling im Kommunikationskreis der Unternehmenskultur*. München/Basel: Ernst Reinhardt Verlag, In: Elmar Bartsch (Hrsg.): Sprechen, Führen, Kooperieren in Betrieb und Verwaltung.

Lammers, Jost, & Schmitz, Oliver. 1995. *Der moralische Handlungsspielraum von Unternehmen*. Marburg: Metropolis Verlag.

Langer, Inghard, von Thun, Friedemann Schulz, & Tausch, Reinhard. 1999. *Sich verständlich ausdrücken*. München/Basel: Ernst Reinhard Verlag.

Lepschy, Anette. 1998. *Besprechungen - Sitzungen -Tagungen*. Frankfurt am Main: Bund-Verlag, IG Bergbau (Hrsg).

Lisowsky, Arthur. 1927. *Ethik und Betriebswirtschaftslehre*. Zeitschift für Betriebswirtschaft.

Lorenzen, Paul. 1991. *Philosophische Fundierungsprobleme einer Wirtschafts- und Unternehmensethik*. Stuttgart: C.E. Poeschel Verlag, In: Horst Steinmann & Albert Löhr: Unternehmensethik.

Löhr, Albert. 1991. *Unternehmensethik und Betriebswirtschaftslehre. Untersuchungen zur theoretischen Stützung der Unternehmenspraxis*. Stuttgart: Metzler Verlag.

Maslow, Abraham H. 1981. *Motivation und Persönlichkeit.* Reinbek: Rowohlt Verlag.

Mathison, D.L. 1988. *Business Ethics Cases and Decision Models: A Call for Relevancy in the Classroom.* Journal of Businss Ethics 7.

Merck, Johannes. 1998. *Sozialverantwortung im Handel. Der SA 8000 als Element der Strategie des Otto Versands.* München: In: Forum Wirtschaftsethik, Nr. 4.

Müller, Herbert. 2003. *Geleitwort.* Stuttgart: Schäffer-Poeschel Verlag, In: Norbert Pfitzer & Peter Oser (Hrsg.): Deutscher Corporate Governance Kodex.

Neidlein, Hans-Christoph. 2002. *Global Compact der UN.* München: Die Gazette, im Internet: www.gazette.de, Artikel vom 5. Oktober 2002.

Netzeitung. 2004a. *Neuer Mannesmann-Prozess möglich.* Berlin: NZ Netzeitung GmbH, im Internet: www.netzeitung.de, Artikel vom 1. Dezember 2004.

Netzeitung. 2004b. *Politik kritisiert Mannesmann-Urteil scharf.* Berlin: NZ Netzeitung GmbH, im Internet: www.netzeitung.de, Artikel vom 22. Juli 2004.

Netzeitung. 2004c. *Politiker und Aktionärsschützer fordern Manager zum Verzicht auf.* Berlin: NZ Netzeitung GmbH, im Internet: www.netzeitung.de, Artikel vom 22. Juli 2004.

Netzeitung. 2004d. *Richterin im Mannesmann-Prozess beklagt Einflussnahme durch Politik und Wirtschaft.* Berlin: NZ Netzeitung GmbH, im Internet: www.netzeitung.de, Artikel vom 22. Juli 2004.

Netzeitung. 2004e. *Staatsanwaltschaft ficht Freisprüche im Mannesmann-Verfahren an.* Berlin: NZ Netzeitung GmbH, im Internet: www.netzeitung.de, Artikel vom 1. Dezember 2004.

Neugebauer, Udo. 1998. *Unternehmensethik in der Betriebswirtschaftslehre.* Sternenfels: Verlag Wissenschaft und Praxis.

Noll, Bernd. 2002. *Wirtschafts- und Unternehmensethik in der Marktwirtschaft.* Stuttgart/Berlin/Köln: Kohlhammer Verlag.

Nussbaum, Roy. 1995. *Umweltbewusstes Management und Unternehmensethik.* Bern/ Stuttgart/Wien: Verlag Paul Haupt, Berner betriebswirtschaftliche Schriften, Band 13.

Oser, Peter, & Fieber, Christian. 2003. *Umsetzungen der Empfehlungen des Kodex in der Praxis.* Stuttgart: Schäffer-Poeschel Verlag, In: Norbert Pfitzer & Peter Oser (Hrsg.): Deutscher Corporate Governance Kodex.

Pagano, Anthony. 1987. *Criteria for Ethical Decision Making in Managerial Situations.* New Orleans: National Academy of Management.

Peitsmeier, Henning. 2004. *Mannesmann-Prozess. Sieg ohne Victory-Zeichen.* Frankfurt am Main: Frankfurter Allgemeine Zeitung, im Internet: www.faz.de, Artikel vom 22. Juli 2004.

Peterlik, Karl. 2001a. *Global Compact.* Wien: Östereichische Liga für die Vereinten Nationen, im Internet: www.afa.at/una.austria/global1.htm, Abfrage vom 10. März 2005.

Peterlik, Karl. 2001b. *Informationen zum Global Compact.* Wien: Östereichische Liga für die Vereinten Nationen, im Internet: www.afa.at/una.austria/global2.htm, Abfrage vom 10. März 2005.

Pfeil, Marcus. 2004. *Mannesmann-Ankläger fordern hohe Strafen.* Düsseldorf: Verlagsgruppe Handelsblatt GmbH, im Internet: www.handelsblatt.de, Artikel vom 1. Juli 2004.

Rich, Arthur. 1985. *Wirtschaftsethik.* Gütersloh: Gütersloher Verlagshaus.

Ringleb, Henrik-Michael. 2003. *Kommentierungen.* München: In: Henrik-Michael Ringleb et al.: Kommentar zum Deutschen Corporate Governance Kodex. Kodex-Kommentar.

Rusche, Thomas. 1996. *Das Diskursmodell der kommunikativen Unternehmensethik - Eine Weiterführung des Shareholder- und Stakeholder-Ansatzes.* Wiesbaden: In: Hans H. Hinterhuber, Ayad Al-Ani & Gernot

Handlbauer (Hrsg.): Das Neue Strategische Management. Elemente und Pespektiven einer zukunftsorientierten Unternehmensführung.

Scherer, Yvonne. 2005. *UN-Global Compact Deutschland 2004.* Münster: Informationsdienst Wissenschaft, im Internet: www.idw-online.de, Artikel vom 31. Januar 2005.

Schmeisser, Wilhelm. 2001. *Öffentliches Übernahmeangebot für eine börsennotierte Aktiengesellschaft im Rahmen eines Hostile Take Over.* München: Verlag Franz Vahlen, In: Alois Clermont, Wilhelm Schmeisser & Dieter Krimphove (Hrsg.): Strategisches Personalmanagement in Globalen Unternehmen.

Slodczyk, Katharina. 2004. *Schauprozess in Düsseldorf. Das Mannesmann-Verfahren nähert sich dem Ende.* Düsseldorf: Verlagsgruppe Handelsblatt GmbH, im Internet: www.handelsblatt.de, Artikel vom 23. Juni 2004.

Steinmann, Horst, & Löhr, Albert. 1994. *Grundlagen der Unternehmensethik.* Stuttgart: Schäffer-Poeschel Verlag.

Steinmann, Horst, & Löhr, Albert. 1995. *Unternehmensethik als Ordnungselement in der Marktwirtschaft.* Zeitschrift für betriebswirtschaftliche Forschung, Jg. 47.

Steinmann, Horst, & Olbricht, T. 1998. *Business Ethics in U.S.-Corporations. Results from an Interview Series.* Bern/Stuttgart/Wien: In: Peter Ulrich & Josef Wieland (Hrsg.): Unternehmensethik in der Praxis. Impulse aus den USA, Deutschland und der Schweiz.

Steinmann, Horst, & Schreyögg, Georg. 1993. *Management. Grundlagen der Unternehmensführung.* Wiesbaden: Gabler Verlag.

Strenger, Christian. 2001. *Corporate Governance: Entwicklung in Deutschland und internationale Konvergenz.* Deutsches Steuerrecht (DStR), 51-52/2001.

Strohscheidt, Elisabeth, & John, Mathias. 2002. *Amnesty International und der Global Compact.* Bonn: Amnesty International, Sektion der

Bundesrepublik Deutschland, ai-Journal vom März 2002, im Internet: www.2amnesty.de, Abfrage vom 10. März 2005.

Tagesspiegel. 2004. *Vorstände brauchen ethische Grundsätze.* Berlin: Der Tagesspiegel GmbH, im Internet: www.tagesspiegel.de, Artikel vom 2. August 2004.

Talaulicar, Till. 2002. *Der Deutsche Corporate Governance Kodex: Zwecksetzungen und Wirkungsprognosen.* Berlin: Technische Universität Berlin, Wirtschaftswissenschaftliche Dokumentation, Fakultät VIII, Diskussionspapier 2002/8.

Tuleja, Tad. 1987. *Ethik und Unternehmensführung.* Landsberg/Lech: Verlag Moderne Industrie.

Ulrich, Peter. 1986. *Transformation der ökonomischen Vernunft. Fortschrittsperspektiven der modernen Industriegesellschaft.* Bern/Stuttgart/Wien: Verlag Paul Haupt.

Ulrich, Peter. 1990a. *„Symbolisches Management". Ethisch-kritische Anmerkungen zur gegenwärtigen Diskussion über Unternehmenskultur.* Heidelberg: Physica Verlag, In: Charles Lattmann (Hrsg.): Die Unternehmenskultur. Ihre Grundlagen und ihre Bedeutung für die Führung der Unternehmung.

Ulrich, Peter. 1990b. *Wirtschaftsethik auf der Suche nach der verlorenen ökonomischen Vernunft.* Bern/Stuttgart: In: Peter Ulrich (Hrsg.): Auf der Suche nach einer modernen Wirtschaftsethik. Lehrschriften zu einer reflexiven Ökonomie.

Ulrich, Peter. 1991. *Unternehmensethik - Führungsinstrument oder Grundlagenreflexion.* Stuttgart: C.E. Poeschel Verlag, In: Horst Steinmann & Albert Löhr: Unternehmensethik.

Ulrich, Peter. 1994a. *Integrative Wirtschaft- und Unternehmensetik - ein Rahmenkonzept.* Forum für Philosophie.

Ulrich, Peter. 1994b. *Integrative Wirtschaftsethik als kritische Institutionenethik. Wider die normative Überhöhung der Sachzwänge des Wirtschaftssystems.* St. Gallen: Institut für Wirtschaftsethik der Universität St. Gallen, Berichte und Beiträge, Nr.62.

Ulrich, Peter. 1996. *Unternehmensethik und „Gewinnprinzip". Versuch der Klärung eines unerledigten wirtschaftlichen Grundproblems.* Berlin: Duncker & Humblot GmbH, In: Hans G. Nutzinger (Hrsg.): Wirtschaftsethische Perspektiven III, Schriften des Vereins für Sozialpolitik, Band 228/III.

Ulrich, Peter. 1997. *Integrative Wirtschaftsethik. Grundlagen einer lebensdienlichen Ökonomie.* Bern/Stuttgart/Wien: Verlag Paul Haupt.

Ulrich, Peter. 1999. *Zum Praxisbezug der Unternehmensethik.* Wiesbaden: Gabler Verlag, In: Gerd Rainer Wagner: Unternehmensführung, Ethik und Umwelt.

Ulrich, Peter, & Lunau, York. 1997. *„Ethikmaßnahmen" in schweizerischen und deutschen Unternehmen. Konzeptionelle Überlegungen und empirische Befunde.* In: Die Unternehmungen.

Ulrich, Peter, & Thielemann, Ulrich. 1992. *Ethik und Erfolg. Unternehmensethische Denkmuster von Führungskräften - eine empirische Studie.* Bern/Stuttgart/Wien: Verlag Paul Haupt, Institut für Wirtschaftsethik der Universität St. Gallen, St. Galler Beiträge.

Ulrich, Peter, & Thielemann, Ulrich. 2003. *Brennpunkt Bankenethik. Der Finanzplatz Schweiz in wirtschaftsethischer Perspektive.* Bern/Stuttgart/Wien: Verlag Paul Haupt, Institut für Wirtschaftsethik der Universität St. Gallen, St. Galler Beiträge zur Wirtschaftsethik, Band 33.

von Treuberg, Hubert Graf, & Zitzmann, Axel. 2003. *Präambel.* Stuttgart: Schäffer-Poeschel Verlag, In: Norbert Pfitzer & Peter Oser (Hrsg.): Deutscher Corporate Governance Kodex.

von Werder, Axel. 1996. *Grundsätze ordnungsmäßiger Unternehmungsleitung (GoU) - Bedeutung und erste Konkretisierung von Leitlinien für das Top-Management.* In: Zeitschrift für betriebswirtschaftliche Forschung, Sonderheft 36.

von Werder, Axel. 2003. *Implikation des Deuten Corporate Governance Kodex für internationale Unternehmen.* Stuttgart: Schäffer-Poeschel Verlag, In: Axel von Werder & Harald Wiedmann (Hrsg.): Internationalisierung der Rechnungslegung und Corporate Governance.

Wader, Dominic, & Dörner, Dietrich. 2003. *Ausstrahlung des Kodex auf den Mittelstand.* Stuttgart: Schäffer-Poeschel Verlag, In: Norbert Pfitzer & Peter Oser (Hrsg.): Deutscher Corporate Governance Kodex.

Wahren, Heinz-Kurt. 1987. *Zwischenmenschliche Kommunikation und Interaktion in Unternehmen.* Berlin: de Gruyter Verlag.

Watzlawick, Paul, Beavin, Janet H., & Jackson, Don D. 1972. *Menschliche Kommunikation.* Bern: Hans Huber Verlag.

Waxenberger, Bernhard. 1999. *Bewertung der Unternehmensintegrität. Grundlagen für die Zertifizierung eines ethisch orientierten Managements.* St. Gallen: Institut für Wirtschaftsethik der Universität St. Gallen, Berichte und Beiträge, Nr. 86.

Wever, Ulrich A. 1989. *Unternehmenskultur in der Praxis.* Frankfurt am Main: Campus Verlag.

Wieland, Josef. 1993. *Formen der Institutionalisierung von Moral in amerikanischen Unternehmen. Die amerikanische Business-Ethics-Bewegung: Why and how they do it.* Bern/Stuttgart/Wien: Verlag Paul Haupt, Institut für Wirtschaftsethik der Universität St. Gallen, St. Galler Beiträge zur Wirtschaftsethik, Band 9.

Wieland, Josef, & Grüninger, Stephan. 2000. *EthikManagementSysteme und ihre Auditierung: Theoretische Einordnung und praktische Erfahrungen.* München/Mehring: Rainer Hampp Verlag In: Thomas Bausch, Annette Kleinfeld & Horst Steinmann (Hrsg.): Unternehmensethik in der Wirtschaftspraxis, Schriftenreihe des DNWE (Deutsches Netzwerk Wirtschaftsethik), Folge 7.